Pelinka / Rosenberger
Österreichische Politik

Anton Pelinka / Sieglinde Rosenberger

Österreichische Politik

Grundlagen – Strukturen – Trends

WUV

Die Deutsche Bibliothek - CIP-Einheitsaufnahme

Pelinka, Anton:
Österreichische Politik : Grundlagen - Strukturen - Trends / Anton Pelinka/Sieglinde Rosenberger. - Wien : WUV, 2000
ISBN 3-85114-513-5

Umschlaggestaltung: A+H Haller unter Verwendung des Bildes „Traunseelandschaft mit Schloß Orth" von F. G. Waldmüller
Satz: Graf+ZYX
Druck: WUV
Printed in Austria
ISBN 3-85114-513-5

Vorwort

Dieses Buch richtet sich an Studierende der Politikwissenschaft und an alle, die an österreichischer Politik interessiert sind. Es erscheint zu einem Zeitpunkt großer politischer Beweglichkeit: Österreichische Politik ist in Fluß. Traditionelle Erklärungen allein sind – angesichts der tiefgreifenden Veränderungen – nicht mehr ausreichend. Viele Deutungsmuster von gestern sind überholt – und die von morgen noch nicht immer sichtbar.

Das Buch will einen Überblick über die wichtigsten Strukturen und Prozesse des österreichischen politischen Systems geben. Dieser Überblick soll auch vermitteln, welche Entwicklungsdynamik die österreichische Politik ergriffen hat; welche Ursachen dahinterstehen; welche Tendenzen wohin weisen. Österreichische Politik kann nicht mit einer Momentaufnahme beschrieben und erklärt werden. Es bedarf einer historisierenden Komponente, um zu verdeutlichen, was sich in welche Richtung bewegt: Aufstieg und Niedergang des Parteienstaates; Glück und (vielleicht bevorstehendes) Ende von Sozialpartnerschaft und Neutralität; Verselbständigung der Medien und der ihnen eigenen Logik; Aushöhlung des männlichen Politikmonopols; und die Renaissance der Eigenständigkeit der Verfassungsorgane – des Bundespräsidenten etwa und des Verfassungsgerichtshofes.

Das Manuskript dieses Buches ist 1999 entstanden. Die Ergebnisse der Nationalratswahl vom 3.Oktober 1999 sind daher berücksichtigt. Der folgende Prozeß der Bildung einer Bundesregierung nicht, weil er Anfang Jänner 2000 noch immer nicht abgeschlossen war.

Innsbruck und Wien, im Jänner 2000

Anton Pelinka — Sieglinde Rosenberger

Inhaltsverzeichnis

Tabellenverzeichnis

Einleitung

Die österreichische Politik ist Teil, Ergebnis und Produzentin gewandelter struktureller und institutioneller Bedingungen, Arrangements und Trends. Der Nationalstaat als territorial begrenzter Ordnungsrahmen verliert für politisches Handeln an Bedeutung. Politik wird postnational. Die Integration in und Mitwirkung auf der supranationalen Ebene der Europäischen Union erweist sich als eines der nachhaltigsten Reformprojekte österreichischer Politik.

Veränderungen des Politischen sind auch bedingt durch Veränderungen der sozialen Basis – Individualisierung und Pluralisierung des Lebens und Arbeitens werfen ihre Schatten auf politische Prozesse und Strukturen. Politik sieht sich weiters von marktwirtschaftlichen Logiken, Interessen und zivilgesellschaftlichen Gestaltungsbedürfnissen herausgefordert.

Weniger Staatlichkeit, d. h. weniger politisch-staatliche Intervention in soziale und wirtschaftliche Abläufe, weniger Bürokratie, weniger Parteipolitik bilden die Inhalte eines zeitgeistigen Trends zum Rückbau des Politischen.

Politik ist weiters mit einer skeptischen bis ablehnenden, desinteressierten Stimmungslage konfrontiert. Ein diffuses Protestgemenge gegen die politische Klasse ist abrufbar.

Das Unbehagen bzw. die Stimulanz von Unbehagen gegenüber Politik im Allgemeinen und gegenüber Parteien und Verbände im Besonderen dynamisiert das politische Geschehen. Dynamik läßt sich in mehrfacher Hinsicht beobachten: Zum einen im Vergleich der gegenwärtigen Entwicklungen und Äußerungen des Politischen gegenüber der eigenen, österreichischen Vergangenheit. Die österreichische Politik verlor bereits die konkordanzdemokratischen Eigenheiten der Zweiten Republik und sie ist im Begriffe, neue Spezifika im Rahmen des Parteienwettbewerbs und des gesellschaftlichen Konflikts zu entwickeln. Zum anderen im Vergleich mit anderen politischen Systemen ähnlicher Größe und Entwicklung. Die Begriffe Verwestlichung und Normalisierung geben dem Wandel eine Richtung.

Die internen Verflechtungen des politischen Systems über Mehrebenen, korporatistische Einrichtungen, Koalitions- und Proporzregierungen entwickelten Beharrungskräfte. Die Einrichtungen, Verfahrensweisen und Spielregeln des politischen Systems Österreichs sind zweifelsohne nicht auf Wandel, sondern auf Kontinuität ausgerichtet. Trotzdem möchten wir hier, entgegen den Kassandra-Rufen der fortgesetzten Erstarrung des politischen Systems, die These der Dynamik, der Veränderung, der Entaustrifizierung der politischen Kultur und des policy-making verfolgen.

Dieses Textbuch bemüht sich um Beschreibungen, Analysen, Einschätzungen und Beurteilungen der Strukturmerkmale und der Entwicklungslinien des Politischen. Es will eine Einführung in die österreichische Politik sein und einen Überblick über Träger und Einrichtungen, Prozesse und Entwicklungen geben. Hingegen sind Politikfeldanalysen, d. h. konkrete Ergebnisse politischen Handelns, Entscheidens und deren Implementation, kaum Gegenstand der Darstellung.

Dem einführenden und überblicksorientierten Charakter entspricht es, Einblicke in den reichhaltigen Fundus der Literatur über das österreichische politische System zu vermitteln, Ergebnisse der politikwissenschaftlichen Forschung in knapper Form aufzubereiten und sie Studierenden und an der Politik Interessierten in gut lesbarer Form zugänglich zu machen. Aus platzökonomischen Gründen jedoch mußte auswählend vorgegangen und auf detaillierte Darstellungen oft verzichtet werden.

Die inhaltlichen Ausführungen stützen sich auf theoretische Ansätze zum politischen System (z. B. Lehmbruch 1967 und Ismayr 1997) und deren Akteure, Prozesse und Einrichtungen. Im Besonderen bildet aber die Literatur, die Studien, Analysen und Darstellungen zum österreichischen politischen System das Fundament. Auf diese Arbeiten soll an dieser Stelle ganz besonders verwiesen werden, auch um die Möglichkeit des facettenreichen Nachlesens über historische und aktuelle Zusammenhänge, Abläufe und Phänomene aufzuzeigen:

Naßmacher, K.-H.: Das österreichische Regierungssystem. Große Koalition oder alternierende Regierung (1968)

Pelinka, A./Welan, M.: Demokratie und Verfassung in Österreich (1971)

Steiner, K.: Politics in Austria (1972)

Fischer, H. (Hg.): Das politische System Österreichs (1974)

Sweeny, J./Weidenholzer, J. (Hg.): Austria. A Study in Modern Achievement (1988)

Luther, K./Müller, W.C. (Hg.): Politics in Austria. Still a Case of Consociationalism? (1992)

Mantl, W. (Hg.): Politik in Österreich (1992)

Tálos, E. u. a. (Hg.): Handbuch des politischen Systems Österreichs. Die Erste Republik 1918–1933 (1995)

Sieder, R./Steiner, H./Tálos, E. (Hg.): Österreich 1945–1995. Gesellschaft, Politik, Kultur (1995)

Nick, R./Pelinka A.: Österreichs politische Landschaft (1996)

Dachs, H. u. a. (Hg.): Handbuch des politischen Systems Österreichs. Die Zweite Republik (1997)

Pelinka, A: Austria. Out of the Shadow of the Past (1998)

Luther, K.R./Pulzer, P. (Hg.): Austria 1945–1995. Fifty Years of the Second Republic (1998).

Auch wenn das Buch als Lehrbuch konzipiert ist und sich an Studierende mit politikwissenschaftlicher Ausrichtung richtet, sollte die inhaltliche und konzeptionelle Gestaltung es aber auch für die Ewachsenenbildung interessant und nützlich machen. Darüberhinaus richtet es sich selbstverständlich an allgemein politisch Interessierte.

Für Recherchen und für die Erstellung des Index danken wir Evelyn Fluch.

1. Monarchie – Republik – Diktatur

Schlüsselbegriffe: *Verspätung von Verfassungsstaat und Parlamentarismus; Entstehung der Lager; Bundes-Verfassungsgesetz 1920; Novelle 1929; autoritärer Ständestaat; NS-Herrschaft*

Das politische System Österreichs – der Zweiten Republik – hat eine Vorgeschichte, die in das 19.Jahrhundert zurückweist. Der Beginn der Zweiten Republik war das Ergebnis weltpolitischer Entscheidungen – insbesondere des Sieges der Alliierten über das Großdeutsche Reich. Erst mit der Niederlage des NS-Regimes war ein unabhängiges Österreich, war die Etablierung eines demokratischen politischen Systems in Österreich möglich. Doch welche Strukturmerkmale diese Zweite Republik entwickelte, das war in einem wesentlichen Umfang das Ergebnis historischer Gegebenheiten:

- Das Parteiensystem der Zweiten Republik geht in hohem Maße auf die letzten drei Jahrzehnte der Monarchie zurück. Auch die ausgeprägte Parteienstaatlichkeit – der ungewöhnlich intensive Einfluß der Parteien nicht nur auf das eigentliche politische System, sondern auf die gesamte Gesellschaft – ist die Fortsetzung der schon in der Monarchie entwickelten „Lagermentalität". Parteiensystem und Parteienstaat haben ihre Wurzeln in der Monarchie.
- Die Verfassung der Zweiten Republik ist die der Ersten Republik. Die Parteien, die 1945 die Zweite Republik – auf der Grundlage der Niederlage des Großdeutschen Reiches – gründeten, griffen dabei auf das Bundes-Verfassungsgesetz (B-VG) 1920 einschließlich der Novelle 1929 zurück. Die Verfassung der Zweiten Republik hat ihre Wurzeln im politischen System der Ersten Republik.

1.1 Monarchie

1804 wurden die unter der Herrschaft der Habsburger stehenden Länder zum „Kaisertum Österreich" zusammengefaßt. Dieses Österreich, das den Großteil der später Mittel- oder Zentraleuropa genannten Region umfaßte, wurde bis 1848 nach dem Muster des Absolutismus ohne Verfassung regiert. Die Herrschaft des Monarchen war durch keinerlei Regeln gebunden, durch kein Parlament begrenzt.

1848 wurde, als Begleiterscheinung der bürgerlichen Revolution, eine verfassungsgebende Versammlung gewählt, die 1849 eine Verfassung verabschiedete („Kremsierer Entwurf"), die Österreich in eine konstitutionelle Monarchie umwandeln sollte. Allerdings hatten die kaiserlichen Truppen in der Zwischenzeit die revolutionären Unruhen ebenso unterdrückt wie (mit Hilfe Rußlands) die Unabhängigkeitsbestrebungen Ungarns und auch gegen Piemont einen militärischen Sieg errungen, der – vorläufig – die Habsburg-Herrschaft in Norditalien sicherte. Als Resultat dieser Erfolge sah sich der Kaiser stark genug, der bereits beschlossenen Verfassung die Anerkennung zu verweigern und weiterhin absolutistisch zu regieren („Spätabsolutismus").

Verfassung und Verfassungsstaat waren durch die militärisch errungenen Erfolge der Habsburger verzögert worden. Erst zwei wesentliche militärische Niederlagen Österreichs zwangen den Kaiser, die absolute durch eine konstitutionelle Monarchie zu ersetzen. Damit war ein Entwicklungsmuster etabliert, das auch im 20.Jahrhundert prägend sein sollte: Militärische Niederlagen der Armeen, in denen Österreicher kämpften, waren für die Entwicklung und Stärkung von Verfassung und Parlamentarismus in Österreich sehr förderlich – so 1918, so 1945. Die Demokratie kam nach Österreich als Resultat des Sieges fremder oder als fremd empfundener Armeen. Die Demokratie kam von außen – und nicht von innen, nicht als Ergebnis einer erfolgreichen Revolution.

1859 verlor Österreich im Krieg gegen Piemont und Frankreich die Lombardei; und 1866, gegen Preußen und Italien, Venezien. Das durch diese Niederlagen geschwächte Regime mußte nun Konzessionen nach innen machen: Im „Ausgleich" von 1867 wurde Ungarn („Transleithanien" – das heutige Ungarn samt der Slowakei, Kroatien, weiten Teilen Rumäniens und des heutigen Burgenlandes) ein hohes Maß an Autonomie eingeräumt. Die übrigen „Im Reichsrat vertretenen Königreiche und Länder" („Cisleithanien") bildeten die österreichische Reichshälfte des nunmehr Österreich-Ungarn genannten Habsburgerstaates. Die beiden Reichshälften waren nur in Fragen der Außen-, der Militär- und der Finanzpolitik miteinander verbunden.

1867 erhielt die österreichische Reichshälfte in Form des Staatsgrundgesetzes eine Verfassung, die bis 1918 in Geltung bleiben sollte. Die Verfassung ist mit dem Begriff „Halb-“ oder „Pseudo-Parlamentarismus“ charakterisiert: Die Möglichkeiten des Parlaments, die Politik zu bestimmen, waren extrem beschränkt. Das politische System nach 1867 war durch folgende Merkmale gekennzeichnet:

Dem Kaiser und der von ihm ernannten Regierung, an deren Spitze ein Ministerpräsident stand, wurde ein Parlament (Reichsrat) entgegengestellt. Der Reichsrat bestand aus zwei Kammern: dem Herrenhaus, das – nach dem Vorbild des britischen Oberhauses – Vertretung des Adels diente; und dem Abgeordnetenhaus, das gewählt wurde.

Das Abgeordnetenhaus bildete das annäherungsweise demokratische Element der Verfassung. Die Abgeordneten wurden bis 1907 nach einem „Kurienwahlrecht“ genannten ungleichen Männerwahlrecht gewählt: Nach Steuerleistung (d. h. nach Besitz und Einkommen) wurden die Männer in „Kurien“ eingeteilt. Je wohlhabender eine Kurie, desto stärker ihr Stimmgewicht. 1907 wurde dieses Wahlrecht durch das allgemeine und gleiche Männerwahlrecht in Form einer absoluten Mehrheitswahl ersetzt.

Die Regierung (vom Kaiser ernannt) war dem Parlament politisch nicht verantwortlich – es gab keine Möglichkeit, durch parlamentarischen Mehrheitsbeschluß (Mißtrauensvotum) die Regierung zu stürzen. Diese konnte daher auch gegen die Parlamentsmehrheit regieren. Die Regierung war daher eine „kaiserliche“ und keine parlamentarische Regierung.

Der Kaiser und seine Regierung konnten die Gesetzgebungsfunktion des Reichsrates durch „Notverordnungen“ unterlaufen. Von dieser Möglichkeit machte die Regierung häufig Gebrauch – auch, um an dem durch den Nationalitätenkonflikt oft handlungsunfähigen Abgeordnetenhaus vorbei die für notwendig erachteten Gesetze auf dem Verordnungsweg durchzusetzen.

Diese Rahmenbedingungen führten dazu, daß der österreichische Parlamentarismus bis 1918 kaum Einfluß auf das politische Geschehen hatte. Das politische System wurde von vorkonstitutionellen und vordemokratischen Interessen dominiert – vor allem der Aristokratie, die Bürokratie und Militär bestimmte. Im Vergleich mit dem in dieser Zeit schon entwickelten Parlamentarismus in den meisten Staaten Westeuropas war das politische System Österreichs spät- und unterentwickelt.

Tab. 1.1: **Die Entwicklung des Parlamentarismus im europäischen Vergleich** (Jahr an dem die politische Verantwortung der Regierung gegenüber dem Parlament dauerhaft durchgesetzt wurde)

1918	Österreich
1917	Schweden
1911	Portugal
1904	Island
1901	Dänemark
1884	Norwegen
1875	Frankreich
1868	Niederlande
1861	Italien*
1834	Großbritannien
1833	Belgien

* Piemont-Sardinien schon 1848

Diese vor allem im europäischen Vergleich deutliche Verspätung des Verfassungsstaates und des Parlamentarismus kontrastierte mit einer frühen Entwicklung eines modernen Parteiensystems.

Die erste Phase der konstitutionellen Monarchie – von 1867 bis 1879 – galt als liberale Ära. Im Abgeordnetenhaus, aber auch in der Regierung bestimmten Politiker das Geschehen, die dem Verfassungsstaat und seiner Weiterentwicklung verpflichtet waren und die auch eine Politik einer möglichst ungehinderten Entwicklung des Kapitalismus vertraten. Diese daher „liberal" genannten Politiker waren nur in lockerer Form verbunden. Die verschiedenen liberalen „Klubs" waren noch keine modernen Parteien.

Nach dem Ende dieser liberalen Ära begannen sich sehr rasch Parteien zu formieren, die eine überaus dichte Organisation entwickelten und eine als „Weltanschauung" vertretene Programmatik aufwiesen. Diese Parteien bildeten sich als Kern der sich in den letzten zwei Jahrzehnten des 19. Jahrhunderts rasch verfestigenden, politisch-weltanschaulichen „Lager":

- Die Sozialdemokratische Arbeiterpartei (SDAP), gegründet 1889, war der politische Arm des sozialistischen Lagers. Nach dem Verständnis dieses Lagers war die Gesellschaft entlang der Konfliktlinie Klasse in das Bürgertum (Bourgeoisie) und die Arbeiterklasse (Proletariat) geteilt. Die SDAP sah sich als Teil einer umfassenden Arbeiterbewegung.

Zu dieser sozialistischen Arbeiterbewegung und dem sozialistischen Lager zählten – neben der Partei – vor allem Gewerkschaften, die proletarische Frauenbewegung und andere, insbesondere auch kulturelle Organisationen. Die Programmatik der SDAP und des sozialistischen Lagers entwickelte sich zum „Austromarxismus“: Auf der Grundlage eines marxistischen Politik- und Gesellschaftsbildes sollte mit den Instrumenten des Parlamentarismus (und in enger Verbindung mit Gewerkschaften) eine sozialistische Wirtschafts- und Gesellschaftsordnung etabliert werden.

- Die Christlichsoziale Partei entstand aus der Vereinigung verschiedener Vereine, die eine Sozialreform auf der Grundlage der Soziallehre der Katholischen Kirche propagierten. Die Christlichsozialen sahen Politik und Gesellschaft vor allem von der Konfliktlinie zwischen Katholizismus und Säkularismus geprägt. In dem von ihnen repräsentierten katholisch-konservativen Lager waren kirchliche und politische Organisationsformen eng verflochten. Im Vorfeld der Wahl von 1907 wurden die vor allem städtisch-kleinbürgerlichen Christlichsozialen durch den Zusammenschluß mit den vor allem ländlich-bäuerlichen Konservativen zu einer Großpartei, die dem „Politischen Katholizismus“ – der Verteidigung einer möglichst engen Verbindung von Kirche und Staat – verpflichtet war.
- Verschiedene kleinere Parteien des deutschnationalen Lagers, vor allem die Alldeutsche Partei, betonten den Gegensatz der Interessen zwischen den Deutschen und den (insgesamt die deutliche Mehrheit bildenden) anderen Nationalitäten der Monarchie. Das Selbstbild des deutschnationalen Lagers, das eine große Organisationsvielfalt aufwies (Turnerbünde, Burschenschaften, etc.), baute auf der Konfliktlinie zwischen Nationalitäten. Diese Orientierung bildete die Grundlage der Vorstellung vom „Anschluß“ Österreichs an das Deutsche Reich.

Die rasche Entwicklung eines dicht organisierten Parteiensystems in Form der „Lager“ hatte mehrere Aspekte. In den Parteien und ihren Teil- und Vorfeldorganisationen war eine ungewöhnlich große Zahl von Menschen gebunden. Politische Loyalitäten wurden vor allem den „Lagern“ und weniger dem politischen System, dem Staat, entgegengebracht. Es entwickelte sich eine Art von „Lagerpatriotismus“, der politische Konflikte zwischen den Lagern wie außenpolitische Auseinandersetzungen wahrnahm. Diese Neigung war die Folge von zwei Rahmenbedingungen:

Der Vielvölkerstaat Österreich konnte keine nationalen Emotionen binden. Diese richteten sich – als deutscher oder tschechischer oder italienischer oder polnischer Nationalismus – immer mehr gegen die Existenz dieses Staates. Die emotionale Bindungsfähigkeit der „Lager" und damit des Parteiensystems war ein Surrogat der fehlenden Bindungsfähigkeit Österreichs, das als Vielvölkerstaat die Emotionen der Menschen nicht wirklich ansprechen konnte.

Der Pseudoparlamentarismus zwischen 1867 und 1918 gab den politischen Energien der Parteien wenig konkrete Gestaltungsmöglichkeit – sie liefen in einem weitgehend machtlosen Parlament ins Leere. Die Parteien entwickelten sich daher weniger als Instrumente, als Funktionen eines politischen Systems; und mehr als autonome Subsysteme, die sich vom Gesamtsystem zunehmend abkoppelten.

Als dieses Gesamtsystem – die Monarchie – implodierte, waren die Parteien daher eine davon wenig betroffene Reservemacht. Sie waren frei, auf der Grundlage ihrer Organisationsmacht die Republik zu gestalten.

1.2 Republik

Die Republik war eine Gründung der Parteien. Die deutschsprachigen Abgeordneten der Sozialdemokraten, der Christlichsozialen und der Deutschnationalen in dem 1911 gewählten, letzten Abgeordnetenhaus der Monarchie füllten das durch die erzwungene Abdankung des Kaisers entstandene Machtvakuum, riefen im November 1918 die Republik „Deutschösterreich" aus und erklärten den „Anschluß" an das neue, republikanische und demokratische Deutschland. Aus ihren Reihen bildeten die Abgeordneten eine „Provisorische Staatsregierung" mit Karl Renner (SDAP) als Staatskanzler.

Der Name der Republik und die Anschlußerklärung machten eine grundlegende Änderung deutlich: Das übernationale Österreich war mit der Habsburgerherrschaft untergegangen. Die Mehrzahl der Abgeordneten des alten Parlaments waren nicht an der Gründung „Deutschösterreichs", sondern an der Gründung der Tschechoslowakei oder Polens oder Jugoslawiens beteiligt, bzw. beschäftigten sich mit rumänischer oder italienischer Politik.

Österreich war der deutschsprachige Rest – und dieser verstand sich, in Übereinstimmung mit der in der Monarchie herrschenden Begrifflichkeit, als deutsch. Doch als die Siegermächte im Vertrag von St. Germain, 1919, den Anschluß an Deutschland untersagten und auch den Namen der Republik mit „Österreich" festschrieben, mußten die Parteien diesen Zwang zur Selbständigkeit akzeptieren.

Für die Wahl in die Verfassungsgebende Nationalversammlung, 1919, war das allgemeine und gleiche Wahlrecht auch auf Frauen ausgedehnt und die Mehrheitswahl durch die Verhältniswahl ersetzt worden. In der Provisorischen Staatsregierung arbeiteten zunächst Sozialdemokraten, Christlichsoziale und Deutschnationale in einer Allparteienregierung zusammen. Nachdem die Deutschnationalen als Protest gegen das Anschlußverbot die Regierung verlassen hatten, regierten bis 1920 SDAP und Christlichsoziale gemeinsam.

Die Anfänge der Republik waren durch ein hohes Maß an Konsens zwischen den Lagern, insbesondere zwischen SDAP und Christlichsozialen gekennzeichnet. Einvernehmlich wurden einige wesentliche Neuerungen durchgeführt, die in Richtung einer Sozialpartnerschaft wiesen. So wurde, als Gegenstück zu den schon seit 1848 bestehenden Handelskammern, die Einrichtung von Arbeiterkammern beschlossen: Der Interessenvertretung der Arbeitgeber wurde eine der Arbeitnehmer gegenübergestellt. Damit wurde ein Gleichgewicht zwischen Kapital und Arbeit angestrebt – eine Voraussetzung für die Sozialpartnerschaft, die sich freilich erst nach 1945 voll entwickeln sollte.

In dieser Phase der ersten „Großen Koalition" einigten sich die beiden Regierungsparteien 1920 auf eine Verfassung, deren Kompromißcharakter diese Phase ausdrückt. Das 1920 verabschiedete Bundes-Verfassungsgesetz (B-VG) bringt in mehrfacher Weise diesen Kompromiß zum Ausdruck:

- Die Sozialdemokraten waren für einen Einheitsstaat ohne Eigenständigkeit der Länder und ohne eigene Länderkammer. Die Christlichsozialen waren für einen Bundesstaat mit einer möglichst weitgehenden Autonomie der Länder und einem echten Zweikammernsystem, in dem der Bundesrat als Länderkammer dem Nationalrat gleichgestellt sein sollte. Die Verfassung verankerte einen Bundesstaat mit relativ schwach entwickelten Länderrechten und einen Bundesrat mit geringen Befugnissen.
- Die Christlichsozialen waren für ein starkes Staatsoberhaupt mit vielen Kompetenzen. Die Sozialdemokraten wollten auf ein solches über-

haupt verzichten und – wie das schon im Verfassungsprovisorium 1919 der Fall war – bestimmte repräsentative Funktionen, die üblicherweise einem Staatsoberhaupt zustehen, dem Parlamentspräsidenten übertragen. Die Parteien einigten sich auf einen Bundespräsidenten mit geringer Kompetenz.

Mit der Verabschiedung des B-VG war die „Große Koalition“ am Ende. Von 1920 bis 1933 regierten die Christlichsozialen in verschiedenen Koalitionsvarianten mit den beiden kleinen Parteien, die sich aus den Deutschnationalen entwickelt hatten – der Großdeutschen Volkspartei und dem Landbund. Dieser „Bürgerblock“ genannten Koalitionsform stand die SDAP in Opposition gegenüber.

Diese Konstellation höhlte den Verfassungskonsens von 1920 aus. Die Christlichsozialen wollten einen Teil ihrer ursprünglichen verfassungspolitischen Vorstellungen umsetzen. Da aber dafür eine Zweidrittel-Mehrheit im Nationalrat notwendig war, mußten sie erneut einen Kompromiß mit der SDAP suchen. Dieser Kompromiß wurde dann in Form der Novelle zum B-VG 1929 auch gefunden:

- Die Christlichsozialen erreichten eine Stärkung des Bundespräsidenten. Dieser sollte nicht mehr – wie seit 1920 – durch das Parlament, sondern direkt vom Volk gewählt werden. Und er erhielt als wesentliche Kompetenzmehrung die Aufgabe, die Bundesregierung – die seit 1920 ebenfalls parlamentarisch bestellt wurde – zu ernennen und zu entlassen.
- Die Sozialdemokraten konnten jedoch verhindern, daß der Nationalrat entscheidend geschwächt wurde. Die Bundesregierung blieb weiterhin dem Nationalrat politisch verantwortlich: Dieser konnte durch einfachen Mehrheitsbeschluß der Regierung das Mißtrauen aussprechen und diese damit „stürzen“. Dadurch war sichergestellt, daß keine Regierung gegen den Willen des Nationalrates bestehen konnte.

Die Novelle 1929 ergänzte das B-VG in einer Form, die von der Zweiten Republik übernommen werden sollte. Die österreichische Bundesverfassung ist seither von folgenden Elementen bestimmt:

- Parlamentarische Demokratie: Die politische Verantwortlichkeit der Bundesregierung gegenüber dem Nationalrat zwingt Regierung und Parlament in eine politische Einheit.

- Präsidentielle Elemente: Der direkt gewählte Bundespräsident ergänzt den parlamentarischen Charakter der Verfassung, ohne ihn aufzuheben.

Tab. 1.2: **Die österreichische Verfassungsstruktur**

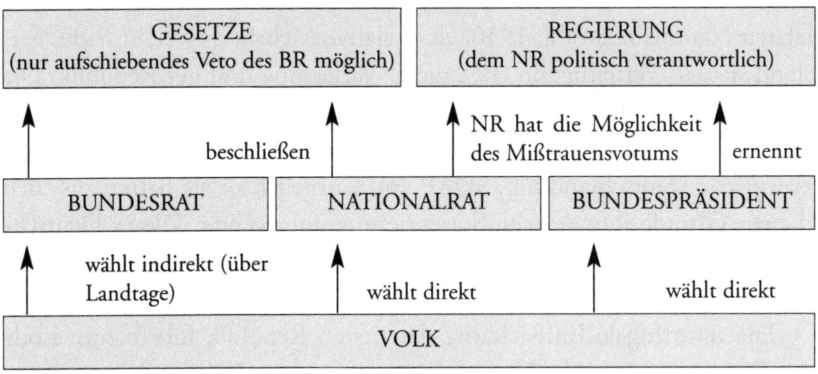

Quelle: Nick/Pelinka 1996, S. 42.

Ergänzt wird diese Grundstruktur der seit 1920 (bzw. seit 1929) geltenden Verfassung durch zwei weitere Merkmale:

Zentralistischer Bundesstaat: Der österreichische Föderalismus ist, im internationalen Vergleich, durch einen Kompetenzüberhang des Bundes gegenüber den Ländern gekennzeichnet.

Unechtes Zweikammernsystem: Die direkt gewählte Kammer des Parlaments, der Nationalrat, hat gegenüber der zweiten Kammer, dem Bundesrat, ein sehr deutliches Kompetenzübergewicht.

Der Verfassungskompromiß von 1929 konnte eine weitere Auseinanderentwicklung des „Bürgerblocks" und der Sozialdemokratie nicht verhindern. Die Lager stärkten – in Form einer militärischen Aufrüstung – ihre Wehrverbände: die SDAP den „Republikanischen Schutzbund" und die Christlichsozialen die ihnen nahestehenden „Heimwehren". Als ab 1930 die NSDAP den Landbund und die Großdeutsche Volkspartei als Repräsentantinnen des deutschnationalen Lagers zu verdrängen begann, kamen noch SA und SS als weitere Wehrverbände hinzu.

Der Basiskonsens, der am Beginn der Ersten Republik existiert hatte, ging verloren. Die Lager fanden immer weniger Gemeinsamkeiten. Ihre Konflikte entwickelten sich in Richtung eines Bürgerkrieges. Die Christlichsozialen sahen sich zwischen den Sozialdemokraten und den Nationalsozialisten eingeengt und ohne Chance, auf der Grundlage von demokratischen Wahlen eine regierungsfähige Mehrheit im Nationalrat zu gewinnen: Sie drängten immer stärker auf eine Abkehr vom Parlamentarismus und damit von der Verfassung der Republik. Die SDAP, die bei der letzten Nationalratswahl, 1930, eine relative Mehrheit erreicht hatte, verstand sich als Verteidigerin eben dieser Verfassung und der Republik. Die NSDAP erhielt durch Hitlers „Machtergreifung" im Jänner 1933 besonderen Rückenwind und arbeitete auf einen Anschluß an das nationalsozialistische Deutschland hin. SDAP und Christlichsoziale hatten aus eben diesem Grunde ihre Anschlußorientierung aufgegeben: Dieses Deutschland war nicht mehr das, an das sie sich 1918 und 1919 hatten anschließen wollen.

Die zentrifugale Entwicklung der Ersten Republik führte zum Ende der Demokratie und des Verfassungsstaates:

- Im März 1933 nahm die Regierung des christlichsozialen Bundeskanzlers Engelbert Dollfuß einen parlamentarischen Geschäftsordnungskonflikt zum Anlaß, den Nationalrat für aufgelöst zu erklären und mit Polizeigewalt am Zusammentreten zu hindern. Dollfuß nützte ein kriegswirtschaftliches Ermächtigungsgesetz aus dem Ersten Weltkrieg, um seine Politik auf dem Verordnungsweg – ohne Parlament – durchzusetzen. Der politische Spielraum der Opposition wurde schrittweise eingeengt.
- Im Februar 1934 kam es zum Bürgerkrieg zwischen der Regierung (gestützt auf Bundesheer, Polizei und den der Christlichsozialen Partei nahestehenden Wehrverbänden) und dem Republikanischen Schutzbund. Die Regierung konnte die Sozialdemokratie militärisch niederringen. Die SDAP und die sozialdemokratischen „Freien Gewerkschaften" wurden verboten.
- Am 1. Mai 1934 beschlossen die Regierung Dollfuß und die zur Vaterländischen Front (VF) umgewandelte Christlichsoziale Partei eine neue Verfassung für den „Bundesstaat Österreich". Das politische System des „autoritären Ständestaates" war eine Mischung aus Elementen des Faschismus nach italienischem Vorbild und Elementen des

Konzepts einer „berufsständischen Ordnung“ der Katholischen Soziallehre. Die VF erhielt ein politisches Monopol als Einheitspartei.

- Im Juli 1934 versuchte die NSDAP – unter Einsatz vor allem der SS – die autoritäre Regierung mit Waffengewalt zu stürzen. Im Zuge der Auseinandersetzungen wurde Engelbert Dollfuß erschossen. Der Putsch der NSDAP wurde aber niedergeschlagen, wobei die demonstrative Unterstützung des autoritären Regimes durch das faschistische Italien das nationalsozialistische Deutschland an einem – möglichen – Eingreifen hinderte.

1.3 Diktatur

Österreich erlebte zwei Phasen der Diktatur – eine autoritäre und eine totalitäre:

- Zwischen dem Februar 1934 und dem März 1938 regierte das sich als Vaterländische Front neu organisierende katholisch-konservative Lager gegen den Widerstand des sozialistischen Lagers, das sich als Verteidigerin der Republik verstand, und gegen den Widerstand des vollkommen in die Hände der NSDAP übergegangenen deutschnationalen Lagers, das den „Anschluß“ an das nationalsozialistische Deutschland forderte. Der autoritäre Ständestaat unterdrückte jede Opposition und die politischen Grundfreiheiten. Anders als die in Deutschland bereits seit Jänner 1933 regierende NSDAP war der autoritäre Ständestaat jedoch nicht totalitär. Insbesondere wurden, anders als in Deutschland – dort vor allem auf der Basis der 1935 verabschiedeten „Nürnberger Rassegesetze“, trotz des auch in Österreich vorhandenen Antisemitismus Menschen aus Gründen ihrer Herkunft nicht verfolgt.
- Im März 1938 verlor Österreich seine Selbständigkeit. Als Resultat der (illegalen) nationalsozialistischen Aktivitäten in Österreich und des massiven Druckes von seiten des deutschen NS-Regimes trat Kurt Schuschnigg, der Nachfolger Dollfuß, zurück. Deutsche Truppen besetzten Österreich. Österreich wurde Teil des nunmehr „Großdeutschen Reiches“. Ein wesentlicher Teil der österreichischen Bevölkerung, keineswegs nur die Anhänger der NSDAP, begrüßten diesen „Anschluß“, obwohl in seinem unmittelbaren Gefolge die Diktatur massiv verstärkt und die spezifischen Unrechtselemente des Nationalsozialismus („Rassegesetze“) für alle erkennbar waren. Andere Öster-

reicherInnen standen dem Regime ablehnend gegenüber, und ein Teil dieser Opposition organisierte sich in verschiedenen Widerstandsgruppen – vor allem KommunistInnen und MonarchistInnen, aber auch SozialdemokratInnen und Christlichsoziale.

Der autoritäre Ständestaat hatte sich innenpolitisch zu sehr isoliert, um dem doppelten Druck des Nationalsozialismus – von innen und von außen – auf Dauer standhalten zu können. Die Sozialdemokratie war verboten und unterdrückt und konnte so nicht als Bündnispartner gegen diesen Druck gewonnen werden. Und als das faschistische Italien, 1934 noch eine Stütze des Ständestaates gegen Deutschland, sich im Zuge einer außenpolitischen Umorientierung dem nationalsozialistischen Deutschland annäherte, verlor das autoritäre Regime auch seine wichtigste außenpolitische Stütze.

Die Verfassung von 1934 hatte – unabhängig vom politischen Monopol der Einheitspartei, der Vaterländischen Front – gewisse scheindemokratische Elemente vorgesehen. Insbesondere sollte innerhalb der „Stände" (Berufsgruppen) Wahlen für eine demokratische Legitimation sorgen. Wegen der geringen Stabilität des Regimes wurde diese offizielle Intention des Ständestaates aber nicht verwirklicht.

Der autoritäre Ständestaat hatte nicht nur alle Parteien verboten bzw. erreicht, daß die Christlichsoziale Partei sich in die Vaterländische Front verwandelt hatte. Das Regime hatte auch die Gewerkschaften verboten – insbesondere die zum sozialistischen Lager zählenden „Freien Gewerkschaften". 1934 wurde von der Regierung ein Gewerkschaftsbund („Einheitsgewerkschaft") gegründet, der beanspruchte, überparteilich zu sein. Faktisch war dieser Gewerkschaftsbund die Fortsetzung der Christlichen Gewerkschaften, die Teil des katholisch-konservativen Lagers waren, unter anderem Namen.

Der Ständestaat war die Herrschaft des katholisch-konservativen Lagers über die beiden anderen Lager mit den Mitteln der Diktatur. Eines dieser beiden anderen, vom autoritären Regime in die Illegalität gedrängten oppositionellen Lagers, errichtete 1938 – auf der Grundlage der militärischen Besetzung Österreichs – als Alternative zu dieser autoritären Form der Diktatur eine totalitäre Diktatur.

Zwischen März 1938 und April 1945 wurde Österreich als Teil des nationalsozialistischen Deutschland regiert. Das totalitäre Einparteiensystem ließ keinen Spielraum für verschiedene Freiräume, die bis 1938 noch möglich gewesen waren – etwa im Bereich von Kunst und Kultur. Auch die Katholische Kirche, deren Bischöfe – obwohl sie sehr deutlich zwischen 1934 und 1938 die Regierungen Dollfuß und Schuschnigg unterstützt hatten – offiziell den „Anschluß" begrüßt hatten, wurde eingeengt: Katholische Privatschulen wurden verboten, jede über den Kirchenraum hinausgehende Aktivität war untersagt.

Die von Anfang an am stärksten von der NS-Herrschaft Betroffenen waren die ÖsterreicherInnen, die in der Diktion der „Rassegesetze" als Juden galten. Sie wurden entrechtet, beraubt („Arisierung") und vertrieben. Als bald nach Beginn des Zweiten Weltkrieges die jüdische Emigration zum Stillstand kam, wurden die als „Juden" definierten Menschen Opfer der Vernichtungsmaschine des Holocaust. Etwa ein Drittel der 200.000 Juden, die vor dem „Anschluß" in Österreich gelebt hatten, wurden ermordet. In analoger Weise wurden die als „Zigeuner" punzierten Roma und Sinti Opfer der nationalsozialistischen Vernichtungspolitik.

Die politische Unterdrückung richtete sich vor allem gegen folgende Gruppen:

- Funktionäre des autoritären Ständestaates, soferne sie als Gegner des Nationalsozialismus galten: Die ersten aus politischen Gründen Inhaftierten und die ersten ÖsterreicherInnen, die in das KZ Dachau transportiert wurden, kamen zu einem Großteil aus dieser Gruppe des katholisch-konservativen Lagers.
- Aktivisten des sozialistischen Lagers: Die Polizei des NS-Regimes nutzte die Polizeiakten des Ständestaates, um gegen aktive SozialdemokratInnen vorzugehen. Diese stellten die zweite Gruppe, die mit den ersten Österreich-Transporten nach Dachau kam.
- Kommunisten: Die ursprünglich äußerst schwache KPÖ hatte im Widerstand gegen den Ständestaat eine gewisse Bedeutung erlangt. Da KommunistInnen von Anfang an das NS-Regime bekämpften, richtete sich die Härte des totalitären Polizeistaates besonders gegen sie. Zur Zeit des Hitler-Stalin-Paktes (August 1939 bis Juni 1941) lieferte sogar die Sowjetunion österreichische Kommunisten an die Gestapo aus.
- Monarchisten: Die nicht sehr zahlreichen, aber hoch motivierten Anhänger einer Wiederherstellung der Habsburger-Monarchie waren als prinzipielle Gegner des Nationalsozialismus von Anfang an in verschiedenen Widerstandsgruppen aktiv und wurden deshalb auch verfolgt.

Darüber hinaus wurden in Österreich alle die systematisch verfolgt und in Konzentrationslager eingeliefert, die auch schon in Deutschland Opfer des NS-Terrors waren: Pazifistische Christen (v. a. Zeugen Jehovas), die aus Gewissensgründen den Militärdienst verweigerten; Homosexuelle; und „Asoziale“, ein Sammelbegriff für alle, die ein – in den Augen des Regimes – unangepaßtes Sozialverhalten an den Tag legten.

Die NS-Diktatur in Österreich war auch und wesentlich eine Diktatur von Österreichern über Österreicher. In den Führungsrängen der NSDAP waren Österreicher keineswegs unterrepräsentiert, und auch die Organisationsdichte der NSDAP war in Österreich dieselbe wie in Deutschland.

Dennoch wies die NS-Herrschaft in Österreich auch Elemente einer Fremdherrschaft auf. Österreich wurde als Verwaltungseinheit zerschlagen, der Begriff Österreich wurde unterdrückt – so wurden aus Nieder- und Oberösterreich „Niederdonau“ und „Oberdonau“. Die Enttäuschung angesichts der Wirklichkeit der NS-Herrschaft – Krieg und Zerstörung statt Wohlstand und Sicherheit – führte auch bei vielen, die im März 1938 den „Anschluß“ begrüßt hatten, zu einer veränderten Einstellung. Die sieben Jahre der NS-Herrschaft in Österreich begünstigten ein Umdenken, das der spätere SPÖ-Vorsitzende, Vizekanzler und Bundespräsident, Adolf Schärf, in einem Gespräch mit einem Vertreter einer deutschen Widerstandsgruppe im Jahre 1943 auf den Punkt brachte: „Der Anschluß ist tot.“

Literatur

Gulick, Charles A.: Austria from Habsburg to Hitler. 2 Bände. Berkeley 1948 (reprint 1980).

Gärtner, Reinhold (Hg.): Blitzlichter. Österreich am Ende des Jahrhunderts. Innsbruck 1999.

Hanisch, Ernst: Der lange Schatten des Staates. Österreichische Gesellschaftsgeschichte im 20. Jahrhundert. Wien 1994.

Tálos, Emmerich u. a. (Hg.): NS-Herrschaft in Österreich 1938–1945. Wien 1988.

2. Gesellschaft – Wirtschaft – Politik

Schlüsselbegriffe: *Sozialer Wandel; demographische Veränderungen; postmodernes Leben; Politik und Ökonomie; Austro-Keynesianismus; Verstaatlichte Industrie; Leistungsstaat*

In welchem sozio-ökonomischen und sozio-kulturellen Umfeld findet Politik statt bzw. welches Umfeld wird von Politik (mit)gestaltet? Welche demographischen, gesellschaftlichen und wirtschaftlichen Entwicklungen tragen zum Verständnis und zur Deutung des Politischen bei bzw. welche demographischen, gesellschaftlichen und wirtschaftlichen Phänomene und Entwicklungen besitzen für policy-making Relevanz?

2. 1 Demographische Entwicklungen

In Österreich leben mehr als acht Millionen Menschen, ein Fünftel davon in der Bundeshauptstadt, fünf Prozent wohnen in Gemeinden bis 1000 EinwohnerInnen. Um 1900 waren auf dem selben Gebiet sechs Millionen Menschen, 1981 lebten sieben-ein-halb Millionen, 1994 wurde die Acht-Millionen-Grenze erreicht.

Die Wohnbevölkerung wächst kontinuierlich, und sie wird deutlich älter. Wie in anderen westeuropäischen Ländern auch, wandelt sich die österreichische Gesellschaft aufgrund des höheren Lebensalters und der sinkenden Geburtenraten zu einer alternden Gesellschaft. Der Anteil älterer Menschen (über 65 Jahren) ist heute mit mehr als 15 Prozent etwa 2,7 mal so hoch wie zu Beginn des Jahrhunderts. Es wird prognostiziert, daß der Anteil der Jüngeren (unter 20 Jahren) bis 2050 von jetzt 23 Prozent auf voraussichtlich 17 Prozent zurückgeht. Kleiner wird somit der Anteil der Menschen im Erwerbsalter (20 bis 64 Jahre). Dies wird Auswirkungen auf die Finanzierung der von der Erwerbsarbeit abhängigen Sozialleistungen, insbesondere der Pensionen, haben.

Die Alterspyramide wird weiters die Gesundheitspolitik sowie die Organisation der Pflege älterer Menschen herausfordern. Ob Betreuung und

Pflege staatlich erfolgen (Ausbau staatlicher Einrichtungen) oder privat-familiär, wird Konsequenzen auf die Arbeitsteilung der Geschlechter und insbesondere auf die Berufstätigkeit der Frauen haben.

Die Geburtenraten sinken. 1997 betrug die durchschnittliche Kinderzahl pro Frau 1,36. Dies ist der niedrigste je in Österreich statistisch erhobene Wert. Bereits zu Beginn des 20. Jahrhunderts erfolgte ein sprunghafter Rückgang der Geburten. Bis 1928 halbierte sich die durchschnittliche Kinderzahl von vier auf zwei. Mitte der 30er Jahre lag sie bei 1,5 Kinder pro Frau. Mit den „Baby-Booms" Anfang der 40er und in den 60er-Jahren stieg die Kinderzahl wieder auf mehr als zwei – ein Wert, der letztmals im Jahr 1972 erreicht wurde. Im Westeuropa-Vergleich liegen Österreich und Deutschland nur knapp über dem niedrigen Geburtenniveau der südeuropäischen Länder (Spanien, Italien). Seit Anfang der 90er Jahre liegen alle westeuropäischen Länder unter zwei Kindern pro Frau. Im Norden und Westen Europas (Irland, Norwegen) sind die höchsten Geburtenzahlen zu finden.

Damit die Wohnbevölkerung weiterhin wächst und damit die demographischen Veränderungen das sozialpolitische System nicht destabilisieren (Pensionen), wird eine Zuwanderung von 25.000 Menschen pro Jahr prognostiziert (vgl. Faßmann 1945).

In Österreich leben 750.000 Menschen mit nicht-österreichischer Staatsbürgerschaft. Dies entspricht einem Bevölkerungsanteil von 9,2 Prozent. Der Anteil der ausländischen Menschen in den EU-Ländern liegt zwischen 5 und 8 Prozent. Bei diesen Zahlen sind allerdings die unterschiedlichen Regelungen über den Erwerb einer Staatsbürgerschaft zu berücksichtigen. In einigen EU-Mitgliedsstaaten wird die Staatsbürgerschaft mit der Geburt erworben, in anderen kann eine Doppelstaatsbürgerschaft besessen werden.

Rund 16 Prozent der österreichischen Wohnbevölkerung sind außerhalb der heutigen Grenzen Österreichs geboren. Entscheidend für die Entwicklung der ausländischen Wohnbevölkerung war ein wachsender Arbeitsmarkt und die bilaterale Anwerbung ausländischer Arbeitskräfte bis in die 80er Jahre (siehe weiter unten in diesem Kapitel). Politisch versteht sich Österreich jedoch nicht als Einwanderungsland und folglich ist Integrationspolitik auch kein deklariertes Anliegen – allerdings spielt die sog. Ausländerfrage zunehmend eine innenpolitische Rolle (Inklusions-/Exklusionsthematik).

Tab. 2.1: **Ausländische Wohnbevölkerung, ausländische Arbeitskräfte, Asylanträge**

Jahr	Ausländische Wohnbevölkerung insgesamt	Ausländische Arbeitskräfte insgesamt	Differenz zum Vorjahr	Asylanträge Insgesamt
1961	102.159			4.116
1962				3.458
1963		21.500		3.435
1964		26.100	+4.600	3.611
1965		37.300	+11.200	4.247
1966		51.500	+14.200	3.805
1967		66.200	+14.700	3.919
1968		67.500	+1.300	7.362
1969		87.700	+20.200	9.831
1970		111.715	+24.015	3.085
1971	211.896	150.216	+38.501	2.075
1972		187.065	+36.849	1.838
1973		226.801	+39.736	1.576
1974		222.327	-4.474	1.712
1975		191.011	-31.316	1.502
1976		171.673	-19.338	1.818
1977		188.863	+17.190	2.566
1978		176.709	-12.154	3.412
1979		170.592	-6.117	5.627
1980		174.712	+4.120	9.259
1981	291.448	171.773	-2.939	34.557
1982		155.988	-15.785	6.314
1983		145.347	-10.641	5.868
1984		138.710	-6.637	7.208
1985		140.206	+1.496	6.724
1986		145.963	+5.757	8.639
1987		147.382	+1.419	11.406
1988		150.915	+3.533	15.790
1989		167.381	+16.466	21.882
1990		217.610	+50.229	22.789
1991	517.690	264.102	+46.492	27.306
1992		273.884	+7.423	16.238
1993	706.335	282.776	+8.892	4.744
1994		291.018		5.082
1995	723.483	300.303		5.920
1996	728.190	300.353		6.991
1997	732.671			6.719
1998	737.277			13.805

Quelle: Faßmann 1995, S. 403. 1994 bis 1998 Ergänzungen aufgrund offizieller Daten, insbesondere Bericht über die soziale Lage, Datenband, 1996.

Auf demographische Entwicklungen und Brüche reagierte und reagiert die Politik: Vor dem Hintergrund sinkender Geburtenzahlen wurden im Jahre 1957 erstmals Karenzregelungen für Mütter geschaffen; vor dem Hintergrund sinkender Geburtenzahlen wurden im Wahlkampf 1999 erweiterte Karenzregelungen und ein Erziehungsgeld heftig diskutiert.

2.2 Sozialer Wandel und postmoderne Politik

Sozialer Wandel und postmodernes Leben – Individualisierung und Pluralisierung – werden zur Deutung der Erosionen der stabilen wirtschaftlichen und besonders aber der durch Kontinuität geprägten politischen Verhältnisse sowie zur Erklärung der Brüche in der Versäulung von Politik, Wirtschaft und Gesellschaft herangezogen.

In welchen Bereichen des Lebens, des Arbeitens und der Gemeinschaft ist Wandel im Sinne der Ausprägung moderner Lebensstile und der Entwicklung der Arbeitsgesellschaft jenseits von Normalarbeitsbiographien, sondern auf der Basis von Flexibilität zu beobachten? Wie und wo arbeiten und in welchen Beziehungsformen leben Menschen?

- Der soziale Wandel in Richtung postindustrielle Gesellschaft ist an der deutlichen Verringerung der Produktion und der Beschäftigung im primären Sektor – in Land-, Forstwirtschaft und Bergbau – abzulesen: In den 50er Jahren arbeitete etwa ein Drittel der Bevölkerung in der Landwirtschaft, 1970 waren es 14 Prozent, 1999 sind es etwa drei Prozent. Parallel zur Schrumpfung des primären Sektors wächst der tertiäre Sektor. Die Beschäftigten im Dienstleistungsbereich (Privatwirtschaft und Öffentlicher Dienst) betrugen 1998 68 Prozent (1970: 43 Prozent). Die schrumpfende Zahl der ArbeiterInnen und vice versa ein expandierender Tertiärsektor mit einer wachsenden Zahl von Angestellten lassen eine „Neue Mittelschicht" mit modifizierten Lebensstilen und milieufernen Politikpräferenzen entstehen. Diese sektoralen Strukturveränderungen widerspiegeln sich nur teilweise in der politischen Repräsentation. Am Ende der XX. Gesetzgebungsperiode (September 1999) weist die Parlamentsstatistik einen Anteil von 8,7 Prozent der Abgeordneten, die aus der Land- und Forstwirtschaft kommen, aus. Die Bedeutung der Bauern und der agrarischen Interessen, die besonders deutlich bei den EU-Beitrittsverhandlungen geworden sind, scheint relativ unabhängig von der Größe der bäuerlichen Bevölkerung zu sein, sondern mit einer prinzipiell bauernfreundlich eingestellten Bevölkerung, die den Bauern eine besondere gesellschaftspolitische Bedeutung beimißt, zusammenzuhängen.

- Der sozio-kulturelle Wandel wird in der Verteilung der Erwerbsarbeit zwischen Frauen und Männern deutlich. 1975 waren 84,1 Prozent der Männer und 57 Prozent der Frauen im erwerbsfähigen Alter berufstätig, 1995 hingegen lediglich 76,7 Prozent der Männer aber 61,7 Prozent der Frauen. Die geschlechtsspezifische Differenz verringerte sich von 23 Prozentpunkte auf 15 Prozentpunkte. Mit anderen Worten: Es fand eine Erwerbsarbeitsumverteilung von Männern zu Frauen statt. Die Dienstleistungsorientierung des Arbeitsmarktes verbesserte die Möglichkeiten der weiblichen Berufstätigkeit in zweifacher Hinsicht: Dienstleistungsberufe insbesondere im Öffentlichen Dienst (z. B. Gesundheits- und Erziehungsberufe) stellen oft nicht nur einen Arbeitsplatz für eine Frau dar, sie sind auch die notwendige Rahmenbedingung dafür, daß Berufstätigkeit mit Familie vereinbar wird (öffentliche Kinderbetreuungseinrichtungen, Pflegeeinrichtungen etc). Ein Ergebnis dieser Entwicklung ist ein drastischer Rückgang des Anteils der „Nur-Hausfrauen" (von ca. 30 Prozent in den 50er Jahren auf 15 Prozent in den späten 90er Jahren). Die Frauenberufstätigkeit steigt seit den 70er Jahren und liegt im europäischen Mittelfeld. Anstiege der Erwerbstätigkeit betreffen vor allem die 30-bis 40jährigen, d. h. Familie und Kind sind für Frauen nicht mehr wirklich ein Grund, die Erwerbstätigkeit zu unterbrechen bzw. zu beenden.
  Erst durch die steigende Berufstätigkeit von Frauen werden moderne und postmoderne Lebensformen, Individualisierung und Aushandeln anstelle traditioneller, autoritärer Entscheidungsfindungen möglich. Die Frauenbewegung trug zur Bildung und Entwicklung einer posttraditionellen Gesellschaft wesentlich bei. Das Gelingen der Individualisierung, ein Element postmoderner Lebens- und Gesellschaftskonzeption, setzt die Berufstätigkeit von Frauen voraus.
- Postindustrielle Gesellschafts- und Marktbeziehungen verlangen nach gut ausgebildeten Menschen. Die Chancengleichheitspolitik der 70er Jahre wollte die soziale und regionale Herkunft als Determinante des Zugangs zu Bildung reduzieren und protegierte den höheren Schulbesuch sowie die Öffnung der Universitäten. Als Ergebnis dieser Politik wird heute von der Massenuniversität gesprochen, die nicht zuletzt

durch den freien, sprich kostenlosen Hochschulzugang verursacht sei. Die Daten sprechen aber (auch) eine andere Sprache. Zwar ist es richtig, daß heute (1999) ein Großteil eines Jahrgangs mit Matura abschließt und in der Folge eine Universität/Fachhochschule besucht. In der Gesamtbevölkerung beträgt der Anteil der Akademikerinnen aber bescheidene 2,6 Prozent, jener der Akademiker 5,5 Prozent (Volkszählung 1991).

Die Ausdifferenzierungen durch den sozialen Wandel, der modern als postmodernes Leben bezeichnet wird, veranlaßt SozialwissenschafterInnen auch in der Arena des politischen Systems nach postmodernen Phänomenen zu suchen – und fündig zu werden (vgl. Preglau/Richter 1998). Ob die sozio-ökonomischen Umschichtungen und die Auflösungserscheinungen traditioneller Strukturen, relativ homogener Klassenlagen und Sozialmilieus tatsächlich zu postmodernen Politikformen führen, bzw. ob die aus den Umschichtungen resultierenden veränderten politischen Konstellationen tatsächlich als postmodern zu bezeichnen sind, ist in diesem Rahmen sekundär. Von Relevanz ist jedoch, daß mit den sozio-ökonomischen Auflösungen und Neuformierungen, mit Individualisierung und Pluralisierung der Lebensstile (z. B. Leben in patchwork-Familien), eine Heterogenisierung der Interessen einhergeht und daß damit gravierende Veränderungen bei den politischen AkteurInnen und der politischen Prozesse korrespondieren.

Neben der vielfachen Kritik an Proporz und „Parteibuchwirtschaft" gilt der soziale Wandel als Mitursache für die Veränderungen im Parteiensystem, aber auch für die Erosion der Verbändelandschaft sowie der korporatistischen Entscheidungsmuster. Sicher, diese gesellschaftlichen und wirtschaftlichen Entwicklungen erfolgen im Gleichklang europäischer Staaten und sind bei weitem kein österreichisches Spezifikum. Trotzdem ist der Frage nachzugehen, welche Einschnitte der politischen Landschaft mit dem sozialen Wandel zu erklären sind.

- Die Wahlforschung sieht die Erosion der Traditionsparteien SPÖ und ÖVP im Kontext des Trends des postmodernen Lebens. Der gesellschaftliche Wandel mit seinen Äußerungen der Individualisierung und Pluralisierung wird als eine Erklärung für abnehmende Parteibindungen und Loyalitäten gedeutet. So haben sich in den 60er Jahren noch drei Viertel der ÖsterreicherInnen gefühlsmäßig mit einer politischen Partei verbunden gefühlt, in den 90er Jahren sind es nicht einmal mehr die Hälfte. Das Protest- und Wechselwählen tritt an die Stelle des früheren „class-voting“. Die berufliche Mobilität wird von einer politischen Mobilität begleitet.

- Die Auflösung der ArbeiterInnenmilieus wird nicht nur durch die Veränderung der Tätigkeiten – von der Produktion zur Dienstleistung – begünstigt, sondern auch durch die tendenzielle Auflösung der sog. Normalarbeitsverhältnisse (zum Ausdruck gebracht u. a. durch die rapide Zunahme der a-typischen Beschäftigungsverhältnisse). Durch den Flexibilisierungstrend entstehen neue Arbeitsformen, abseits der kollektivvertaglichen Regelungen und abseits von fixen Arbeitszeitregelungen. Menschen werden beruflich und sozial mobil. Dieser Trend zeigt Auswirkungen auf die gewerkschaftliche Organisierung und in der Folge auch auf die Bedeutung und Mächtigkeit sozialpartnerschaftlicher Lösungskompetenz.
- Die Erosion traditionaler Beziehungsmuster ist an rückläufigen Heirats- und ansteigenden Scheidungszahlen zu beobachten. Die Gesamtscheidungsrate liegt bei über 38 Prozent (vor zehn Jahren lag diese Rate noch bei rund 30 Prozent). Im Westeuropa-Vergleich liegt Österreich im Durchschnitt. In Südeuropa gibt es vergleichsweise wenige Scheidungen (Italien 10 Prozent), in Finnland und Schweden wird hingegen fast jede zweite Ehe getrennt. Parallel zum sinkenden Heiratsverhalten und zum steigenden Scheidungsverhalten ist ein genderbewußtes Wahlverhalten zu beobachten. Die Individualisierung, das Heraustreten aus traditionellen Einbindungen und Abhängigkeiten, d. h. konkret aus Ehe und Familie, macht Frauen beruflich, privat und politisch mobiler.
- Der wirtschaftlich motivierte Prozeß der Modernisierung wurde von einem Projekt der Kritik an den Folgen, insbesondere an den ökologischen Folgen, abgelöst. Postmaterialistische Wertestrukturen folgen auf materialistische. Grüne Parteien speisen sich aus diesem Potential. Auf der anderen Seite sind sog. ModernisierungsverliererInnen auszumachen, die ihrerseits ein oppositionelles Wahlverhalten an den Tag legen. Alleine die Stärkeverhältnisse der Oppositionsparteien legen die Interpretation nahe, daß Modernisierung eine größere Bedeutung für die Formung politischer Konfliktlinien besitzt als die Postmodernisierung. Individualisierung und die Prioritätensetzung für individuelle Freiheiten könnten die erfolgreiche Existenz einer liberalen Partei er-

möglichen. Das Abschneiden des Liberalen Forums bei Wahlgängen jedoch ist eher ein Indikator für die Nicht-Transformation postmoderner Werte in die konkrete Parteienlandschaft.

Postmodernen Tendenzen entgegen gesteuert wird durch die Propagierung überzeitlicher Werte wie der idealtypischen Familie und der Kinderbetreuung durch die Mütter. Familienpolitische Forderungen, die sich eher am Familienideal als an Familienproblemen ausrichten, ignorieren allerdings den empirischen Befund der gestiegenen Berufstätigkeit von Frauen und halten, wenn auch zunehmend unausgesprochen, am alten dualistischen Rollenbild „weiblich/Familie" und „männlich/Erwerbsarbeit" fest. Im Bereich der Verteilung von Berufs- und Familienarbeit kreisen politische Debatten weniger um die Möglichkeiten und die besseren Bedingungen zur Erwerbstätigkeit, sondern um die Möglichkeiten und bezahlten Bedingungen für den Ausstieg aus der Erwerbstätigkeit. Das Unterbrechen der Erwerbsarbeit beschäftigt deutlicher die Politik als der Verbleib oder gar die Aufteilung der Erwerbsarbeit. Gepaart ist die Familienrhetorik konservativer politischer Akteure mit neoliberalen, deregulierenden Strömungen im Wirtschaftsbereich. Neoliberalismus im Sinne von weniger Staat und mehr Privat einerseits und Familialisierung im Sinne von mehr staatliche Unterstützung für privat-familäres Leben treten zeitgleich und gemeinsam auf (vgl. auch Giddens 1998).

2.3 Verstaatlichte und Austrokeynesianismus

Charakteristisch für die österreichische Wirtschaft bzw. für die österreichische Wirtschaftspolitik ist bzw. war die Rolle des Staates als Unternehmer. Diese Rolle war zwar in der Zweiten Republik kein Novum, auch in der Ersten Republik und in der Monarchie betätigte sich der Staat als Unternehmer (z. B. Eisenbahnen). Die Rolle des Staates konnte aber nach dem Ende des Deutschen Reiches eindeutig gestärkt werden.

Nach dem Ende des Zweiten Weltkrieges kamen die politischen Parteien überein, einen staatswirtschaftlichen Sektor, bestehend aus der Grundstoffindustrie, den Großbanken und der Elektrizitätswirtschaft, aufzubauen. Über die Verstaatlichung konnte ein Parteienkonsens von ÖVP, SPÖ und KPÖ erreicht werden, denn mit der Verstaatlichung sollte eine allfällige Beschlagnahme des „Deutschen Eigentums" durch die vier Besatzungsmächte verhindert werden. Die sowjetische Seite brachte

Noten gegen die Anerkennung der Verstaatlichung der in der sowjetischen Besatzungszone liegenden „Deutschen Betriebe“ ein und stimmte im Alliierten Rat dem Verstaatlichungsgesetz nicht zu. Im Parlament wurde die Gesetzesvorlage jedoch einstimmig beschlossen, ohne auf die sowjetischen Einwände Rücksicht zu nehmen.

SPÖ und KPÖ hofften mit der Verstaatlichung einen Schritt in Richtung sozialistischer Gesellschaftsordnung zu gehen; die ÖVP betrachtete, da privates Kapital fehlte, den Vorgang pragmatisch, d. h. die Betriebe waren vor der Aneignung durch die Sowjetunion zu sichern.

Das 1. Verstaatlichungsgesetz (26. Juli 1946) führte Banken, Raffinieren, Fahrzeugbaubetriebe, Grundstoffindustrien etc. in das Eigentum der Republik über. Besonders viele Betriebe der sowjetischen Besatzungszone befanden sich auf dieser Verstaatlichungsliste. Das 2. Verstaatlichungsgesetz (26. März 1947) behandelte die Elektrizitätswirtschaft, die als Verstaatlichungsgegenstand aufgrund des allgemeinen Dienstleistungscharakters unbestritten war. Außerdem waren bereits in der Ersten Republik Teile der Elektrizitätswirtschaft sozialisiert.

Bedeutsam für den Wiederaufbau der österreichischen Wirtschaft war nach 1947 die Beteiligung an den ERP-Mitteln (European Recovery Program). Ein beträchtlicher Teil dieser Gelder floß in den verstaatlichten Sektor, in die Grundstoff- und Elektrizitätswirtschaft.

Die Republik wurde Eigentümerin von Unternehmen, die Parteien – SPÖ und ÖVP – verwalteten, je nach Maßgabe parlamentarischer Stärkeverhältnisse. Die Leitungsfunktionen der verstaatlichten Betriebe wurden proporzmäßig besetzt. Durch die Verstaatlichte konnten sich die beiden Großparteien Besitzstände sichern, die Verstaatlichte sicherte das Gleichgewicht der politischen Kräfte.

Die Verstaatlichte, die 1975 noch zur Bewältigung der konjunkturbedingten Arbeitsmarktkrise eingesetzt wurde, geriet in den 80er Jahren selbst in größere wirtschaftliche Schwierigkeiten. Während der sog. VOEST-Krise (1985) war der Abbau von Arbeitskräften in der Verstaatlichten teils höher als in der Privatwirtschaft. Privatisierungen verstaatlichter Betriebe, d. h. eine Übertragung von Eigentumsrechten des Staates an private Eigentümer, waren die Folge. Das Privatisierungsprogramm in den Jahren 1993 und 1996 erfolgte über das Privatisierungsunternehmen Industrie-Holdung (ÖIAG). Über die ÖIAG besitzt die öffentliche Hand in Schlüsselunternehmen weiterhin Anteile (z. B. an der OMV 35 Prozent).

Ohne einen kausalen Zusammenhang herstellen zu wollen, wohl aber um eine zeitliche Parallellität aufzuzeigen: Die Erosion der beiden Traditionsparteien SPÖ und ÖVP fällt in die gleiche Zeit wie die Umstrukturierung und Privatisierung der Verstaatlichten sowie die Ausgliederung von Leistungen aus dem unmittelbaren Verwaltungsbereich (z. B. Post und Telekom, Straßenbaugesellschaften).

Neben der Verstaatlichungspolitik ist der „Austrokeynesianismus" der 70er Jahre als wirtschaftspolitisches Konzept gegen soziale und wirtschaftliche Destabilisierung von Interesse. Die Rezession im Jahre 1975 veranlaßte die SPÖ-Alleinregierung zu einem Ensemble konjunkturpolitischer Maßnahmen. Das makroökonomische Konzept der Stabilisierung basierte vor allem auf staatliche Nachfrage- und Beschäftigungsstützung. Der Verstaatlichten Industrie kam in diesem Konzept eine Schlüsselrolle zu.

Die austrokeynesianischen Instrumente umfaßten erstens eine antizyklische Investitionsstrategie zur positiven Beeinflußung des wirtschaftlichen Klimas (insbesondere in der Bauwirtschaft, Schulbauten); zweitens eine Stabilisierung der Löhne und der Preise nicht zuletzt durch eine einkommenspolitische Zurückhaltung der Gewerkschaften (sozialpartnerschaftlicher Entscheidungsmodus); und drittens eine Hartwährungspolitik.

Der Austrokeynesianismus als Leitfaden für die Wirtschafts- und Sozialpolitik gehört seit der Krise und der folgenden Privatisierung der Verstaatlichten der Vergangenheit an. Seit dem EU-Beitritt (1.1. 1995) hat die österreichische Politik ihre regulatorischen, interventionistischen Eingriffe abgebaut, ohne jedoch bereits einen marktradikalen Kurs zu steuern. Budgetsanierung und Verbesserung des Wirtschaftsstandortes Österreich durch ein Mehr an Flexibilisierung und Deregulierung der Märkte wurden zur Maxime der Wirtschaftspolitik der Bundesregierungen der 90er Jahre. Die schrittweise Privatisierung des gemeinwirtschaftlichen Sektors und sozialstaatliche Umbauoptionen auf der Basis von Eigenvorsorge identifizieren eine gewandelte Rolle der Politik und deren Anpassung an Globalisierungstrends.

2.4 Einkommen, Wachstum, Beschäftigung und Arbeitslosigkeit

Österreich ist das dritt-reichste EU-Land und das siebt-reichste Land der Welt. Der relative Reichtum zeigt sich u. a. in der Nettozahlerposition Österreichs in der EU. Zum relativen Reichtum und Wohlstand gehört eine Kehrseite – Armut bzw. „neue" Armut (Studien sprechen von bis zu 500.000 armutsgefährdeten Personen, insbesondere von alleinerziehenden Frauen und deren Kindern).

Reichtum und Armut drücken sich in der sozialen Ungleichheit aus. Die soziale Ungleichheit ist, gemessen an der Entwicklung der Lohn- und Einkommensunterschiede, in den letzten Jahrzehnten eher gewachsen als abgebaut worden. Die österreichische Politik war zwar in der Zweiten Republik wirtschaftlich und wirtschaftspolitisch Akteurin – die Republik als Eigentümerin von Kapital – sie übte aber Zurückhaltung hinsichtlich Umverteilung von Einkommensstärkeren zu finanziell Schwächeren aus. Verteilt wurden, entsprechend der sozialpartnerschaftlichen Konsenslogik zwischen Arbeit und Kapital, lediglich Zuwächse, eine Umverteilung erfolgte nicht.

Der Politik stehen, um in die primäre, marktinduzierte Einkommensverteilung einzugreifen, im wesentlichen zwei Instrumente zur Verfügung – Steuern und Transferleistungen. Letztere sind in Österreich umverteilungswirksamer als die Besteuerungsinstrumente.

Die Umverteilungswirkungen über die Besteuerung sind insgesamt wenig effizient. Dafür gibt es zwei Erklärungen: Zum einen fehlen wirksame Vermögenssteuern und zum anderen wird fast die Hälfte des Steueraufkommens durch einkommensunabhängige Mehrwertsteuern und nicht durch einkommensabhängige Lohn- und Gewinnsteuern aufgebracht.

Die Steuerstruktur und die bescheidenen Umverteilungseffekte dürfen aber nicht darüber hinwegtäuschen, daß die Steuerbelastung der Haushalte vergleichsweise hoch ist – vor allem unter Berücksichtigung der Sozialversicherungsabgaben. Die Gesamtsteuerbelastung (Steuern einschließlich Abgaben) betrug 1995 42,3 Prozent (27 Prozent Steuern, 15,3 Prozent Sozialversicherungsbeiträge). Die Vergleichszahlen für die EU insgesamt: Im Jahre 1995 betrug die Belastung durchschnittlich 41,7 Prozent (29,6 Prozent Steuern, 12,1 Prozent Sozialversicherungsbeiträge; vgl. Teufelsbacher 1998).

Die wirtschaftliche Entwicklung verlief bis in die 70er Jahre günstig. Die Wachstumsraten der Wirtschaft betrugen bis fünf Prozent und waren von einer Ausweitung der Beschäftigung begleitet. Als Folge: Anfang/Mitte der 60er Jahre betrieb die Wirtschaftsseite eine Politik der Anwerbung ausländischer Arbeitskräfte – GastarbeiterInnen kamen ins Land. Anwerbeabkommen wurden 1962 mit Spanien, 1964 mit der Türkei und 1966 mit Yugoslawien geschlossen. 1973 waren ca. 220.000 ausländische Arbeitskräfte in Österreich beschäftigt (der Zuwachs von 1972 auf 1993 betrug knapp 40.000 Personen). Zum Vergleich dazu: Im Jahre 1998 waren durchschnittlich 240.000 Menschen nicht-österreichischer Staatsbürgerschaft aufgrund einer Beschäftigungsbewilligung, eines Befreiungscheines oder einer Arbeitserlaubnis beschäftigt.

1973 schockte der Erdölpreis und führte zur wirtschaftlichen Rezession von 1974/75 (im Zeitraum von 1974 bis 1976 verringerte sich die Zahl der ausländischen Arbeitskräfte um mehr als 50.000). In den 80er Jahren fiel das Wirtschaftswachstum ab, um schließlich 1993 in einem Minuswachstum zu landen. Seit 1994 liegt das Wirtschaftswachstum zwischen zwei und drei Prozent, was dem EU-Durchschnitt entspricht.

Die Arbeitslosigkeit war bis Anfang der 80er Jahre in Österreich gering (unter 3 Prozent). Seit den 80er Jahren ist ein Ansteigen, insbesondere der Frauenarbeitslosigkeit, zu beobachten. 1995 lag sie bei 3,9 Prozent, 1998 bei 4,4 Prozent. Als Durchschnitt für die EU-Staaten wurde 1998 10,0 Prozent berechnet. Lediglich Luxemburg liegt mit 2,8 Prozent unter dem österreichischen Wert.

Seit den 70er Jahren spielt die Beschäftigungspolitik zur Verhinderung bzw. Reduzierung der Arbeitslosigkeit – Vollbeschäftigungspolitik – eine zentrale Rolle in der österreichischen Politik. Zur Zeit des Austrokeynesianismus wurden makroökonomische Instrumente (wie öffentliche Investitionsprogramme), in den frühen 80er Jahren Maßnahmen der aktiven und experimentiellen Arbeitsmarktpolitk (z. B. Schaffung von Arbeitsplätzen im gemeinwirtschaftlichen, sozialen und kulturellen Bereich) eingesetzt. Ende der 90er Jahre wird in Kooperation mit der EU mittels der Nationalen Aktionspläne (NAP) neoliberale Arbeitsmarktpolitik durch Förderung der Arbeitsmarktfähigkeit und Vermittelbarkeit der Menschen gestaltet (Aus- und Weiterbildung, Trainings, Coaching).

2.5 Ein moderner Leistungsstaat?

Höhe und Struktur der Staatsausgaben geben Auskunft über die Bedeutung von Politik für das gesellschaftliche Leben im Allgemeinen und über die Funktionen des Staates und dessen Wandel im Konkreten.

Historisch läßt sich der Funktionswandel mit den Begriffen vom Nachtwächter- und Hoheitsstaat zum modernen Leistungsstaat auf den Punkt bringen. Dieser Wandel ist von der Monarchie zur Ersten bzw. zur Zweiten Republik zu beobachten. Ein zweiter Funktionswandel zeichnet sich vom Austrokeynesianismus zum „schlanken Staat" ab. Im Ideal des schlanken Staates bzw. der schlanken Verwaltung werden Aufgaben abgegeben und Leistungen an private Träger ausgegliedert. Zur Modernisierung des Staates gehören Deregulierung und Privatisierung.

Trotzdem ist die Staatsausgabenquote (das Verhältnis der Gesamtausgaben des öffentlichen Sektors zum Bruttosozialprodukt zu Marktpreisen) nicht nur in Österreich, sondern in fast allen OECD-Staaten im Steigen. In Österreich betrug die Staatsausgabenquote im Jahre 1996 über 50 Prozent, 1960 lag sie bei 35 Prozent.

Tab. 2.2: **Staatsausgabenquoten von OECD-Staaten**

1. EU-Staaten	**1937**	**1960**	**1980**	**1990**	**1996**
Österreich	15,20%	35,70%	48,10%	48,60%	51,70%
Deutschland	42,40%	32,40%	47,90%	45,10%	54,30%
Frankreich	29,00%	34,60%	46,10%	49,80%	54,50%
Italien	24,50%	30,10%	41,90%	53,20%	52,90%
Großbritannien	30,00%	32,20%	43,00%	39,90%	41,90%
2. Nicht-EU-Staaten					
USA	8,60%	27,00%	31,80%	33,30%	33,30%
Japan	25,40%	17,50%	32,00%	31,70%	36,20%
Neuseeland	26,90%	38,10%	41,30%	47,10%	51,70%

Quelle: Internationaler Währungsfonds IMF, zitiert nach Aiginger u. a. 1998, S. 15.

Aber weniger die Höhe der Staatsausgaben als die Verwendung ist relevant für die Beurteilung der Staatstätigkeit. Wurden in der Monarchie fast ausschließlich Militär und Polizei finanziert, so sind im Leistungsstaat die wichtigsten Budgetposten Soziale Wohlfahrt, Gesundheit und Bildung.

Die Ausgaben für Recht und Sicherheit nehmen sich vergleichsweise bescheiden aus.

Tab. 2.3: **Bundeshaushalt** (gesamte Ausgaben in Millionen Schilling)

	Rechnungsabschluß		**Voranschlag**	
	1996	**1997**	**1998**	**1999**
Präsidentschaftskanzlei	62	61	62	61
Bundesgesetzgebung	1.909	1.888	1.608	1.588
Verfassungsgerichtshof	61	64	65	67
Verwaltungsgerichtshof	126	129	138	141
Volksanwaltschaft	45	44	52	53
Rechnungshof	262	263	299	310
Bundeskanzleramt mit Dienststellen	5.013	5.403	5.051	5.254
Inneres	21.051	21.347	22.623	23.196
Unterricht und kulturelle Angelegenheiten	67.251	67.713	69.487	72.703
Kunst	1.134	1.177	42.005	1.838
Wissenschaft und Forschung	27.157	25.736	27.854	28.318
Soziales	92.298	88.863	85.903	86.661
Sozialversicherung	69.631	70.208	70.994	71.153
Gesundheit	9.837	11.011	12.356	22.981
Umwelt	2.353	2.952	3.889	4.639
Jugend und Familie	55.582	54.981	55.562	57.598
Äußeres	3.903	3.957	12.145	36.407
Justiz	9.833	10.015	10.526	10.902
Militärische Angelegenheiten	20.693	21.132	21.408	21.53
Finanzverwaltung	24.915	41.033	43.419	43.359
Kassenverwaltung	9.187	7.057	4.683	4.306
Öffentliche Abgaben	124	131	162	162
Finanzausgleich	35.721	40.796	43.02	44.497
Bundesvermögen	18.199	18.955	16.618	16.287
Pensionen (Hoheitsverwaltung)	67.924	72.296	73.159	77.094
Finanzschuld, Währungstauschverträge	100.133	100.017	104.376	107.278
Land und Forstwirtschaft	29.161	26.603	24.565	23.447
Handel, Gewerbe, Industrie, Fremdenverkehr	3.094	3.521	2.917	2.934
Bauten und Technik	27.186	103.135	18.474	18.466
Verkehr und Telekom	24.368	29.139	26.335	24.918
Insgesamt	**728.193**	**832.637**	**754.11**	**767.584**

Quelle: Wirtschafts- und Sozialstatistisches Taschenbuch der Arbeiterkammer 1999, S. 186.

Die Verteilung innerhalb der Sozialbudgets zeigte 1995 folgendes Bild: 48,3 Prozent der Sozialausgaben sind für Alters- und Hinterbliebenenleistungen, ein Viertel auf Gesundheitsleistungen, 11 Prozent auf Familienleistungen, 8 Prozent für Leistungen bei Invalidität (im erwerbsfähigen Alter) und 6 Prozent auf Leistungen bei Arbeitslosigkeit entfallen. Im Sozialministerium wird geschätzt, daß rund zwei Drittel der Sozialleistungen älteren Menschen zugute kommen (Bericht über die Soziale Lage 1997, S.117).

Die antizyklische Wirtschaftspolitik der 70er und frühen 80er Jahre zur Stabilisierung der Beschäftigung kostete Geld, ebenso wie Frühpensionierungen und Arbeitslosengelder durch die Arbeitsmarktkrise die Sozialtöpfe belasteten. Der Preis der Beschäftigungspolitik waren negative Budgetentwicklungen und wachsende Staatsverschuldung. Bundeskanzler Kreisky und Finanzminister Salcher legten zur Entschärfung der Budgetkrise vor der Nationalratswahl 1983 das sog. Mallorca-Paket vor, das Belastungen und Besteuerungen wie die Anhebung der Beiträge zur Arbeitslosenversicherung, die Besteuerung des 13. und 14. Monatsgehalts sowie die Einführung einer Quellensteuer auf Sparzinsen vorsah. Kreisky scheiterte mit seinen Plänen, er verlor die Nationalratswahl und trat zurück. Die Konsolidierung der Budgets begann trotzdem nach 1983, mit dem Ende der SPÖ-Alleinregierung.

Mitte der 90er Jahre wurden zur Erfüllung der Maastricht-Kriterien von der Bundesregierung Strukturanpassungs- und Stabilitätsprogramme, in der Öffentlichkeit als Sparprogramme bezeichnet, verabschiedet. Die Kennzahlen, öffentliche Verschuldung gemessen in Prozent des Brutto-Inlands-Produkts (BIP), und Defizit des öffentlichen Sektors ebenfalls gemessen in Prozent des BIP, sind seit 1996 fallend: 1998 betrug die öffentliche Verschuldung 64,4 Prozent des BIP, das Defizit zwei Prozent.

Die Reduzierung der Staatsausgaben seit dem zweiten Sparpaket (1996) leitete folgende Entwicklungen ein:

- Das Personal in der Hoheitsverwaltung, aber auch im Dienstleistungsbereich stagniert bzw. ist rückläufig („Aufnahmestops").
- Die Ausgaben für Soziale Wohlfahrt sind spürbar reduziert worden, d. h. stärker als andere Budgetbereiche. Diese Reduktion geht konform mit der Kritik an Verschwendung und Gießkannenprinzip in der Sozialpolitik.
- Ausgaben für die innere Sicherheit, insbesondere für den Ausbau der Polizei, werden positiv behandelt. Tatsächlich wachsen die Ausgaben für die sog. innere Sicherheit zwar, aber nicht in dem Ausmaß als einerseits eine wohlwollende Stimmung vorhanden wäre bzw. als auf der

anderen Seite, gegenüber dem Sozialstaat, Kritik geäußert wird. Noch ist das Gespenst vom Nachtwächterstaat nicht in den Daten und Zahlen begründet.

- Für die Familie hingegen werden weitere Ausgaben verlangt, Familien werden aus dem Sparprogramm herausgenommen – u. a. aufgrund von Erkenntnissen des Verfassungsgerichtshofes zur Familienbesteuerung. Den familienpolitischen AkteurInnen ist es gelungen, die Familie der sozialstaatlichen Kritik zu entziehen.

Der Stabilität des politischen Systems – die es später gilt aufzuzeigen –, die die KritikerInnen auch als Verkrustung bzw. als Versteinerung bezeichnen, steht eine Stabilität wirtschaftspolitischer Kennzahlen (Preis- und Lohnentwicklung, Arbeitslosigkeit) gegenüber. Die Stabilisierung des Wirtschaftsablaufes ist u. a. Ergebnis politischer Steuerung und Intervention. Die politische Intervention in die Marktwirtschaft, die austrokeynesianische Intervention, war ihrerseits begleitet von einer Stabilität des politischen Systems, produziert durch sozialpartnerschaftlichen Elitenkonsens der beiden ehemaligen Großparteien.

Der Stellenwert der Politik, insbesondere der Parteien und Verbände, resultiert aus der Verschränkung von Politik, Gesellschaft und Wirtschaft. Durch die Verschränkung von Politik und Wirtschaft konnten die politischen Parteien für sich eine besondere Rolle entwickeln und begründen – die Rolle der Patronage und des Schleusenwärters bei der Vergabe von Funktionen, Arbeitsplätzen, Wohnungen etc.

Literatur

Aiginger, Karl: Einleitung. In: Karl Aiginger (Hg.): Wieviel Staat, wieviel Privat? Die zukünftige Rolle des Staates in Österreichs Wirtschaft. Wien 1998.

Bericht über die soziale Lage 1996. Hrsg. vom Bundesministerium für Arbeit, Gesundheit und Soziales. Wien 1997.

Faßmann, Heinz, Der Wandel der Bevölkerungsstruktur in der Zweiten Republik. In: Sieder, Reinhard/Heinz Steinert/Emmerich Tálos (Hrsg.), Österreich 1945–1995. Gesellschaft Politik Kultur. Wien 1995, S. 395–408.

Giddens, Anthony: Der dritte Weg. Die Erneuerung der sozialen Demokratie. Frankfurt am Main 1999.

Habermas, Jürgen, Die postnationale Konstellation. Frankfurt am Main 1998.

Preglau, Max/Richter, Rudolf (Hrsg.), Postmodernes Österreich?. Wien 1998.

Sieder, Reinhard/Heinz Steinert/Emmerich Tálos (Hrsg.), Österreich 1945–1995. Gesellschaft Politik Kultur. Wien 1995.

Teufelsbacher, Werner: Wieviel Staat – welcher Staat? Wieviel Privat – wie privat? In: K. Aiginger u. a. (Hg.): Wieviel Staat, wieviel Privat? Die zukünftige Rolle des Staates in Österreichs Wirtschaft. Wien 1998, S. 39–64.

Wirtschafts- und sozialstatistisches Taschenbuch 1998, hrsg. Bundes-Arbeiterkammer Wien 1999.

Daten im Zitat sind, wenn nicht anders angegeben, dem Wirtschafts- und Sozialstatistischem Taschenbuch 1999, hrsg. von der Bundes-Arbeiterkammer Wien, entnommen.

3. Charakteristika der Zweiten Republik

Schlüsselbegriffe: *Verspätung; Fremdbestimmung; Vergangenheit als Thema; Identität; Westorientierung; Parteienstaat; Verbändestaat; „gemischtes" System; Große Koalition; Konkordanzdemokratie.*

Die Charakteristika des politischen Systems Österreichs werden deutlich, wenn es in einen Vergleich mit anderen liberalen Systemen gestellt wird. In der Zweiten Republik sind die Charakteristika eines repräsentativ-liberalen Systems immer deutlicher geworden, sie haben sich stabilisiert, sie sind – vor allem im Kontext der Vorgeschichte der Zweiten Republik – selbstverständlich geworden:

- Mehrparteiensystem: Demokratie wird vor allem durch den Wettbewerb der Parteien um WählerInnenstimmen konkretisiert. Wahlergebnisse sind die entscheidende Grundlage der Verteilung politischer Macht.
- Parlamentarismus: Im Zentrum des politischen Prozesses steht das Parlament, der Nationalrat – in enger Verflechtung mit der Bundesregierung.
- Kapitalismus: Die Wirtschaftsordnung Österreichs baut auf den Grundsätzen des Privateigentums an Produktionsmittel und der Marktwirtschaft.

Seit dem Ende faschistischer und kommunistischer Einparteiensysteme in Europa (Spanien, Portugal bzw. die politischen Systeme sowjetischen Typs) gelten diese Merkmale grundsätzlich für alle politischen Systeme Europas und für einen Großteil der politischen Systeme der Welt. Sie sind daher keine österreichischen Besonderheiten, wohl aber sind konkrete Ausformungen „österreichisch".

3.1 Verspätung und Brüche

Eine österreichische Besonderheit ist hingegen die Verspätung von Demokratie und Rechtsstaat im Vergleich mit Westeuropa. Eine Ursache dieser Verspätung ist ein generelles West-Ost-Gefälle der europäischen Entwicklung: Die bürgerliche Revolution und ihre wichtigsten dauerhaften Resultate – der Verfassungs- und Rechtsstaat, in Verbindung mit Grundfreiheiten und Menschenrechten – haben sich zuerst im britisch-niederländischen Raum durchgesetzt, um von dort aus in konzentrischen Kreisen auf das übrige Europa und die übrige Welt auszustrahlen. Dieser Entwicklungsprozeß war nicht linear, er kannte Rückschläge (etwa das Zeitalter der „Reaktion“ 1815 bis 1848 und die Phase des Totalitarismus im 20.Jahrhundert) und Ausnahmen (etwa die Schweiz und deren eigenständige, frühe direkte Demokratieentwicklung). Die politische Entwicklung war in wechselseitig kausaler Verbindung auch mit einer wirtschaftlichen Entwicklung verbunden: Das Zeitalter des Bürgertums hatte eine ökonomische und eine politische Dimension.

Die österreichische Verspätung ist aber nicht nur dadurch zu erklären, daß Österreich vom Zentralraum der bürgerlichen Revolution durch eine größere räumliche Distanz und damit von den Resultaten dieser Revolution erst mit entsprechender Verspätung dauerhaft erfaßt wurde. Die österreichische Verspätung hat darüber hinaus eine Besonderheit: Die Demokratie der Zweiten Republik ist das Ergebnis des zweimaligen Eingreifens von Siegermächten zugunsten der österreichischen Demokratie:

Der Sieg der Entente, 1918, bedeutete nicht nur den Zerfall Österreich-Ungarns und damit die Voraussetzung für die Gründung der Republik Österreich. Die Entente (Frankreich, Großbritannien, Italien, USA) zwang Österreich auch zur Unabhängigkeit gegenüber Deutschland. Und im Staatsvertrag von St. Germain, 1919, schrieben die Siegermächte Österreich bestimmte Demokratiestandards vor – etwa bezüglich der Rechte ethnischer Minderheiten.

Der Sieg der Alliierten (USA, UdSSR, Großbritannien, Frankreich), 1945, stellte die Voraussetzung für die Unabhängigkeit Österreichs wieder her. Dadurch ermöglichten die Siegermächte auch, daß die österreichischen Parteien Demokratie und Republik erneuern konnten. Im Staatsvertrag von Wien, 1955, wurden wiederum Demokratiestandards als Verpflichtung Österreichs festgehalten – wie auch, in Form des „Anschlußverbotes“, Österreichs Unabhängigkeit von Deutschland.

Die österreichische Demokratie war zweimal durch die militärische Niederlage und den Zusammenbruch politischer Systeme ermöglicht, denen das heutige Österreich zugerechnet wurde: Erst mußte Habsburg-Österreich als verspäteter Verfassungsstaat mit seinem unterentwickelten Parlamentarismus militärisch besiegt werden, damit die Republik mit ihrem weiterentwickelten Parlamentarismus entstehen konnte. Mehr als ein Vierteljahrhundert später mußte das nationalsozialistische Deutschland, das Österreich und ÖsterreicherInnen integriert hatte, besiegt werden, damit Österreichs Demokratie eine zweite Chance bekam. Österreichs politisches System ist auch und wesentlich das Ergebnis des Eingriffes von Großmächten in die politische Entwicklung des Landes.

Das Eingreifen der Alliierten hatte zwischen 1945 und 1955 eine besondere Form: Die Alliierten behandelten Österreich einerseits als befreites Land, in Übereinstimmung mit der Moskauer Deklaration von 1943; andererseits behandelten sie Österreich aber auch als besiegtes Land: Sie hielten es ein Jahrzehnt lang besetzt. Daher existierten zwischen 1945 und 1955 zwei politische Systeme neben- und fast gegeneinander. Dieser Dualismus war eine Doppelautorität besonderer Art:

- Die Provisorische Staatsregierung, die 1945 die Unabhängigkeit Österreichs erklärt hatte, führte das Bundes-Verfassungsgesetz 1920 in Form der Novelle 1929 wieder ein, organisierte im November 1945 die Wahl des Nationalrates und übergab ihre Autorität den nunmehr neu legitimierten Verfassungsorganen der Republik: dem Nationalrat, der Bundesregierung und dem Bundespräsidenten. Bis dahin hatte die Provisorische Staatsregierung (ÖVP, SPÖ, KPÖ) nicht nur die Funktion einer Regierung, sondern auch die Gesetzgebungsfunktion eines Parlaments wahrgenommen.
- Die Alliierten kontrollierten ihre jeweiligen Besatzungszonen und stimmten ihre Politik gegenüber Österreich im „Alliierten Rat" ab. Die vier Besatzungsmächte und ihr oberstes Organ, der Alliierte Rat, bildeten eine Entscheidungsebene unabhängig vom österreichischen politischen System und schränkten so die Souveränität Österreichs wesentlich ein: Österreich war deshalb zwischen 1945 und 1955 unabhängig, aber nicht voll souverän.

Zwischen Bundesregierung und Nationalrat auf der einen, dem Alliierten Rat auf der anderen Seite bestand eine am Beginn für die österreichische Seite ungünstige Konkurrenzsituation. Der Alliierte Rat beanspruchte zunächst, daß alle Gesetzesbeschlüsse des Parlaments von ihm zu genehmigen wären. Ab 1946 („Zweites Kontrollabkommen") wurde dies dahingehend geändert, daß diese Zustimmungspflicht nur mehr für Verfassungsgesetze gelten sollte; einfache Gesetze mußten nicht mehr genehmigt werden, sie konnten nur mehr durch ein Veto des Alliierten Rates blockiert werden. Da der Alliierte Rat seine Beschlüsse nur einstimmig fassen konnte und da wegen des Ost-West-Konfliktes diese Einstimmigkeit immer schwieriger zu erreichen war, hatte das politische System Österreichs gegenüber dem des Alliierten Rates entscheidend an Autonomie gewonnen.

Der Ost-West-Konflikt stärkte das Gewicht des österreichischen politischen Systems gegenüber dem Parallelsystem der Alliierten, weil Parlamentsmehrheit und Regierung – seit 1947 ohne KPÖ – in Übereinstimmung mit der herrschenden öffentlichen Meinung prowestlich agierten. Das wurde 1947 deutlich, als die Bundesregierung der Einladung der USA folgte und Österreich am „Marshall-Plan" (ERP – European Recovery Program) teilnahm – obwohl die Sowjetunion sich gegen dieses wirtschaftliche Aufbauprogramm stellte, das Europa stärker an die USA binden sollte.

Die Westorientierung Österreichs konnte jedoch nichts daran ändern, daß eine Beendigung der Doppelherrschaft und damit die Wiederherstellung der vollen Souveränität nur mit Zustimmung der UdSSR erfolgen konnten. Die Bedingungen für einen solchen Konsens zwischen den Westmächten, der Sowjetunion und Österreich waren aber erst 1955 gegeben, als die Alliierten mit dem Abschluß des Staatsvertrages das Besatzungsstatut beendeten. Damit war das österreichische politische System zur alleinbestimmenden Autorität in Österreich geworden.

Anders als die Erste Republik wurde die Zweite von den ÖsterreicherInnen nicht als „Staat wider Willen", als „Staat, den niemand wollte" empfunden. Die Erste Republik war für die meisten ein aufgezwungenes Provisorium gewesen, eine Zwischenstation auf dem Weg von einem Reich – dem der Habsburger – in das andere Reich, dem Reich aller Deutschen. Die Zweite Republik brauchte nicht mehr das „Anschlußverbot" des Staatsvertrages, um die eigene Unabhängigkeit zu akzeptieren.

Diese wachsende Selbst-Akzeptanz kam auch in der Interpretation der immerwährenden Neutralität zum Ausdruck, die zunächst eine politische Gegenleistung zum Staatsvertrag und zum Abzug der Besatzungsmächte war: Neutralität wurde zu einer Formel, die offiziell die Positionierung im Ost-West-Konflikt beinhaltete, die aber auch österreichisches Selbstbewußtsein signalisierte. Die Selbst-Akzeptanz konnte jedoch auch in der Verfestigung eines österreichischen Nationalbewußtseins gesehen werden: Im Laufe der Zweiten Republik erklärte eine wachsende Mehrheit der Menschen in Österreich, Teil einer „österreichischen Nation" zu sein.

Diese Entwicklung war die Antithese zum Selbstbild der Ersten Republik, die von allen drei Lagern als „zweiter deutscher Staat" gesehen wurde – ein Verständnis, das auch der autoritäre Ständestaat von sich hatte. Die Zustimmung zur Idee einer „österreichischen Nation" bedeutete, daß die Zweite Republik zu einem Nationalstaat geworden war: Mit deutlicher Verspätung gegenüber den meisten anderen Staaten Europas entwickelte sich in der Zweiten Republik eine Einheit von Staat und Nation.

Das Paradoxe an dieser Entwicklung war, daß die sieben Jahre des „Anschlusses" öffentlich kaum thematisiert wurden.

- Die Bundesregierung ging in der Unabhängigkeitserklärung vom April 1945 von der Formulierung des ersten Absatzes der „Moskauer Deklaration" aus, der Österreich als erstes Opfer der Aggression Hitler-Deutschlands bezeichnete hatte; und sie vernachlässigte den zweiten Absatz, der Österreich eine Mitverantwortung am Angriffskrieg Deutschlands zuwies. Diese Haltung sollte zudecken, daß ÖsterreicherInnen zu etwa gleichen Anteilen wie Deutsche sich in der NSDAP – einschließlich in deren Führungspositionen – betätigt hatten; daß die Zustimmung zum NS-Regime in Österreich nicht signifikant geringer war als in Deutschland.
- Regierung und Parlament wollten gegenüber den Alliierten erreichen, daß Österreich ausschließlich als befreites und nicht auch als besiegtes Land behandelt wurde. Aus außenpolitischen Gründen distanzierte sich Österreich von der NS-Herrschaft, vernachlässigte aber gleichzeitig die österreichischen Wurzeln dieser Herrschaft, insbesondere den Antisemitismus, der keineswegs nur in den Reihen der NSDAP vorhanden war. Die offizielle Position war, für die Zeit zwischen 1938 und 1945 Österreich als Staat für nicht existent zu erklären, die Aktivitäten des österreichischen Widerstandes hervorzuheben und die ÖsterreicherInnen generell als Opfer deutscher Besetzung hinzustellen.
- Die Parteien hingegen waren daran interessiert, die ehemaligen Mitglieder und Sympathisanten der NSDAP zu gewinnen. Das Entnazifizierungsgesetz (1947) unterschied zwischen „belasteten" Nationalsozialisten und „Mitläufern" (von den 537.000 registrierten NSDAP-Mitgliedern galten 42.000 als „belastet"). Der Logik des politischen Wettbewerbes entsprechend übten diese „Ehemaligen", als sie – mit wenigen Ausnahmen – 1949 das Wahlrecht zurückbekamen, eine Sogwirkung auf ÖVP und SPÖ aus. ÖVP und SPÖ standen im Wettstreit

um diese Stimmen, um die sich insbesondere auch der Verband der Unabhängigen (VDU) bemühte, der 1949 als Nachfolger der Parteien des deutschnationalen Lagers gegründete Vorläufer der FPÖ. Am politischen Markt gab es mehr durch Konzessionen an den Nationalsozialismus zu gewinnen als durch eine eindeutige Abgrenzung.

Diese aus der großen Zahl von (ehemaligen) Anhängern der NSDAP erklärbare Verdrängung der NS-Herrschaft kam erst Jahrzehnte später an die Oberfläche. Bestimmte „Skandale" – 1965 der Protest gegen den NS-Historiker Taras Borodajkewycz, der als Professor an einer Universität lehrte; 1975 der Konflikt zwischen Bruno Kreisky und Simon Wiesenthal über die SS-Vergangenheit des FPÖ-Obmannes Friedrich Peter; 1985 die offizielle Begrüßung des wegen Kriegsverbrechen verurteilten SS-Offiziers Walter Reder durch den FPÖ-Verteidigungsminister Friedhelm Frischenschlager; und insbesondere die intensiven Auseinandersetzungn im Zusammenhang mit der Biographie Kurt Waldheims vor und nach dessen Wahl zum Bundespräsidenten 1986.

Die Vergangenheit war ein Thema der Zweiten Republik – zunächst verdrängt und aufgeschoben, dann aber umso intensiver Gegenstand innen- und außenpolitischer Kontroversen.

3.2 Kontinuität und Brüche

Die Zweite Republik war anders als die Erste, wollte auch anders sein:

- Die Selbst-Akzeptanz signalisierte eine Stabilität, die Österreich vor 1938 gefehlt hatte.
- Der Konsens zwischen den beiden großen Lagern – dem katholisch-konservativen und dem sozialistischen – war anders als 1918 von Dauer.

Dieser Neuanfang erfolgte jedoch auf der Grundlage einer mehrfachen Kontinuität:

- Kontinuität der Verfassung: Die Zweite Republik übernahm die Verfassung der Ersten.
- Kontinuität der Parteien: Parteien und Parteiensystem der Zweiten Republik setzten die vor 1934 bzw. 1938 vorhandenen Traditionen fort.

Die Kontinuität war vor allem durch eine Kontinuität der Lager und der Lagermentalität ausgedrückt und abgesichert.

Tab. 3.1: **Kontinuität der Lager**

sozialistisches Lager	**katholisch-konservatives Lager**	**deutschnationales Lager**
	Merkmale eines Neuanfanges	
Sozialistische Partei Österreichs (SPÖ) statt SDAP	Österreichische Volkspartei (ÖVP) statt Christlichsoz. Partei	Verband der Unabhängigen, 1956 Freiheitliche Partei Österreichs (FPÖ)
Namensänderung diente v. a. der Integration der ab 1934 illegal tätigen RS (Revolutionäre Sozialisten) in die Partei	Namensänderung als Signal einer Distanz zum Politischen Katholizismus alter Prägung und damit zum Ständestaat und zur VF	Namensänderung als Zeichen der Distanz zur Anschlußparole des alten Deutschnationalisms, v. a. zur NSDAP
	Merkmale der Kontinuität: personelle Beispiele	
Karl Renner 1907 Abgeordneter 1918 Staatskanzler 1920 Abgeordneter 1933 Präsident des Nationalrates 1945 Staatskanzler 1945 Bundespräsident	**Julius Raab** 1930 Abgeordneter 1938 Handelsminister 1945 ÖVP-Klubobmann 1946 Präsident der Bundeskammer 1951 ÖVP-Obmann 1953 Bundeskanzler	**Anton Reinthaller** 1928 Beitritt NSDAP 1938 Minister im Anschlußkabinett 1938 Staatssekretär in Berlin, SS 1945 längere Haft 1956 FPÖ-Obmann
Bruno Kreisky 1934 illegale Opposition (RS) 1938 Exil 1955 Staatssekretär 1959 Außenminister 1967 SP-Vorsitzender 1970 Bundeskanzler	**Josef Klaus** 1934 Funktionär des Ständestaates 1949 Landeshauptmann Salzburg 1961 Finanzminister 1963 ÖVP-Obmann 1964 Bundeskanzler	**Friedrich Peter** 1938 Beitritt NSDAP 1941 SS-Offizier 1946 Haft 1958 FPÖ-Obmann 1966 Abgeordneter 1970 FPÖ-Klubobmann 1992 FPÖ-Austritt

Merkmale der Kontinuität: Struktur der WählerInnen bis 1933, ab 1945

Differenzierende Schwerpunkte:

Arbeiterschaft (blue collar)	Bauern, Selbständige, white collar	Bauern, Selbständige, white collar
städtische Bevölkerung	ländliche Bevölkerung	ländliche Bevölkerung
v. a. Wien	v. a. außerhalb von Wien	v. a. außerhalb von Wien
Distanz zur Katholischen Kirche	Nähe zur Katholischen Kirche	Distanz zur Katholischen Kirche

Keine signifikant differenzierenden Schwerpunkte:
Geschlecht, Generation (Ausnahme: NSDAP ab 1930 v. a. als Partei der Jungen)

Merkmale der Kontinuität: Organisationsformen

Verflechtung mit Gewerkschaften (Freie Gewerkschaften, bzw. Fraktion soz. Gew.)	Verflechtung mit Katholischen Verbänden (Rekrutierung v. a. über CV und Kath.Aktion)	Verflechtung mit Traditionsverbänden des Deutschnationalismus (Burschenschaften, Turnerbünde, etc.)

Die Zweite Republik war eine Gründung der Parteien: Die Unabhängigkeitserklärung war von Männern unterzeichnet, die ausdrücklich als Vertreter von SPÖ, ÖVP und KPÖ auftraten. Die Provisorische Regierung, die zugunsten der Verfassungskontinuität entschied, war eine Koalition dieser drei Parteien. Sieht man vom Sonderfall KPÖ ab, deren Bedeutung schon ab der Nationalratswahl 1945 stark zurückging, und stellt man die Neuetablierung des deutschnationalen Lagers durch VDU und FPÖ in Rechnung, dann war die Zweite Republik von Anfang an durch die Kontinuität des Parteiensystems gekennzeichnet – ein Merkmal, das sich erst in den 80er Jahren zu ändern begann.

Die von der Ersten Republik so deutlich differierenden Ergebnisse – vor allem in Form der Stabilisierung eines liberalen politischen Systems – sind somit das Resultat des Wirkens derselben Parteien, derselben Eliten, die das Ende der Ersten Republik zu verantworten hatten. Das gilt vor allem für die Eliten des katholisch-konservativen und des sozialistischen Lagers: Sie waren die Träger der zentrifugalen Entwicklung der Ersten Republik – und sie wurden zu den Trägern der zentripetalen Entwicklung der Zweiten Republik.

Die Zweite Republik war von Anfang an Parteienstaat in einem Ausmaß, der über die Parteienstaatlichkeit anderer liberaler Systeme weit hinausging.

Die Zweite Republik war und ist Parteienstaat in dem Sinn, daß die Parteien ihre wie in allen liberalen Systemen zentrale Funktion für die Rekrutierung des politischen Führungspersonals, also für die Parlamente und Regierungen des Bundes, der Länder und Gemeinden wahrnehmen.

Die Zweite Republik war darüber hinaus aber auch Parteienstaat in dem Sinn, daß die Parteien – vor allem SPÖ und ÖVP – Rekrutierungsaufgaben auch für Führungspersonal jenseits des politischen Systems im engeren Sinne wahrnahmen: für Banken und Industrieunternehmen, für das Schulsystem und den Verfassungsgerichtshof.

Diese besonders weit gefaßte Parteienstaatlichkeit, die einer Überfunktion gleichkommt, hatte und hat vor allem zwei Ursachen:

Tradition: Die politisch-weltanschaulichen Lager bestimmten in einem entscheidenden Umfang die politische Sozialisation mehrerer Generationen. Diese wurden daher in Lager hineingeboren und empfanden eine Bindung, eine feste Loyalität an das Lager (und damit an die Partei) als Selbstverständlichkeit. Die Folge war eine hohe Organisationsdichte der Parteien (ÖVP und SPÖ) und ein stabiles Wahlverhalten.

Protektion: Die objektiven Ursachen der Überfunktion – z. B. die Verstaatlichung der wichtigsten Banken und Industrieunternehmungen 1946 und 1947 – begünstigten einen Klientelismus. Viele konnten zurecht davon ausgehen, daß die Bindung an eine Partei ihren individuellen Berufschancen nützt. Das wiederum verstärkte die subjektiven Ursachen der Überfunktion – die weitgehend als selbstverständlich empfundene Zuordnung der meisten Menschen zu einer Partei.

Der massive Rückgang der Organisationsdichte der Parteien, beginnend in den 80er Jahren, und die deutliche Abnahme der Berechenbarkeit des Wahlverhaltens deuten auf eine Abnahme der Überfunktion des Parteienstaates hin – auf seine tendenzielle Rückführung auf das in liberalen Demokratien übliche Maß.

Hinter der Erosion der Dominanz der beiden Großparteien sind zwei Ursachen zu sehen:

- Der Abbau der Lagermentalität: Die Zugehörigkeit zu einem Lager wird immer weniger „vererbt“. Die Weitergabe fester politischer Loyalitäten von einer Generation zur anderen wird zur Ausnahme. Politische Präferenzen und politisches Verhalten werden flexibler. Damit geht aber den Lagern ein für ihre Existenz entscheidendes Merkmal verloren: ihre Funktion als Subsysteme, die mit hoher Trennschärfe nach außen (gegenüber den anderen Lagern) hohe Stabilität nach innen (im eigenen Lager) garantieren.
- Der Verlust von objektiven Rahmenbedingungen: Die Privatisierung der verstaatlichten Wirtschaft, die in den 80er Jahren eingesetzt hat, entzieht den Parteien die Möglichkeit, berufliche Karrieren einzelner Personen zu sichern. Darüber hinaus reduziert der Rückgang des Sozial- und Wohlfahrtsstaates in den 90er Jahren („Sparpakete“) die Möglichkeit der Parteien, mit den Instrumenten dieses Sozial- und Wohlfahrtsstaates politische Bindungen zu sichern. Der Rückgang des staatlichen Einflusses in diesen Bereichen bedeutet gleichzeitig den Rückgang des Parteienstaates.

Der Parteienstaat der Zweiten Republik baute auf einer Kontinuität. Er wurde durch die Rahmenbedingungen der unmittelbaren Nachkriegszeit zusätzlich verstärkt: durch die Vakuumsituation des Jahres 1945, als nur die Parteien – neben den Besatzungsmächten – politisch agieren konnten.

Demgegenüber ist der Verbändestaat zu sehen. Der Verbändestaat der Zweiten Republik baute nur in geringem Umfang auf einer Kontinuität. Die Etablierung des Verbändestaates in Ergänzung zum Parteienstaat kann daher als besondere Errungenschaft der Zweiten Republik gelten:

- Die Gründung des Österreichischen Gewerkschaftsbundes (ÖGB) 1945 als überparteiliche Dachorganisation, in der alle Einzelgewerkschaften ebenso Platz fanden wie die Richtungsgewerkschaften der Ersten Republik – die (sozialdemokratischen) Freien Gewerkschaften ebenso wie die Christlichen Gewerkschaften.
- Die Gründung der Bundeskammer der gewerblichen Wirtschaft (Bundeswirtschaftskammer) 1946 (später: Wirtschaftskammer Österreich) als Dachorganisation, in der die Wirtschaftskammern der neun Bundesländer zusammengefaßt wurden.

ÖGB und Wirtschaftskammer wurden zu den beiden wichtigsten Trägerorganisationen der Sozialpartnerschaft. Diese wurde zu einem besonderen Qualitätsmerkmal der Zweiten Republik. Die Kooperation zwischen den

Verbänden der Arbeitgeber, der Arbeitnehmer und der Landwirtschaft wurde nicht zur Konkurrenz, sondern zur Ergänzung des von den Parteien und den Verfassungsorganen dominierten traditionellen politischen Systems.

Tab. 3.2: **Parlamentarismus und Sozialpartnerschaft als Brennpunkte des politischen Systems**

Institutionelle und personelle Verklammerung (Fraktionen in den Verbänden, Verbändevertreter in den Parteien und im Parlament etc.)

Parlamentarismus		**Sozialpartnerschaft**
Parteien	< **Akteure** >	Verbände
Konkurrenz um Stimmen	< **Spielregel** >	Konkordanz zur Kompromißfindung
Mehrstimmigkeit	< **Entscheidung** >	Einstimmigkeit
Zwang zur Öffentlichkeit	< **Kennzeichen** >	Tendenz zur Intimität
Sogwirkung in Richtung Popularität	< **Konsequenz** >	Möglichkeit zur Unpopularität
Schwergewicht auf nicht-ökonomischen Politikfeldern	< **Materien** >	Schwergewicht auf ökonomischen Politikfeldern

Quelle: Peter Dusek u. a., Zeitgeschichte im Aufriß. Österreich von 1918 bis in die achtziger Jahre. Wien, 1981, S. 283.

Diese Besonderheit der Zweiten Republik war das Resultat der Fähigkeit der Eliten der beiden großen Lager, einen zweiten Regelkreis des politischen Prozesses aufzubauen, in dem sie vom Wettbewerbsdruck des politischen Marktes relativ ungestört längerfristig orientierte Entscheidungen treffen konnten. Da die bestimmenden Interessen von ÖGB und Wirtschaftskammer mit denen von SPÖ und ÖVP zwar nicht immer identisch, immer aber abgestimmt sind, wird verhindert, daß diese beiden Regelkreise einander auf Dauer blockieren können.

3.3 Ein Sonderfall liberaler Demokratie?

Die Zweite Republik hat sich als liberales politisches System etabliert. Bestimmte Merkmale, die das österreichische politische System von anderen liberalen Systemen unterscheiden, sind rückläufig – vor allem die Überfunktion des Parteienstaates. Dennoch weist auch im sechsten Jahrzehnt seiner Existenz das politische System Österreichs einige Besonderheiten auf, die Österreich „anders“ machen oder zumindest anders erscheinen lassen.

Dazu zählt die Verfassungsstruktur Österreichs. Das B-VG von 1920 glich einem Normalfall parlamentarischer Systeme. Durch die Ergänzungen der Novelle 1929 ist der parlamentarische Charakter jedoch nicht unwesentlich verändert, wenn auch nicht aufgehoben:

- Der Bundespräsident hat eine für parlamentarische Systeme eher unübliche Legitimation – die direkte Volkswahl. Diese stellt ihn auf den ersten Blick auf eine Ebene mit dem ebenfalls direkt demokratisch bestellten Nationalrat.
- Der Bundespräsident ernennt (und entläßt) den Bundeskanzler und die übrigen Mitglieder der Bundesregierung. Als ein die Regierung legitimierendes Organ konkurriert er mit dem Nationalrat, der die Bundesregierung ebenfalls legitimieren muß – und zwar indirekt dadurch, daß er ihr gegenüber kein Mißtrauen ausspricht.

Dieses Nebeneinander von Bundespräsident und Nationalrat läßt die Charakterisierung der österreichischen Verfassung als „parlamentarische Präsidentschaftsrepublik“ und des österreichischen politischen Systems als „gemischtes System“ zu: ein System, in dem sich wesentliche Komponenten eines parlamentarischen und eines präsidentiellen Systems mischen.

In den politischen Systemen Westeuropas ist ein solches Nebeneinander die Ausnahme: Frankreich, Portugal und Finnland entsprechen einer solchen Mischform. Allerdings hat die Transformation vormals kommunistischer Systeme in Europa eine Reihe anderer – liberaler – politischer Systeme hervorgebracht, die ebenso in analoger Form präsidentielle und parlamentarische Elemente kombinieren – z. B. Rußland und Polen.

Mit der Ausnahme Rußlands folgen aber diese Mischformen in West- und Osteuropa einem bestimmten Muster: Das parlamentarische Element ist im Fall einer – möglichen – Kollision mit dem präsidentiellen Element das stärkere. Das bedeutet, daß im Fall einer politischen Divergenz zwischen Präsident und Parlamentsmehrheit das Parlament (und nicht der Präsident) über die Regierung und deren Zusammensetzung entscheidet.

Das gilt auch und in besonderem Maße für das politische System Österreichs. Der Bundespräsident hat – trotz seiner Stärkung durch die Novelle 1929 – bis 1999 niemals versucht, wirklich zu einem potentiellen Gegenspieler des Nationalrates zu werden. Die Folge dieses „Rollenverzichtes" ist, daß der Bundeskanzler (bei Koalitionsregierungen in Funktionsteilung mit dem Vizekanzler) als Repräsentant der parlamentarischen Mehrheit die Zentralfigur des politischen Systems ist – und nicht der Bundespräsident. Damit ist das politische System Österreichs vom Normalfall parlamentarischer Systeme doch nicht weit entfernt.

Dem politischen System Österreichs fehlt jedoch ein Merkmal, das in parlamentarischen Systemen üblich ist: die Neigung zur „minimum winning coalition". Mit einer einzigen Ausnahme – die „Kleine Koalition" (1983–1986) – haben in der Zweiten Republik entweder Alleinregierungen oder aber Große Koalitionen regiert. Das ist eine erklärungsbedürftige Divergenz zwischen (europäischem) Regelfall und (österreichischem) Ausnahmefall:

- Regelfall: In parlamentarischen Systemen bestimmt die Parlamentsmehrheit, wer regiert. Bei der Bildung von Regierungen ist eine Neigung festzustellen, die kleinstmögliche Mehrheit für eine Regierungsbildung heranzuziehen. Im Falle der absoluten Mandatsmehrheit einer Partei führt dies zur Bildung einer Alleinregierung, bei Fehlen einer solchen Mehrheit die Bildung einer Koalition, deren parlamentarische Mehrheit aber zumeist nur minimal („minimum winning") über der absoluten Mehrheit liegt. Das bedeutet, daß zumeist eine oder mehrere größere Parteien in Opposition sind. Ein solches Gegenüber zwischen einer mit nur knapper Mehrheit ausgestatteten Regierung und einer relativ starken Opposition entspricht auch dem Konzept einer „zeitlichen Gewaltenteilung".
- Ausnahmefall: In Österreich haben zwar die absoluten Mandatsmehrheiten nach den Nationalratswahlen von 1966 (ÖVP) und 1971, 1975 und 1979 (SPÖ) zu Alleinregierungen geführt. Bei Fehlen solcher Mehrheiten ist es jedoch (Ausnahme: 1983) zu Koalitionen zwischen den beiden größten Parteien gekommen, obwohl die rechnerische Mehrheit für eine Koalition zwischen einer der beiden Großparteien und einer dritten Partei (oder auch vierten und fünften Parteien) im-

mer gegeben war. Dadurch ist durch Jahrzehnte (1945–1966 und wieder ab 1987 bis 1999) das quantitative Übergewicht der regierenden Mehrheit gegenüber der opponierenden Minderheit im Nationalrat übergroß und mindert die Wirkung der „zeitlichen Gewaltenteilung". Lediglich in der Phase von1994 bis 1995 hatte die Große Koalition keine Verfassungsmehrheit, was den parlamentarischen Spielraum der Opposition stärkte (z. B. die verfassungsrechtliche Bestimmung, die die Rolle des Nationalrates bei der indirekten Mitwirkung im EU-Rat betrifft).

Dieses spezifisch österreichische Phänomen bedeutet für den Parlamentarismus, daß die parlamentarischen Kontrollrechte – die im wesentlichen Minderheitenrechte sind – weniger Gewicht haben; und daß der Grundgedanke des Konzepts der „zeitlichen Gewaltenteilung" – die Opposition als „Schattenregierung", die zur Übernahme der Regierung bereit ist – nur eingeschränkt zum Tragen kommt.

Die wichtigste Ursache für diese Abkehr von der Regel der kleinstmöglichen parlamentarischen Mehrheit ist die politische Kultur der Konkordanzdemokratie. Die Zweite Republik gilt, im internationalen Vergleich, als besondere Form der „Proporz-" bzw. der „Konkordanzdemokratie". Eine solche Variante liberaler Systeme relativiert die Mehrheitsregel durch Beteiligungsgarantien für (nationale, sprachliche, religiöse, politische) Minderheiten. Der Wettbewerb am politischen Markt und damit der Wahlerfolg werden in ihrer Bedeutung reduziert, „the winner does not take all".

Die Konkordanzdemokratie der Zweiten Republik hat sich im Widerspruch zur zentrifugalen Demokratie der Ersten Republik entwickelt:

- In der Ersten und in der Zweiten Republik war die Gesellschaft zerklüftet – fragmentiert. Ausdruck dessen war die Existenz der Lager als weitgehend autonome gesellschaftliche Subsysteme. Die Lager standen einander mit zumindest latenter Feindseligkeit geschlossen gegenüber. Ihre Beziehung war durch klare Bilder von „wir" und „die anderen" gekennzeichnet.
- In der Erste Republik verhielten sich die politischen Eliten der Lager diesen Vorgaben entsprechend. Sie verstanden Demokratie als grundsätzlich unbeschränkten Marktmechanismus. Demokratie war primär eine Methode zur Erringung eines möglichst absoluten Triumphes

über die anderen Lager. Die Folge war die Eskalation, die zentrifugale Demokratie, der Bürgerkrieg.

- In der Zweiten Republik verhielten sich die politischen Eliten des sozialistischen und des katholisch-konservativen Lagers nicht mehr konflikt-, sondern konsensorientiert. Sie stimmten darin überein, den politischen Markt zu relativieren und Wahlergebnisse nicht als einzige Grundlage der Machtverteilung zu sehen. Die Konsequenz waren Spielregeln, die einer garantierten Machtbeteiligung jenseits von Mehrheit und Minderheit gleichkamen: die Konkordanzdemokratie.

Die wichtigsten Merkmale der österreichischen Konkordanzdemokratie waren und sind:

- Die Neigung zur Großen Koalition bei Fehlen einer absoluten Mehrheit im Nationalrat
- Die Sozialpartnerschaft als Fortsetzung der Großen Koalition mit anderen Mitteln
- Vereinbarungen über die Aufteilung der Zugangskontrolle im Verfassungsgerichtshof, in der Schulverwaltung und (zumindest bis in die 80er Jahre) in weiten Bereichen der Wirtschaft.

Die Konkordanzdemokratie hat jedoch eine Voraussetzung: Die Existenz weitgehender autonomer Subsysteme – in den Niederlanden „Säulen", in Österreich „Lager" genannt. Die Existenz der Lager beruht wiederum auf intakten Feindbildern. Diese sind aber wegen der stabilisierenden Wirkung der Konkordanzdemokratie immer schwieriger aufrecht zu erhalten.

Der paradoxe Erfolg der österreichischen Konkordanzdemokratie ist, daß sie begonnen hat, ihre eigenen Voraussetzungen zu zerstören: Weil sie ihr wesentlichstes Ziel – die Stabilisierung des politischen Systems – erreicht hat, macht sie sich zunehmend selbst überflüssig.

Literatur

Esterbauer, Fried: Das politische System Österreichs. Eine Einführung in die Rechtsgrundlagen und die politische Wirklichkeit. Graz 1995.

Haller, Max: Identität und Nationalstolz der Österreicher. Gesellschaftliche Ursachen und Funktionen. Herausbildungen und Transformation seit 1945. Internationaler Vergleich. Wien 1996.

Breuss, Susanne u. a.: Inszenierungen. Stichwörter zu Österreich. Wien 1995.

Luther, Kurt Richard/Müller, Wolfgang C. (eds.): Politics in Austria. Still a Case of Consociationalism?. London 1992.

Welan, Manfried: Demokratie auf österreichisch oder Die erstarrte Republik. Wien 1999.

4. Direkte und indirekte Demokratie

Schlüsselbegriffe: *Direkte und indirekte Demokratie; Volksbegehren; Volksabstimmung; Zivilgesellschaft; Grund- und Menschenrechte.*

„Österreich ist eine demokratische Republik. Ihr Recht geht vom Volk aus". Mit diesem Satz formuliert die Bundesverfassung (B-VG 1920, Art. 1) ein klares und deutliches Bekenntnis zur Demokratie, ohne jedoch Deutungsspielräume auszuschließen. Der Satz definiert nicht, welche Institutionen und Prozesse, welche Kontroll- und Legitimationsvorkehrungen, welche Beteiligungsformen es im Konkreten sind, die die Republik demokratisch machen. Der Verfassungsartikel definiert insbesondere nicht die institutionelle Ausgestaltung der „Volkssouveränität" hinsichtlich des Arrangements repräsentativer und/oder plebiszitärer Entscheidungsfindung. Erst mit dem Parteiengesetz (1975), dessen §1 in Verfassungsrang gestellt ist, erfolgte eine Präzisierung in Richtung konkurrenzorientierter Parteiendemokratie („Die Existenz und Vielfalt politischer Parteien sind wesentliche Bestandteile der demokratischen Ordnung der Republik Österreich").

Die Demokratie an sich erfreut sich sowohl bei den Trägern des politischen Systems als auch bei der Bevölkerung hoher Akzeptanz. Ergebnisse der politischen Kulturforschung sprechen zwar von einem tiefen Unbehagen gegenüber der Politik, sie unterstreichen aber gleichzeitig eine große Zustimmung zu staatlichen Einrichtungen (Parlaments- und Regierungstätigkeit) und zur Demokratie als Staatsform (in Abgrenzung zu nichtkonstitutionellen Monarchien und autoritären Systemen).

Dieser breite Konsens zu Demokratie als Idee bzw. Konzept dürfte u. a. deshalb möglich sein, weil Gegenstand und Ausmaß demokratischer Herrschaft und Politik recht unterschiedlich bestimmt werden. Aus diesem Grund sei hier auf einige politikwissenschaftlich formulierte Mindestanforderungen an Politik, die als demokratisch gilt, verwiesen. David Beetham (1996) nennt folgende Standards, die von demokratischen Verfassungsstaaten zu erfüllen sind, um sozusagen zu recht als demokratisch bezeichnet zu werden:

- Gleichheit der politischen Rechte (Teilnahme, aktives und passives Wahlrecht aller erwachsenen StaatsbürgerInnen, Zugang zu öffentlichen Ämtern etc);
- Wahrung der elementaren Menschenrechte durch den Staat;
- Legitimation der politischen Macht durch Wahl und Pluralismus sowie Machtbeschränkung und Machtkontrolle der politischen EntscheidungsträgerInnen.

Über diese verbindlichen Standards hinaus werden noch weitere Voraussetzungen von Demokratie genannt:

- Erstens die liberal-demokratischen Prinzipien sind nicht auf den staatlichen Bereich alleine zu beschränken, sondern eine Demokratisierung gesellschaftlicher Subsysteme (Geschlechterverhältnisse, Familie, Schule, Arbeitswelt) ist zu forcieren;
- Zweitens eine sozial gerechte Güterverteilung ist, um tatsächlich die Gleichheit der politischen Rechte in Anspruch nehmen zu können, in Erwägung zu ziehen.

Rechtliche Gleichbehandlung und rechtliche Gleichheit des Zugangs zu Ämtern und Funktionen sind für Demokratien prinzipielle Voraussetzungen, die jedoch noch nicht notwendigerweise zu Ergebnisgleichheit führen. Denn auch wenn das Recht zu wählen gleich ist, mag die Chance gewählt zu werden aufgrund struktureller, sozio-ökonomischer Ungleichverteilungen ungleich verteilt sein (in Parlamenten sind beispielsweise mehr Beamte als ArbeiterInnen vertreten). Strukturell-gesellschaftliche Ungleichheiten und Barrieren, die Menschen an der politischen Partizipation und Repräsentation hindern, und strukturelle Regelungen zur Kompensation dieser Ungleichverteilung gelten als Seismographen der tatsächlichen Qualität eines demokratischen Systems (zur Relativierung des Gleichbehandlungsgrundsatzes der Österreichischen Verfassung siehe Kapitel 11).

Prinzipiell können in demokratischen Systemen Menschen, d. h. in Österreich die StaatsbürgerInnen, in zweifacher Weise politisch partizipieren:

- direkte, plebiszitäre Demokratie: politische Teilnahme als Teilnahme an der Formulierung von und an Entscheidungen über Sachthemen;
- indirekte, repräsentative Demokratie: politische Teilnahme als Teilnahme an der Bestellung (Wahl) von PolitikerInnen.

Die Partizipation ist das Element der direkten Demokratie, die Repräsentation das der indirekten Demokratie (zu Demokratiekonzeptionen und –theorien vgl. Schmidt 1995).

4.1 Indirekte Demokratie

Repräsentative Demokratie ist als teilnehmende Demokratie insbesondere durch das gleiche Recht der Beteiligung der StaatsbürgerInnen an der Bestellung der politischen EntscheidungsträgerInnen legitimiert. Die Wahl ist die direkt-demokratische Komponente der indirekten, repräsentativen Demokratie.

Hinsichtlich der demokratiepolitischen Perspektive sind Wahlen vor allem deshalb so wesentlich, weil sie lange Zeit für viele Menschen die bedeutendste, vielfach die einzige Partizipationsform darstellten und noch darstellen. Erst seit den 80er Jahren sind Trends, die Wahlen als dominante Form der Partizipation relativieren, zu beobachten:

- Neben dem Wählen als direkter Form politischer Teilnahme an der repräsentativen Demokratie gewinnen plebiszitäre Partizipationsformen an Stellenwert;
- zeitlich parallel zur quantitativen Bedeutungszunahme der direkten Demokratie sinkt die Beteiligung bei Wahlen für repräsentative Einrichtungen (z. B. bei Nationalratswahlen und ganz besonders bei Wahlen zum Europäischen Parlament).

Wahlen und wählen, der Beruf des Politikers/der Politikerin, politische Parteien sowie Interessensorganisationen sind die konstitutiven Elemente repräsentativer Politikgestaltung.

Die indirekte, repräsentative Demokratie ist eine arbeitsteilige Politikform, sie basiert auf Delegation. Auf der Grundlage des Parteienwettbewerbs wählt und legitimiert die als wahlberechtigt definierte Bevölkerung die Politiker und Politikerinnen zum Handeln und Entscheiden. PolitikerInnen agieren auf Zeit (Wiederwahl bzw. Abwahl möglich) und unter Kontrolle (durch institutionelle von der Verfassung vorgesehene Machtbeschränkungen und -verschränkungen). Parlamente und Regierungen bilden das institutionelle Gehäuse repräsentativ-demokratischer Entscheidungsprozesse.

Für MandatarInnen gilt das freie Mandat. Das funktionale Grundprinzip folgt der Annahme, daß RepräsentantInnen von WählerInnen bestimmt werden, daß diese jedoch „frei", d. h. ohne Bindung an einen direkten, unmittelbar erzwingbaren, inhaltlichen WählerInnenauftrag – wie es das sog. imperative Mandat vorsehen würde – handeln. Abgeordnete mit einem freien Mandat folgen, so die Grundannahme, dem eigenen Gewissen und einem gemeinschaftlichen Interesse (Gemeinwohl); ihr Auftrag ist es jedoch nicht, Anwalt bzw. Anwältin von Partikularinteressen zu sein. Das freie Mandat ist als idealtypische Konstruktion zu verstehen, die mit der tatsächlichen Rolle der Abgeordneten, die über ein Listenwahlrecht gewählt werden, von Parteiorganisationen die materielle Infrastruktur zur Verfügung gestellt bekommen und Mitglieder eines parlamentarischen Klubs sind, nicht konform geht. Der vielzitierte „Klubzwang" relativiert das freie Mandat und paßt es an das Faktum des Listenwahlrechts und starker Parteiorganisationen an. Abgeordnete, die über ein Persönlichkeitswahlrecht, jenseits von Listen und zugeteilten Listenplätzen den Einzug ins Parlament nehmen, sind „freier" gegenüber programmatischen und strategischen Positionen von politischen Parteien. Kurzum, das freie Mandat geht mit den Anforderungen moderner Listenparteien nicht konform, sondern es verlangt nach einem Persönlichkeitswahlrecht.

Der parteien- und verbändestaatliche Charakter des policy-making unterstreicht den Primat der indirekten Demokratie. In den letzten Jahren aber geraten parteien- und verbändestaatliche Politikprozesse zunehmend unter Druck. Umfragen und Untersuchungen zufolge existiert ein Gefühl der Machtlosigkeit gegenüber Politik, gegenüber PolitikerInnen wird Mißtrauen diagnostiziert. PolitikerInnen genießen kein hohes Prestige und wenig Achtung, sie gelten als privilegiert (was insbesondere im Zusammenhang mit PolitikerInnengehälter artikuliert wird) und von der Bevölkerung abgehoben. Den wettbewerbsorientierten Institutionen wie den politischen Parteien wird weniger Vertrauen und Zustimmung entgegengebracht als beispielsweise den staatlichen Ordnungseinrichtungen (Polizei, Justiz, vgl. Plasser/Ulram 1997).

In dieser Anti-PolitikerInnen und anti-parteienstaatlichen Stimmungslage können sich Menschen immer weniger vorstellen, in einer politischen Partei mitzuarbeiten, gleichzeitig finden direkt-demokratische Instrumente wie das Volksbegehren prinzipiell große Zustimmung (vgl. IFES-Umfrage November/Dezember 1997, in: SWS-Rundschau, Heft2/1999). Forderungen nach mehr direkter Demokratie und der Ruf nach plebiszitärer Entscheidungsfindung gewinnen an Bedeutung.

4.2 Direkt-demokratische Instrumente

Der grundsätzliche Charakter der österreichischen Politik kann quantitativ wie qualitativ eindeutig als repräsentativ-demokratisch bezeichnet werden. Erst in den 60er Jahren wurden die ersten direkt-demokratischen Instrumente eingesetzt. Spätestens seit den 90er Jahren aber verändert sich das Mischverhältnis zwischen repräsentativen und plebiszitären Elementen in Richtung mehr direkter Demokratie.

Im internationalen Vergleich gelten die gesetzlich vorgesehenen direktdemokratischen Mitbestimmungsmöglichkeiten (Volksbegehren, Volksabstimmung, Volksbefragung) als gut ausgebaut. Allerdings erfolgt die konkrete Anwendung der direkt-demokratischen Instrumente ausschließlich in enger institutioneller Kooperation mit RepräsentantInnen des indirekt-demokratischen Systems.

Auf Unionsebene ist die Direktwahl zum Europäischen Parlament die einzige direkt-demokratische Partizpationsform. Institutionelle Möglichkeiten für direkt-demokratische Mitentscheidungen bei Sachthemen (z. B. Referendum) existieren nicht.

Die Volksabstimmung (Plebiszit, Referendum)
Bei einer Volksabstimmung (sie kann fakultativ und obligatorisch sein) trifft die wahlberechtigte Bevölkerung in einer Sachfrage die verbindliche Entscheidung. Allerdings bereitet die Volksvertretung (Nationalrat) die Abstimmung inhaltlich vor.

Die erste und einzige fakultative Abstimmung (das sind Abstimmungen, die von der Verfassung nicht zwingend vorgesehen sind) fand am 5.11. 1978 über die Inbetriebnahme des Atomkraftwerkes Zwentendorf statt. Eine Mehrheit des Nationalrates entschied, über den Gesetzesvorschlag zur Inbetriebnahme die wahlberechtigte Bevölkerung entscheiden zu lassen. Mit äußerst knapper Mehrheit (50,5%, das ist ein Überhang von 30.000 Stimmen) wurde für die Nichtinbetriebnahme entschieden.

Obligatorisch hingegen sind Volksabstimmungen erstens im Falle einer Gesamtänderung der Bundesverfassung und zweitens im Falle der Absetzung des Bundespräsidenten. Die einzige zwingend vorgeschriebene Volksabstimmung erfolgte im Juni 1994 zum Beitritt Österreichs zur EU. Eine deutliche Mehrheit votierte für den Beitritt.

Das Volksbegehren (Volksinitiative)
Volksbegehren sind Instrumente in den Händen der wahlberechtigten Bevölkerung zur Bewegung der parlamentarischen Politik. Der Zugang zu Volksbegehren ist relativ einfach geregelt: Der Gegenstand eines Volksbegehrens muß eine durch Gesetz zu regelnde Angelegenheit sein; ein Promille der Gesamtbevölkerung hat bei bundesweiten Volksbegehren das Einleitungsverfahren zu unterstützen (also ca. 8.000 WählerInnen).

Im verfassungsrechtlichen Sinne (Art. 41 Abs. 2 B-VG) ist ein Volksbegehren erfolgreich, wenn 100.000 Unterschriften erreicht werden – dann nämlich ist im Parlament eine Debatte über den geforderten Inhalt notwendig. Eine Verpflichtung des Gesetzgebers, eine rechtliche Entscheidung im Sinne des Begehrens herbeizuführen, besteht jedoch in keiner Weise.

Dazu ein Beispiel: Das Frauen-Volksbegehren wurde, nachdem 23 Nationalratsabgeordnete (SPÖ- und Grüne-Abgeordnete) das Einleitungsverfahren unterstützten und der Text im April 1997 zur Unterschrift auflag, von 644.000 Menschen unterzeichnet und in der Folge parlamentarisch behandelt. Das Begehren wurde dem Gleichbehandlungsausschuß im Parlament zugewiesen, die Forderungen wurden beraten, Entschließungsanträge wurden formuliert. Es wurden aber keine im exakten Wortlaut des Volksbegehrens lautenden Gesetze verabschiedet.

Es stellt sich daher die Frage, ob Volksbegehren auch dann als erfolgreich beurteilt werden können, wenn sie zu keinen diesbezüglichen Gesetzen führen. Es wird die Meinung vertreten, daß der realpolitische Erfolg nicht lediglich im direkten Gesetzesbeschluß liege, sondern dass Funktionen und indirekte Wirkungen wie Bewußtseinsbildung, Thematisierung, Artikulation oder Korrektiv eine Rolle spielten. Diese Komponenten werden oft sogar als der eigentliche politische Erfolg betrachtet. Die Popularisierung eines Themas erlaubt auf die institutionelle, parlamentarische Politik Druck auszuüben. Dies gelingt erfahrungsgemäß am besten dadurch, daß im Sog eines Volksbegehrens im Namen der Menschen argumentiert und gefordert wird. Tatsächlich ist am Beispiel des Frauen-Volksbegehrens festzustellen, daß in der Folge sog. „Frauenthemen“ politisch und medial kontinuierlich thematisiert wurden (Sondersitzungen des Nationalrates, Thematisierung von „Frauen“ im Nationalratswahlkampf 1999).

Die Volksbefragung
Die Volksbefragung ist seit 1989 verfassungsrechtlich vorgesehen. Sie wurde allerdings noch nie auf Bundesebene, sondern lediglich auf kommunaler und regionaler Ebene angewandt (z. B. Befragung über die Durchführung der Expo 2000 in Wien, Olympiaaustragung in Innsbruck). Eine Volksbefragung kann auf Bundesebene zur Meinungsbildung über eine grundsätzliche Angelegenheit mit gesamtösterreichischer Bedeutung auf Antrag von Nationalratsmitgliedern oder der Bundesregierung und nach Beschluß des Hauptausschusses durchgeführt werden.

Die Ergebnisse der auf kommunaler Ebene erfolgten Volksbefragungen, auch wenn sie für die repräsentativen Organe juristisch unverbindlich sind, wurden als Entscheidung und nicht als unverbindliche Meinungserhebung bzw. Orientierungshilfe behandelt. Volksbefragungen sind zwar verfassungsrechtlich unverbindlich, realpolitisch sind sie aber „starke" Instrumente, oft stärker als Volksbegehren. So setzte sich bisher kein Gesetzgeber über das Mehrheitsergebnis einer Volksbefragung hinweg.

Eine verwandte Form der Volksbefragung ist die Demoskopie
Politik arbeitet mit demoskopischen Grundlagen, sie richtet Entscheidungen u. a. nach dem erhobenen Willen der WählerInnen aus. Der Unterschied zur Volksbefragung liegt in der Unterschiedlichkeit der Öffentlichkeit und Transparenz – über demoskopisch erhobene Meinungen besteht nicht notwendigerweise Öffentlichkeit, Volksbefragungen hingegen zeichnen sich durch Öffentlichkeit aus.

Mitwirkung in Verwaltungsverfahren
Neben der potentiellen Mitwirkung im Gesetzgebungsverfahren sind, wenn auch in bescheidenem Umfang, die Mitwirkungsmöglichkeiten in Verwaltungsverfahren unter dem Gesichtspunkt von direkter Demokratie zu nennen. Gesetzlich besteht bei der Genehmigung von Großprojekten die Möglichkeit der Einbindung von Bürgerinitiativen und BürgerInnen in das Verwaltungsverfahren (Umweltverträglichkeits-Prüfungsgesetz).

Die empirischen Befunde der oben aufgezählten direkt-demokratischen Instrumente läßt das Entstehen eines Nebeneinanders von plebiszitären und repräsentativen Politikformen erkennen. Alleine ein quantitatives Kriterium, nämlich die Häufigkeit von Volksbegehren, unterstreicht die wachsende Relevanz. Im Zeitraum von 1964, dem ersten Volksbegehren (Rundfunkreform), bis September 1999 (Familienvolksbegehren) wurden insgesamt 24 Initiativen durchgeführt, davon alleine zehn in den 90er Jahren.

Volksbegehren als direkt-demokratische Instrumente werden als Korrektiv der Dominanz des Parteien- und Verbändestaates diskutiert. Diese Funktion ist aber in der österreichsichen Praxis stark zu relativieren. Tatsächlich sind es oft nicht die Basisbewegungen, sondern die klassischen RepräsentantInnen der indirekten Demokratie, die PolitikerInnen, die die direkte Demokratie als Oppositionsinstrument zur Mobilisierung und Sensibilisierung beanspruchen und einsetzen.

Es waren nämlich oft politische Parteiorganisationen, die Anträge auf Volksbegehren einbrachten und es waren ParteienvertreterInnen, die die Einleitung durch die Unterschrift von Nationalratsabgeordneten ermöglichten. Alleine acht von elf Volksbegehren, die in den letzten zehn Jahren absolviert wurden, gehen auf die Unterschriftsleistung von Nationalratsabgeordneten zurück. Diese Verquickung von repräsentativen AkteurInnen, PolitikerInnen, die ohnehin ihre Bühne im Parlament nutzen können, und direkt-demokratischen Initiativen mag die reservierte Haltung der parlamentarischen Mehrheit gegenüber Volksbegehren erklären.

Zusammenfassend bleibt daher festzuhalten, daß das direkt-demokratische Instrument des Volksbegehrens sowohl zur Artikulation einer politischen Basisbewegung als auch als Oppositionsinstrument politischer Parteien diente. Mittels Volksbegehren wurde Mobilisierung der WählerInnen initiiert und politisches Handeln mit der Berufung auf plebiszitäre Willlenskundgebung legitimiert.

Diesem Trend der Nutzung von Volksbegehren durch Parteiorganisationen kam die Reform des Volksbegehrensgesetzes (in Kraft 1.1. 1999) entgegen. Die derzeit geltende, reformierte Rechtslage sieht daher vor, daß der Antrag zur Einleitung eines Volksbegehrens von Einzelpersonen, von Personengruppen oder von einer politischen Partei gestellt werden kann, daß aber der Antrag von einem Promille der in der letzten Volkszählung festgestellten österreichischen Wohnbevölkerung unterstützt werden muß (ca. 8.000 Unterstützungserklärungen). Der Passus, wonach Einleitungsanträge auch dann gültig eingebracht sind, wenn dieser von mindestens acht Mitgliedern des Nationalrates oder von mindestens je vier Mitglie-

Tab. 4.1: **Volksbegehren in Österreich** (Stimmbeteiligung und Unterstützung durch Abgeordnete)

Jahr	**Betreff**	**Anzahl gültiger Eintragungen**	**Stimmbeteiligung in %**	**Unterstützt durch NR-Abg. bzw. Unterstützungserklärungen (U)**
1964	Österr. Rundfunk Ges.m.b.H	832.353	17,27	34.841 U.
1969	Schrittweise Einführung d. 40 Std. Woche	889.659	17,74	74 SPÖ/Abg.NR
1969	Abschaffung 13. Schulstufe	339.407	6,77	17 Abg. Steir.LT, 14 Abg. Sbg LT. 14 Abg. Ktn LT, 5Abg. Vbg.
1975	Schutz des menschlichen Lebens	895.665	17,93	762.664 U.
1980	Pro-Zwentendorf-Volksb.	421.282	8,04	33.388 U.
1980	Anti-Zwentendorf-Volksb.	147.016	2,80	13.516 U.
1982	Konf.zentrum Einsparungsgesetz	1,361.562	25,74	Sämtl. ÖVP Landtagsabg. Aller Bundesländer
1985	Konrad-Lorenz-Volksbeb.	353.906	6,55	56.870 U.
1985	Verlängerung Zivildienst	196.376	3,63	48.755 U.
1985	Gegen Abfangjäger	121.182	2,23	18.433 U.
1986	Anti-Draken Volksb. in Steiermark	244.254	4,50	140.817 U.
1987	Anti-Privilegien-Volksb.	250.697	4,57	Sämtl. 18 FPÖ Abg. NR
1989	Senkung der Klassenschülerzahl	219.127	3,93	26.643 U.
1989	Sicherung d. Rundfunkfreiheit	109.197	1,95	mehr als 8 FPÖ-Abg. NR
1991	Beitritt zum Europ. Wirtschaftsraum	126.834	2,25	sämtl. 10 Grüne-Abg. NRn
1993	Österreich zuerst	416.531	7,35	Mehr als 8 FPÖ-Abg. NR
1995	Volksb. Pro-Motorrad	75.525	1,31	12.812 U.
1996	Tierschutz	459.096	7,96	35 FPÖ und Grüne-Abg. NR
1996	Neutralitäts Volksb.	358.156	6,21	31.166 U.
1997	Gentechnik	1,225.790	21,23	8 Grüne-Abg.NR
1997	Frauen Volksb.	644.665	11,17	23 SPÖ u. Grüne-Abg. NR
1997	Schilling-Volksabstimmung	253.949	4,43	9 FPÖ-ABG. NR
1997	Atomfreies Österreich	248.787	4,34	9 FPÖ-ABG. NR
1999	Familienvolksb.	166.279	3,17	16.875 U.

Quelle: Zusammenstellung aufgrund von Angaben des Bundesministeriums für Inneres.

dern der Landtage dreier Länder unterfertigt ist, wurde ersatzlos gestrichen.

Abschließend noch ein Hinweis auf die relativ geringe Anwendung der Volksabstimmungen in der Zweiten Republik – bisher zwei. Eine Erklärung für diese geringe Nutzung der Volksabstimmungen, insbesondere im Vergleich mit den Volksbegehren, liegt im erschwerten institutionellen Zugang zur Inanspruchnahme: Eine Volksabstimmung ist lediglich mit Hilfe der Mehrheit der repräsentativen Organe möglich. Die Mehrheit des Parlaments formuliert eine Gesetzesvorlage und legt sie der Bevölkerung zur Abstimmung vor. Eine direkte Möglichkeit, ein Volksbegehren in eine Volksabstimmung münden zu lassen, besteht nicht. In direkt-demokratiefreundlichen Staaten, wie in der Schweiz oder in Kalifornien, kann die Durchführung von Volksabstimmungen von einer qualifizierten Minderheit erkämpft werden.

4.3 Grundrechte

Die normative Grundlage von Demokratie bilden die bürgerlichen und politischen Grund- und Menschenrechte – Freiheit der Meinungsäußerung, Freiheit der Religionsausübung, Gleichheit der StaatsbürgerInnen vor dem Gesetz, die Unverletzlichkeit des Eigentums, Freiheit der Kunst und der Wissenschaft u. a.m. Erst auf der Achtung dieser Basis gilt mehrheitsdemokratisches Handeln, sei es innerhalb repräsentativer oder plebiszitärer Parameter, als demokratisch. Das heißt, daß Demokratie als Entscheidungsmethode inhaltliche Begrenzungen zu akzeptieren hat, daß demokratische Politik letztlich Politikverweigerung üben muß – nämlich die politischen/bürgerlichen Menschen- und Grundrechte sind als unverletzliche demokratische Grundprinzipien dem politischen Spiel der Mehrheit zu entziehen.

Die verfassungsrechtlich verankerten Grundrechte stammen aus der monarchistischen Zeit des Staatsgrundgesetzes (1867). Politische Versuche, einen republikanischen Grundrechtskatalog zu verabschieden, scheiterten bislang. Die Menschenrechte (Allgemeine Erklärung der Menschenrechte der UNO, 1948) als international festgelegte Rechte wurden von Österreich mit dem Beitritt zur UNO (1955) angenommen; der EMRK (Europäische Menschenrechtskonvention) trat Österreich 1958 bei.

Grundrechte werden in politische/bürgerliche – auch liberale Freiheitsrechte – und in soziale unterschieden. Heute besteht über die politischen und bürgerlichen Freiheitsrechte weitgehend Konsens, nicht jedoch über die sozialen und ökonomischen. Die Relevanz der Unterscheidung liegt in der Verbindlichkeit und Einklagbarkeit von Rechten durch den Einzelnen gegenüber dem Staat.

Politische Grundrechte stehen in Verfassungsrang. StaatsbürgerInnen haben auf sie einen Anspruch. Als unantastbare, unverletzliche und unveräußerliche Rechte des Einzelnen (Individualrechte) bieten sie Schutz vor dem Staat und sind gleichzeitig vom Staat dem einzelnen Menschen zu gewähren.

Grundsätzlich anders ist die juristische Bedeutung der sozialen Grundrechte (z. B. Recht auf Arbeit, auf Streik, auf freie Berufswahl, auf Wohnen, soziale Sicherheit, Nahrung und auf Gesundheit). Die Menschenrechtskonvention der UNO aus dem Jahre 1948 formuliert im Art. 22 zwar das Recht auf soziale Sicherheit („Jeder Mensch hat als Mitglied der Gesellschaft das Recht auf soziale Sicherheit; er hat Anspruch darauf, durch innerstaatliche Maßnahmen und internationale Zusammenarbeit … in den Genuß der für seine Würde und die freie Entwicklung seiner Persönlichkeit unentbehrlichen wirtschaftlichen, sozialen und kulturellen Rechte zu gelangen“) und im Art. 23 das Recht auf Arbeit („Jeder Mensch hat das Recht auf Arbeit, auf freie Berufswahl, auf angemessene und befriedigende Arbeitsbedingungen sowie auf Schutz gegen Arbeitslosigkeit“), die Verbindlichkeit dieser Rechte ist im Vergleich zu den politischen Grundrechten aber insoferne deutlich eingeschränkt als dem einzelnen Menschen kein rechtsverbindlicher Anspruch auf Erfüllung durch den jeweiligen Nationalstaat zukommt. Die einzelnen Staaten verpflichten sich lediglich dazu, die Menschenrechtserklärung als Absichtserklärung für eigene Ziele anzuerkennen. Die sozialen Grundrechte sind dem Charakter nach moralische Verbindlichkeiten, die gegenüber der internationalen Staatengemeinschaft und der eigenen Bevölkerung eingegangen worden sind. Die nationalstaatliche Politik kann an der Verfolgung dieser Ziele gemessen und beurteilt werden, bzw. entlang dieser Grundrechtsformulierungen kann auf Parteien und Interessenvertretungen politischer Druck ausgeübt werden. Diese Möglichkeit der Druckausübung durch den Verweis auf internationale Abkommen ist die eigentliche Stärke der sozialen Grundrechte, nicht jedoch ihre prinzipielle Einklagbarkeit.

Zur Realisierung dieser sozialen Grundrechte (wie z. B. das Recht auf soziale Sicherheit) braucht es jedoch einen „starken", interventionistischen Staat, der Ressourcen und Chancen sichert bzw. ausgleichend/umverteilend wirkt.

4.4 Zivilgesellschaft

In der facheinschlägigen Literatur wird die Zivilgesellschaft (Civil Society) als Raum zwischen Individuum und Staat definiert. Nichtstaatliche Vereinigungen und Gruppen zur Diskussion, zur Meinungsbildung und zur Erbringung gemeinschaftlicher Aufgaben würden diesen Zwischen-Raum füllen. Zivilgesellschaft sei ein „Sammelbegriff für alle Formen sozialen Agierens von Individuen oder Gruppen, deren Handeln sich nicht vom Staat ableiten läßt und in denen Gemeinschaft nicht mit den Mitteln staatlicher Autorität auftritt" (Brix 1999, S. 125).

Teilnehmende, partizipatorische Demokratie kann die Entwicklung einer nichtstaatlichen Civil Society fördern bzw. zivilgesellschaftliches Handeln kann unter bestimmten Bedingungen (annähernd gleiche Machtverteilung, Pluralismus) als Motor der Demokratisierung der Gesellschaft wirken. Andererseits bedeutet Zivilgesellschaft aber nicht per se ein Mehr an direkter Demokratie, ihr Ausbau läuft aber notwendigerweise auf eine Beschneidung der Handlungsfelder repräsentativ-demokratischer staatlicher Organe (politische Parteien) hinaus.

In der Literatur werden nicht selten emphatische Erwartungen an die Zivilgesellschaft formuliert, ohne oft jedoch anzugeben, was als Zivilgesellschaft gilt bzw. welche Indikatoren für die Existenz von Zivilgesellschaft sprechen. Sind die zahlreichen Vereine wie die freiwilligen Feuerwehren, Sportvereine und Schützen zivilgesellschaftliche Institutionen? Oder war das sog. Lichtermeehr (1993) als Reaktion auf das Volksbegehren „Österreich zuerst" eine zivilgesellschaftliche Aktivität.

Andreas Khol (1999), ehemaliger Klubobmann der ÖVP, will mit der „Bürgergesellschaft" eine gesellschaftliche Entwicklung der sozialen Solidarität anreizen. Der einzelne solle in einer Bürgergesellschaft mehr Verantwortung und mehr Rechte haben. Die Politik sei aufgefordert, lediglich die Rahmenbedingungen dafür herzustellen.

Wofür der zivilgesellschaftliche Diskurs plädiert, macht die Definition nach Brix deutlich – für Familie, Nachbarn, Vereine, ehrenamtliche solidarische Tätigkeiten und für weniger Staat. Wogegen er sich wendet? Zwei Anti-Stränge kristallisieren sich heraus:

- Gegen den Sozialstaat. Anthony Giddens (1999) verortet im zivilgesellschaftlichen Diskurs die Funktion der Kritik am Umfang staatlicher Regelungen und die implizite Forderung nach Sozialstaatsreduktion. Tatsächlich wird die Zivilgesellschaft als „Bürgergesellschaft“ im Gegensatz zum interventionistischen Staat angerufen. Der Sozialstaat wird kritisiert, das private solidarische Engagement, die Bürgergesellschaft, dem Sozialstaat vorgezogen.
- Gegen die Dominanz der politischen Parteien und Verbände. Politische Parteien und Verbände, die staatliche Funktionen erfüllen bzw. als Scharniere zwischen Individuen und staatlichen Institutionen agieren, werden nicht als zivilgesellschaftliche Agenturen bezeichnet. In Österreich gilt die gesellschaftliche wie politische Dominanz des Parteienstaates gerade als Gegenstück zur Zivilgesellschaft bzw. die Anrufung der Zivilgesellschaft als kritisch gemeinte Antwort auf den parteienstaatlichen Charakter der österreichischen Politik und das Patronageverhalten der politischen Parteien. Daß die Zivilgesellschaft im Sinne einer Emanzipation der Gesellschaft/des Einzelnen vom politischen System aber wenig weit fortgeschritten ist, dürfte nicht nur mit dem klientelistischen Parteien- und Verbändestaat zusammenhängen, sondern auch mit der Entsprechung im Sinne der Erwartungen an den Parteienstaat – nämlich in Phasen der Arbeits- oder Wohnungssuche sich an die Politik zu wenden bzw. von den Parteien „Loyalität“ zu verlangen.

Gewinnt gemeinschaftliche Organisierung, jenseits der politischen Milieus, an Bedeutung für Demokratie und Politik? Welchen Platz kann in einem Parteienstaat die Zivilgesellschaft einnehmen? Die Zivilgesellschaft biete in einer entsolidarisierten, individualisierten Gesellschaft sowie in einer Konstellation des Rückzugs der Politik „Gemeinsinn“. Zur Untermauerung dieser These fehlen in Österreich jedoch noch die konkreten empirischen Studien.

Zusammenfassung

Indirekte, repräsentative Politikformen und parlamentarische Vertretungseinrichtungen dominieren eindeutig das politische Geschehen; politische Parteien und sozialpartnerschaftliche Entscheidungsmuster formen, trotz

Erosionserscheinungen, den „Modellfall Österreich". Allerdings erfährt die repräsentative Demokratie auch Abwertung – und zwar ausgerechnet von RepräsentantInnen der repräsentativen Demokratie (die FPÖ-Vorschläge zur „Dritten Republik" sehen ein Weniger an repräsentativen Elementen, d. h. eine Schwächung des Parlaments, ein Mehr an plebiszitärer Beteiligung und insbesondere eine Stärkung des Bundeskanzlers/Bundespräsidenten vor).

Parallel zur Dominanz der indirekten Demokratie ist in den letzten beiden Jahrzehnten ein steigendes Interesse an direkter Demokratie, d. h. an Mitbestimmung der politischen Agenda-Setzung festzustellen. Die neue Frauenbewegung, die neuen sozialen Bewegungen (Ökologie-, Friedens-, Anti-AKW-Bewegung) sowie BürgerInneninitiatvien forcieren ein Mehr an direkter Demokratie und ein größeres Maß an nicht konventioneller politischer Partizipation.

Mehr partizipatorische Demokratie als Herausforderung der repräsentativen Demokratie sowie zum Rückbau des Parteien- und Verbändestaates könnte letztlich die repräsentative Demokratie stabilisieren, stärken. Noch gelingt es der direkten Demokratie aber nicht, tatsächlich als Korrektiv der Macht der politischen Parteien zu wirken. Dies u. a. weil die formalisierte direkte Demokratie (Volksabstimmung und Volksbegehren) vom strategischen wie inhaltlichen Handeln der Parteien abhängig ist. Noch ist die direkte Demokratie kein politisches Instrument von Gruppen und Initiativen jenseits der politischen Parteien.

Ein Seismograph von Demokratie ist weniger das abstrakte Mischungsverhältnis von direkter und indirekter Demokratie, sondern mehr der politische Umgang der Mehrheit mit Minderheiten, der „Ins" mit „Outs", derjenigen mit Staatsbürgerschaft gegenüber denjenigen ohne Staatsbürgerschaft, der Umgang mit Menschen- und BürgerInnenrechten. Denn der Schutz des Individuums vor dem Staat hat in Österreich nicht nur keine politische Tradition, er hat auch eine eingeschränkte gegenwärtige Praxis (siehe Polizeibefugnisgesetz). Gerade an aktuellen Diskussionen, die auf der einen Seite die Zivilgesellschaft als Konzept hofieren, auf der anderen Seite aber BürgerInnenrechte nicht unterstützen, wird nicht nur die „österreichische Seele" deutlich, sondern auch die Fragwürdigkeit der österreichischen Interpretation der Bürgergesellschaft – nämlich der Entwurf einer „Bürgergesellschaft" mit unterentwickelten BürgerInnenrechten.

Literatur

Beetham, David: The Democratic Audit: Grundprinzipien und Schlüsselindikatoren politischer Demokratie. In: Campell, David F.J./Karin Liebhart/Renate Martinsen/Christian Schaller/Andreas Schedler (Hrsg.): Die Qualität der österreichischen Demokratie. Versuche einer Annäherung. Wien 1996, S. 19–44.

Brix, Emil, Zivilgesellschaft als Begriff und theoretisches Konzept. In: SWS-Rundschau, Heft 2/1999, S. 120–128.

Etzioni, Amitai: Die Verantwortungsgesellschaft. Frankfurt/New York 1997.

Giddens, Anthony: Der dritte Weg. Die Erneuerung der sozialen Demokratie. Frankfurt am Main 1998.

Khol, Andreas: Durchbruch zur Bürgergesellschaft. ein Manifest. Wien 1999.

Möckli, Silvano: Direkte Demokratie. Ein internationaler Vergleich. Bern/Stuttgart/Wien 1994.

Plasser, Fritz/Ulram, Peter, A.: Institutionenvertrauen in Österreich: Vertrauenslücke oder Vertrauenskluft? In: Informationen zur politischen Bildung Nr. 13/1997, S. 21–27.

Pelinka, Anton: Direkte Demokratie – mehr als nur Illusion, aber kein Rezept. In: SWS-Rundschau, Heft 2/1999, S. 109–119.

Schmidt, Manfred: Demokratietheorien. Opladen 1995.

5. Österreich in der Europäischen Union

Schlüsselwörter: *EU-Beitritt; Organisationen der EU – Rat, Kommission, Europäisches Parlament; Mitwirkung an der gemeinschaftlichen Politik; innerösterreichische Koordination; Auswirkungen auf nationale Politikgestaltung.*

Mit dem Beitritt zur Europäischen Union (EU) am 1. Jänner 1995 wandelte sich die nationalstaatliche Gestaltung, die autonomen funktionalen Kompetenzen innerhalb der räumlichen Anordnung „Österreich“ verlagerten sich teilweise in das politische System der EU. Das institutionelle Arrangement wurde Teil des europäischen Mehrebenensystems (Gemeindeebene, Länderebene, Bundesebene, europäische Ebene). Auswirkungen auf AkteurInnen, Prozesse und Machtkonstellationen sind das Ergebnis.

Die Mitgliedschaft verlangt auf der einen Seite Anpassung der nationalstaatlichen Entscheidungskompetenzen, sie impliziert gleichzeitig aber die Mitwirkung in supranationalen Institutionen und Gremien. Österreichische AkteurInnen nehmen an der Gestaltung von EU-Entscheidungen teil, EU-Entscheidungen und EU-Recht beeinflußen innerösterreichische Entscheidungsabläufe und politische Handlungsspielräume.

5.1 Integrations- und Beitrittsetappen

Die EU gilt weder als Staatenbund noch als Bundesstaat, auch ist sie keine politische Vereinigung, die sich auf einen einheitlichen Gründungsakt beziehen könnte. Sie ist vielmehr das Ergebnis vieler Schritte in Form von völkerrechtlichen Verträgen und einer kontinuierlichen institutionellen Entwicklung.

Im Jahre 1952 erfolgte die Gründung der Europäischen Gemeinschaft für Kohle und Stahl (EGKS), im Jahre 1957 die Gründung der Europäischen Wirtschaftsgemeinschaft (EWG) und der Europäischen Atomgemeinschaft (EAG) durch Frankreich, Bundesrepublik Deutschland, Italien und den Benelux-Staaten. Die Europäische Gemeinschaft (EG) entstand 1967 durch die Vereinigung der EGKS, der EWG und der EAG. 1972 erfolgte die Norderweiterung der EG (Großbritannien, Dänemark, Irland), 1981 beginnt mit dem Beitritt Griechenlands und 1986 mit Spanien und Portugal die Süderweiterung. Die Verabschiedung der Einheitlichen Europäischen Akte (EEA, 1986) enthielt als zentralen Punkt die Schaffung eines gemeinsamen Binnenmarktes (EWR).

Die Umbenennung und Umwandlung von der EG zur EU, von der wirtschaftlichen Vereinigung zur politischen Union, ist mit den Verträgen von Maastricht (1992) zu datieren. Der Amsterdamer Vertrag von 1997 enthält weitere institutionelle wie inhaltliche Bausteine.

Fortschritt und Ausmaß der Integration lassen sich am Umfang und an der inhaltlich-materiellen Ausrichtung der gemeinschaftlichen Regelungen ablesen. Der europäische Integrationsprozeß und die institutionelle Ausformung sind nicht abgeschlossen, sie werden entwickelt und weiterentwickelt. Dies vor allem vor dem Hintergrund von Erweiterungsgesprächen und -absichten (Ost-Erweiterung, Cypern, Türkei).

Österreich ist der EU, d. h. einem bereits seit Jahrzehnten bestehenden, wenn auch dynamischen politischen Gefüge beigetreten. Beitrittsabsichten wurden bereits in den 60er Jahren von der ÖVP ventiliert. Erfolgreiche Beitrittsverhandlungen konnten aber erstmals in den 90er Jahren geführt werden.

Die frühe Westorientierung und die einzelnen Schritte der Westintegration Österreichs sind prägende Faktoren der Integration in die EU. Die Westintegration begann mit der Teilnahme am Marshallplan der USA (1947) und dem Beitritt zur OEEC (Organization for European Economic Coorporation, 1948); sie setzte sich fort mit dem Beitritt zur UNO (1955) und zum Europarat (1956). Die Westintegration war politisch angelegt – siehe UNO – , sie war innerösterreichisch aber vor allem ökonomisch durch außenhandelspolitische Ziele motiviert, sie war insbesondere nicht militärisch ausgerichtet. Sie konnte aufgrund der „immerwährenden Neutralität" nach dem „Schweizer Vorbild" nicht militärisch sein (das Neutralitätsgesetz untersagt den Beitritt zu militärischen Bündnissen sowie die Errichtung militärischer Stützpunkte auf österreichischem Gebiet; detaillierte Ausführungen siehe Kapitel 14).

Mit dem EU-Beitritt suchte die österreichische Politik nach einer Balance zwischen integrationsfreundlichen ökonomischen Zielen einerseits sowie außen- und neutralitätspolitischen Interessen andererseits. Dazu die Erklärung von Außenminister Alois Mock zur Gemeinsamen Außen- und Sicherheitspolitik im Rahmen der EU-Beitragsverhandlungen, die, ob ihrer innenpolitischen Relevanz, hier wörtlich zitiert werden soll:

„... Österreich wird an der Außen- und Sicherheitspolitik der Union und an ihrer dynamischen Weiterentwicklung aktiv teilnehmen und akzeptiert die Bestimmungen des Titels V sowie die relevanten, dem Vertrag über die Europäische Union angeschlossenen Deklarationen. Österreich

Tab. 5.1: **EU-Beitritt Österreichs und EU-Integration**
(Zeittafel seit 1989)

- Februar 1987: Ministerratsbeschluß über die Einrichtung einer Arbeitsgruppe für Europäische Integration
- Jänner 1989: Parteienvereinbarung von SPÖ und ÖVP über einen gemeinsamen Kurs zum Beitritt
- April 1989: Bericht der Bundesregierung an den Nationalrat
- Juni 1989: Mehrheitsbeschluß des Nationalrats für das Beitrittsgesuch (die Abgeordneten von SPÖ, ÖVP und FPÖ stimmen für, die Grünen gegen den Antrag auf Beitrittsgesuch)
- Juli 1989: einstimmige Erklärung der Bundesregierung, Unterstützung der Sozialpartner und der Landeshauptleute zur Aufnahme von Beitrittsverhandlungen mit der EG
- 17. Juli 1989 „Brief nach Brüssel": offizielles Beitrittsgesuch der Bundesregierung
- 1991: Verträge von Maastricht; Umwandlung der EG in die EU (Grundlagen für eine politische Union, GASP)
- September 1992: im Parlament wird mit den Stimmen von SPÖ und ÖVP, gegen die Stimmen der FPÖ und der Grünen, die Einbindung Österreichs in den EWR beschlossen
- 1. Jänner 93: EWR-Vertrag (Integration der EFTA in den Binnenmarkt, ohne Landwirtschaft); EG-Binnenmarkt der vier Grundfreiheiten (freier Waren-, Personen-, Dienstleistungs- und Kapitalverkehr) tritt in Kraft
- Februar 1993: Beitrittsverhandlungen der EU mit Österreich, Norwegen, Schweden und Finnland werden formell aufgenommen
- 1994: Teilnahme Österreichs am EWR – Übernahme der Binnenmarktregelungen durch Österreich
- März 1994: Abschluß der Beitrittsverhandlungen
- 1994: EU-Kampagne der Bundesregierung
- Mai 1994: Abstimmung im Europäischen Parlament über die Mitgliedschaft Österreichs
- Mai 1994: Nationalrat beschließt das Bundesverfassungsgesetz über den Beitritt Österreichs zur EU
- 12. Juni 1994: Volksabstimmung, 66 Prozent Zustimmung zur EU-Mitgliedschaft
- Juni 1994: Regierungskonferenz auf Korfu – Unterzeichnung des Beitrittsvertrages
- 1.1.1995: Mitgliedschaft in der EU und Mitgliedschaft in der „Partnerschaft für den Frieden" der NATO
- 1997: Vertrag von Amsterdam
- Erste Hälfte 1998: turnusmäßige EU-Präsidentschaft Österreichs
- 1.1. 1999: Start der Wirtschafts- und Währungsunion (WWU) von elf Mitgliedsländern der EU (nicht: Griechenland, Dänemark, Großbritannien, Schweden)

geht davon aus, daß die aktive und solidarische Mitwirkung an der GASP mit seinen verfassungsrechtlichen Regelungen vereinbar sein wird... Dabei ist davon auszugehen, daß zwischen den Verpflichtungen eines EU-Mitgliedstaates auf der Basis des Titels V des Vertages über die Europäische Union und den Kernelementen der Neutralität kein Widerspruch besteht. Durch seinen Beitritt zur Europäischen Union wird Österreich weder zu der Teilnahme an Kriegen verpflichtet, noch muß es Militärbündnissen beitreten oder der Errichtung militärischer Stützpunkte fremder Staaten auf seinem Gebiet zustimmen, daher bleibt dieser Kernbestand der Neutralität Österreichs unberührt". (Regierungsvorlage 27 BlgNR 19. GP, 7)

Die Parlamentsparteien positionierten sich zum EU-Beitritt unterschiedlich und sie positionieren sich zur Integration und Erweiterung weiterhin unterschiedlich. Meinungsänderungen fanden in Abhängigkeit außenpolitischer Entwicklungen wie innenpolitischer Taktiken statt. Beitritt und Integration waren bis zu den Beitrittsverhandlungen in erster Linie Gegenstand der Außenpolitik, seither wird die Europapolitik als eine dissensorientierte innerösterreichische Auseinandersetzung geführt.

Die **SPÖ** lehnte, als die ÖVP in den 60er Jahren den Beitritt zur EG zur außenpolitischen Agenda machte, Verhandlungen insbesondere mit Verweis auf die Neutralität ab. In der Zeit der SPÖ-Alleinregierungen war die geographische Ausrichtung der Außenpolitik nicht auf den EG-Raum gerichtet. Anfang der 80er Jahre wurde der Beitritt zum Binnenmarkt befürwortet, allerdings eine formelle Mitgliedschaft weiterhin abgelehnt – auch aus wohlfahrtsstaatlichen Überlegungen. Bundeskanzler Vranitzky und Finanzminister Lacina favorisierten allerdings nach 1987 die Mitgliedschaft. Ein Bundesparteivorstandsbeschluß sprach sich für Beitrittsverhandlungen aus – allerdings mit der Auflage der Wahrung der Neutralität sowie von umwelt- und sozialpolitischen Standards.

Die **ÖVP** ist seit den 60er Jahren auf Pro-EWG-Kurs. Das Hauptargument für den Beitritt war die Beseitigung von Handelsdiskriminierungen. Die Verhandlungen während der ÖVP-Alleinregierung (1966–1970) scheiterten aber im Juni 1967, als das EWG-Mitglied Italien im Zusammenhang mit den Bombenanschlägen der „Südtirol-Aktivisten" die Verhandlungen blockierte. Erst nach 1986, als die ÖVP wieder die außenpolitische Ressortzuständigkeit übernahm, wurde der Beitritt wieder forciert (siehe „Brief nach Brüssel"). Rückblickend betrachtet hat sich die ÖVP, insbesondere ihr Wirtschaftsflügel, zäsurlos für Beitritt und Integration ausgesprochen. Lediglich Landwirtschaftspolitiker äußerten Bedenken und plädierten für den Nicht-Beitritt (1987, Landwirtschaftsminister Riegler)

Die **FPÖ** nahm zwischen 1958 bis 1992 eine zustimmende Haltung zum EG-Beitritt ein. Dies u. a. mit dem Argument, wonach ein EG-Beitritt als eine Form der Aussöhnung zwischen Siegern und Besiegten zu interpretieren sei. Bedenken gegenüber der Neutralität wurden nicht geäußert. Im Jahre 1989 stimmte die FPÖ für das Beitrittsansuchen im Parlament, ab 1991/92 wurden allerdings EWR- und EWG-Beitritt abgelehnt. 1992 gab die FPÖ der Bundesregierung schwer erfüllbare „Hausaufgaben". Die Partei nahm in der Folge in der EU-Volksabstimmung eine ablehnende Haltung ein. Im Vorfeld der Beteiligung Österreichs an der Währungsunion mit 1.1.1999 startete die FPÖ das sog. Schilling-Volksbegehren.

Die **Grünen** argumentierten mit Neutralität, Umwelt und einer mangelhaften Demokratie gegen den Beitrittsantrag und stimmten im Parlament dagegen. 1991 initiierten sie ein Volksbegehren für die Durchführung einer Volksabstimmung zum EWR-Beitritt. Nach dem deutlichen Votum der österreichischen Bevölkerung bei der Volksabstimmung für den EU-Beitritt (1994) änderten die Grünen jedoch ihren Kurs und nehmen seither eine grundsätzlich pro-europäische, aber kritisch-oppositionelle Haltung ein.

Das **LIF** verfolgte seit seiner Gründung einen konsequenten Pro-EU-Kurs, einschließlich einer deutlichen Positionierung zur Westeuropäischen Verteidigungsunion (WEU).

5.2 Mitwirkung und Vertretung

Die EU ist ein Gebilde der Vernetzung und Interdependenz von derzeit 15 Nationalstaaten und gemeinschaftlichen Einrichtungen. Als supranationale Organisation besitzt sie eigene Rechtssetzungsmöglichkeiten und basiert auf einem gemeinsamen Rechtsbestand (acquis communautaire). Aus österreichischer Sicht wirken an der supranationalen Willensbildung und in Entscheidungsprozessen bei gemeinschaftlichen Angelegenheiten und der Gestaltung des acquis communautaire institutionelle VertreterInnen (Rat, Kommission), aber auch direkt gewählte MandatarInnen (Europäisches Parlament) mit. Es gilt das Prinzip, wonach bevölkerungsmäßig ähnlichen Staaten ähnliche Mitwirkungsmöglichkeiten eingeräumt werden. In geringem Maße begünstigen institutionelle Regeln die Kleinstaaten im Vergleich mit den bevölkerungsreicheren Ländern.

Im Folgenden wird die Mitwirkung österreichischer RepräsentantInnen in EU-Organen aufgezeigt und die innerösterreichischen Entscheidungsabläufe und Koordinationen benannt.

Die Rechtsakte werden vom Rat gesetzt, die Kommission ist die Exekutive, das Parlament ist primär eine Einrichtung der Meinungsbildung. Das dreigliedrige System der EU – Rat, Kommission, Parlament – folgt nicht den institutionellen oder funktionellen Gewaltenteilungsprinzipien, die das politische Gefüge der Nationalstaaten prägen. Vor allem fehlt der EU eine einheitliche Verfassung, die sowohl die institutionellen Grundlagen als auch die Grundrechte der BürgerInnen regeln würde (die Union als solche verabschiedete keinen Grundrechtskatalog, jedoch unterzeichneten die EU-Staaten die EMRK).

Die Vollziehung des Gemeinschaftsrechts ist Aufgabe der Mitgliedsstaaten, die EU selbst besitzt in den Mitgliedsstaaten keinen Verwaltungsunterbau.

Die „entsprechende" Vertretung Österreichs in den EU-Institutionen wurde in den Verhandlungen über den Beitritt wie folgt festgelegt: eine Stimme im Europäischen Rat (von 15), vier Stimmen im Allgemeinen Rat (von 87), ein Kommissionsmitglied (von 20), zwölf Sitze im Wirtschafts- und Sozialausschuß und im Ausschuß der Regionen (von 112), ein Mitglied im Europäischen Gerichtshof, ein Mitglied im Rechnungshof und einen Gouverneursrat in der Europäischen Investitionsbank. Der Beitrittsvertrag sieht weiters vor, daß die Position der kleineren Staaten in den Entscheidungsverfahren auch im Falle der Erweiterung gewahrt bleiben müsse.

Die Vertretung Österreichs in EU-Gremien ist proportional gesehen größer als sie alleine der Bevölkerungszahl entsprechen würde. In der Kommission stellen die kleineren Mitgliedsstaaten jeweils ein Kommissionsmitglied, die größeren (nämlich Deutschland, Großbritannien, Frankreich, Italien, Spanien) jeweils zwei. Bei einem Anteil der österreichischen Bevölkerung an der EU-Bevölkerung von zwei Prozent beträgt der Stimmenanteil im Rat mehr als fünf Prozent. Die Zahl der Mitglieder im Europäischen Parlament entspricht am ehesten der Bevölkerungsgröße – Österreich stehen 21 von 626 direkt gewählte MandatarInnen zu. Potentiell das größte Gewicht haben Kleinstaaten bei Entscheidungsverfahren, die Einstimmigkeit vorsehen (im Rat bei Angelegenheiten der Außen- und Sicherheitspolitik).

Das Europarecht gibt Kriterien für die Teilnahme an den Einrichtungen der EU vor, es regelt jedoch nicht, wer teilnimmt bzw. wie die nationale Interessensabklärung stattfindet. Dies obliegt der nationalen Ausgestaltung (z. B. Rolle des Nationalrates bei der Formulierung der Positionen der RepräsentantInnen im Rat oder die Rolle des Bundespräsidenten im Europäischen Rat, siehe unten). In Österreich liegt die innerstaatliche Koordination der Europapolitik seit 1995 aufgrund eines Übereinkommens in der Großen Koalition beim Bundeskanzleramt (SPÖ) und im Außenministerium (ÖVP).

Die Darstellung der prinzipiellen Teilnahmeregelungen leitet nun über zu den Aufgaben und zur institutionellen Einbindung österreichischer AkteurInnen in das europäische System.

Der „Rat“:

Der Rat besteht erstens aus dem „Europäischen Rat“ (32 Mitglieder), dem Gremium der Staats- und Regierungschefs der 15 Mitgliedsländer zuzüglich des Kommissionspräsidenten/der Kommissionspräsidentin, der AußenministerInnen und einem Kommissionsmitglied; zweitens aus dem „Rat der Allgemeinen Angelegenheiten“ (AußenministerInnen) und drittens den „FachministerInnenräten“ (Landwirtschaft, Haushalt, Verbraucherschutz, Kultur, Entwicklungszusammenarbeit, Wirtschaft und Finanzen, Bildung, Energie, Umwelt, Industrie, Justiz und Inneres, Binnenmarkt, Fischerei, Forschung, Gesundheit, Telekommunikation. Verkehr, Arbeit und Soziales).

Im Europäischen Rat sind von österreichischer Seite der Bundeskanzler und der Außenminister vertreten. Diese Zusammensetzung war im Vorfeld des EU-Beitritts umstritten. Der Bundespräsident reklamierte für sich das prinzipielle Recht der Teilnahme, im Bundeskanzleramt wurde dieses Recht mit juristischen Argumenten verneint. Das Beitrittsabkommen in Korfu (1994) unterzeichnete der Bundespräsident; bei den folgenden Treffen des Rates verzichtete er jedoch auf eine Teilnahme.

Die Koordination der Fachräte liegt beim Allgemeinen Rat. Während der turnusmäßigen Ratspräsidentschaft obliegt PolitikerInnen und BeamtInnen die Vorsitzführung in den Ratsgremien.

Der Rat ist die zentrale Arena, das Entscheidungsgremium und das Rechtssetzungsorgan der Gemeinschaft. Der Rat setzt sich aus Mitgliedern nationaler Regierungen zusammen, in ihm sind die Mitgliedsstaaten repräsentiert, die AkteurInnen sind die facheinschlägigen MinisterInnen der Mitgliedsstaaten. In mehr als zwanzig verschiedenen Zusammensetzungen verabschieden die Räte die binnenmarktbezogene Rechtssetzung.

Den obersten Verwaltungsorganen der Mitgliedsstaaten, den sachlich zuständigen Ressortchefs und Ressortschefinnen also, kommt primär die Rechtssetzungskompetenz auf der EU-Ebene zu – d. h. die nationale Exekutive bildet die gemeinschaftliche Legislative. Aufgrund dieser dominanten Rolle des Rates bei der Gesetzgebung sind die Nationalstaaten als die eigentlichen Akteure der Unionspolitik zu identifizieren (vgl. Morass 1996, S. 32). Das Europäische Parlament besitzt bei der Rechtssetzung hingegen nur eine bescheidene Bedeutung (Anhörungsrechte) – es ist vielmehr ein Parlament ohne legislative Funktionen. Die Initiative zu Rechtsakten kommt von der Kommission sowie faktisch auch aus den Ministerialverwaltungen der Mitgliedsstaaten.

Die Mitwirkung Österreichs bei der Rechtssetzung erfolgt über die Teilnahme der FachministerInnen, über die Teilnahme im Ausschuß der Ständigen Vertretung der Mitgliedstaaten sowie über die Teilnahme nationaler BeamtInnen in Ratsarbeitsgruppen. Da im Vorfeld des EU-Beitritts eine Machtverschiebung zwischen Regierung und Parlament, d. h. eine weitere Schwächung der Rolle des Parlaments gegenüber der Regierung vermutet wurde – alleine deshalb, da das nationale Parlament Agenden an die EU abgibt – , wurden Verfassungsbestimmungen (B-VG Art. 23 d) für die Einbindung des Nationalrates in die Rechtssetzung getroffen. Neben den FachministerInnen wirkt der Nationalrat insofern mit, als der Hauptausschuß des Nationalrates bei der Positionsformulierung der österreichischen FachministerInnen im Rat eingebunden ist. Die Abgeordneten sind von den Regierungsmitgliedern zeitgerecht über EU-Agenden zu informieren, der Nationalrat hat das Recht, Stellungnahmen zu den im Rat zu behandelnden Themen abzugeben, die MinisterInnen sind an diese Stellungnahmen prinzipiell gebunden.

Zwischen Europäischen Rat und Rat der Allgemeinen Angelegenheiten ist eine Machtverschiebung zu Gunsten der Staats- und Regierungschefinnen und zu Lasten der AußenministerInnen festzustellen. Mit der Wirtschafts- und Währungsunion (WWU) ist weiters eine faktische

Machtverlagerung von den AußenministerInnen zu den FinanzministerInnen verbunden. Erst mit dem Ausbau der Sicherheits- und Verteidigungspolitik könnte die Bedeutung der AußenministerInnen wieder wachsen.

Kommission

Die Kommission ist die supranationale Einrichtung der europäischen Politik und der europäischen Interessen. Sie besitzt das politische Initiativmonopol, d. h. ihr kommt das Recht zu, Rechtsakte (das sind Richtlinien und Verordnungen) zu initiieren; weiters besitzt sie die Durchführungsbefugnisse.

Die Kommissionsmitglieder sind von den nationalen Regierungen nominierte Personen und als solche von der „europäischen" Bevölkerung weder direkt noch indirekt gewählt. Allerdings sieht die österreichische Regelung vor, daß die Bundesregierung das Einvernehmen mit dem Hauptausschuß des Nationalrates zu suchen hat und BundespräsidentIn sowie Bundesrat zu informieren sind (eine ähnliche Verfahrensweise gilt auch für die Nominierung einer Kandidatin für den EUGH und den Rechnungshof). Auf der EU-Ebene braucht die nominierte Person die Zustimmung des Kommissionspräsidenten und sie hat sich einem Hearing im Europäischen Parlament zu stellen. Die formelle Ernennung der Kommission erfolgt über die Regierungen der Mitgliedsstaaten. Ein Mißtrauensvotum gegenüber einzelnen KommissarInnen sehen die EU-Verträge (noch) nicht vor, lediglich ein Mißtrauensvotum gegenüber der gesamten Kommission kann vom Europäischen Parlament ausgesprochen werden.

Europäisches Parlament (EP)

Die Abgeordneten zum Europäischen Parlament werden seit 1979 gemäß den in den Mitgliedsländern geltenden Wahlrechten direkt gewählt (in Österreich das erste Mal 1996).

Das EP hat kaum legislative Funktionen. Seine Wirkungsmöglichkeiten im Gefüge der Union liegen vielmehr in den Bereichen Debatte, Resolution („Redeparlament") und Kontrolle (Mißtrauensvotum gegenüber der Kommission als Kollegialorgan). Bedeutung kommt dem EP in der Rolle des den Haushaltsplan beschließenden Organs zu. Zustimmungspflichtig sind Beitrittsverträge, die Ernennung des Kommissionspräsidenten/der Kommissionspräsidentin und die grundlegende Ausrichtung der Strukturpolitik (Strukturfonds).

Die Kontrollfunktion des EP gewinnt allerdings an Bedeutung. Im Dezember 1998 verweigerte das Europäische Parlament (270 Gegen-Stimmen, 255 Pro-Stimmen und 23 Enthaltungen) der Kommission, mit dem Hinweis auf Mismanagement von EU-Geldern, die Entlastung des Budgets (1996). Die Verweigerung führte schließlich zum Rücktritt der Kommission. Seither ist eine Machtverschiebung zwischen Kommission und Parlament im Gange. Das Parlament gewinnt mit der Anhörung neuer Kommissionsmitglieder (Sommer 1999) realpolitisch an Macht gegenüber der Kommission. Die Anhörung ist allerdings kein verbrieftes Recht, sondern seit 1994 Praxis. Die Zustimmung des Parlaments zur personellen Zusammensetzung der Kommission wurde 1999 von Zugeständnissen des Kommissionspräsidenten an das EP abhängig gemacht (z. B. ernstliche Prüfung von Bedenken des EP gegenüber Kommissionsmitgliedern; über Richtlinien und Verordnungen hat das Parlament informiert zu werden sowie EP-Vorschläge bezüglich Rechtssetzung sind von der Kommission zu prüfen). Das Parlament ist mit diesen Forderungen kompetenzmäßig über den Resolutionscharakter hinausgewachsen.

Im Zuge der Anhörung (1999) war zu beobachten, daß die Abgeordneten weniger inhaltlichen Überlegungen oder nationalen Interessen folgten, sondern ihr Verhalten tendenziell entsprechend der Fraktionszugehörigkeit ausrichteten. Das von Mitgliedern konservativer Parteien dominierte Parlament übte sich in der Oppositionshaltung gegenüber einer als Mitte-Links bezeichneten Kommission. Damit kündigt sich eine Machtkonstellation an, die den Gepflogenheiten parlamentarischer Politik (funktionale Gewaltenteilung zwischen Regierung und Parlament) ähnlicher wird.

Für die Rechtsentwicklung auf EU-Ebene nicht unerheblich ist der Europäische Gerichtshof (EUGH). Ihm obliegt die Kontrolle der Einhaltung des primären Rechts (Gründungsverträge, Vertrag von Maastricht, Vertrag von Amsterdam) und des sekundären Rechts (Beschlüsse der EU-Organe). Österreich stellt ein Mitglied des EUGH. Das Nominierungsverfahren folgt ähnlichen Vorgangsweisen wie der Bestellung von KommissarInnen (Nominierung durch die Bundesregierung im Einvernehmen mit dem Nationalrat).

Tab. 5.2: **Die Kreation der politischen Institutionen**

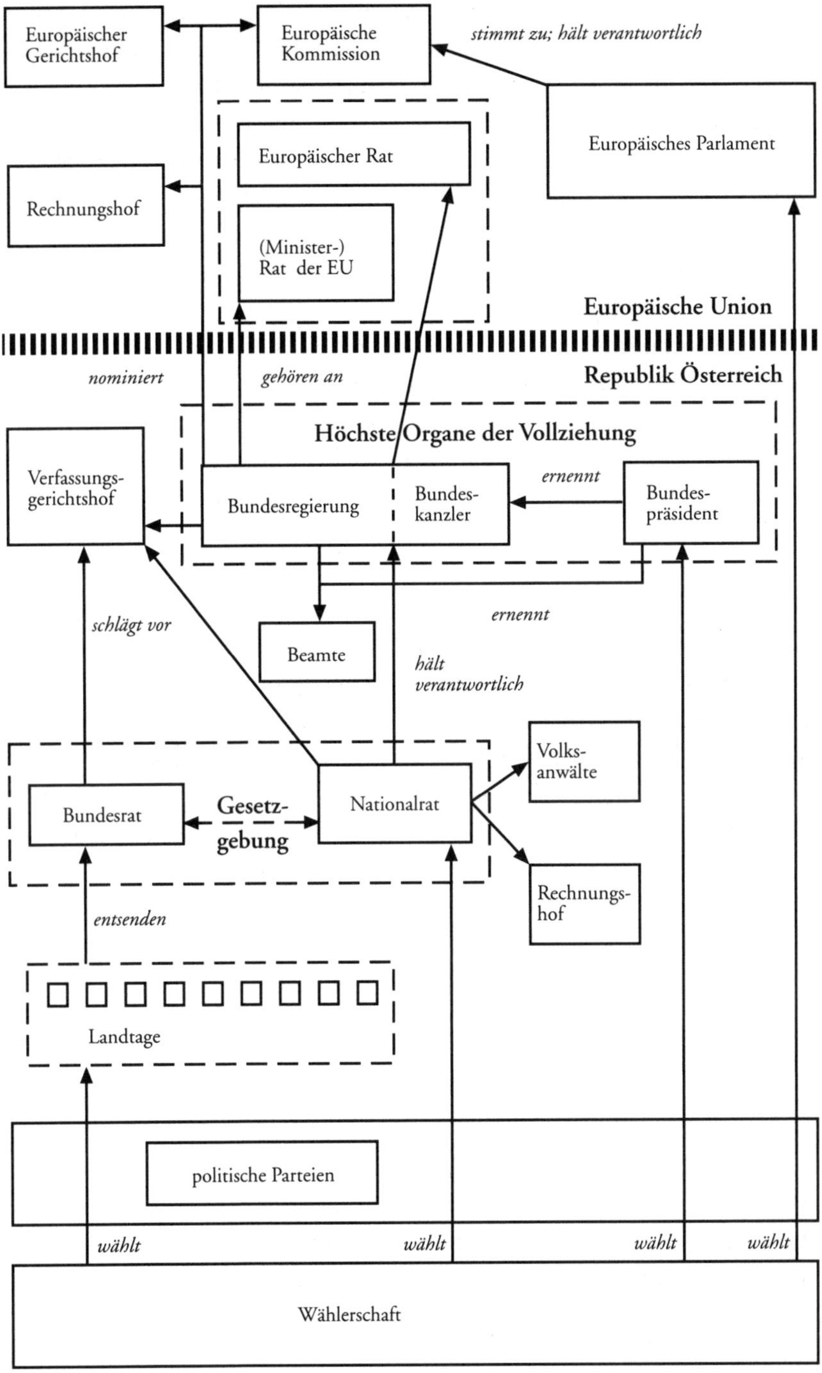

Quelle: Müller 1997, S. 73

Die Erweiterungsbestrebungen der EU – „Osterweiterung" – gehen mit Bestrebungen zur Reform des institutionellen Aufbaus einher. Insgesamt haben zwölf Staaten ein Beitrittsinteresse geäußert, mit sechs Reformstaaten hat am 7. Dezember 1998 der Europäische Rat in Luxemburg beschlossen, Beitrittsverhandlungen aufzunehmen (Estland, Polen, Slowenien, Ungarn, der Tschechischen Republik und Zypern). Die „Agenda 2000" enthält institutionelle Entwicklungsprojekte, Reformvorschläge der Landwirtschafts- und der Strukturpolitik sowie den finanziellen Rahmen der EU für 2000 bis 2006.

Der Zentralismus der europäischen Politik, Effizienz- und Demokratiedefizite sowie das Finanzierungsmodell sind zum Diskussionsgegenstand nicht nur auf der Europäischen Ratsebene geworden. Eine Regierungskonferenz 2000 soll die institutionellen Veränderungen, die durch die Erweiterung als notwendig erachtet werden, behandeln. Vorschläge zur Institutionenreform betreffen die Reduzierung der Größe der Kommission, eine Neugewichtung der Stimmen im Rat und die Ausweitung der qualifizierten Mehrheitsregel. Offen bleibt, ob diese Vorschläge für eine grundsätzliche Reform, die aus der gemeinsamen Wirtschafts- und Währungspolitik auch eine politische, demokratische Gemeinschaft machen, ausreichen. Offen bleibt auch, wie zukünftig im institutionellen Aufbau die kleineren und größeren Mitgliedstaaten berücksichtigt sind, sowie die prinzipielle Richtung der Union – in Richtung Integration (Bundesstaat), die ein Mehr an supranationalen Elemente bedingen würde, oder in Richtung Staatenbund, die ein Mehr an intergovernmentalen Entscheidungsregeln verlangt.

5.3 Auswirkungen auf nationalstaatliche Politik

Auswirkungen des Beitritts Österreichs zur EU sind erstens alleine hinsichtlich der Veränderungen des Stellenwerts der politischen AkteurInnen und der Entscheidungsverfahren festzustellen.

Sog. direkte Auswirkungen beziehen sich auf die gemeinschaftliche Rechtssetzung und auf den gemeinschaftlichen Rechtsbestand. Indirekte Auswirkungen sind auch in Politikfeldern zu beobachten, die zwar im nationalen Handlungsbereich verbleiben, aufgrund von budgetären Verschiebungen und Restriktionen trotzdem betroffen sind (Sozial- und Beschäftigungspolitik; Erfüllung der Maastricht-Kriterien).

Institutionell gesehen erfolgte, wie oben bereits angedeutet, eine Stärkung der Exekutive (Regierung) gegenüber der Legislative (Parlament). Dies aus mehreren Gründen:

- Der Nationalrat verliert alleine aufgrund der Tatsache, daß gemeinschaftliches Recht zu übernehmen ist und daß in Angelegenheiten der „drei Säulen" gemeinschaftliche Rechtssetzung erfolgt, an Handlungsspielraum.
- Der Nationalrat verliert weiters deshalb an Handlungsspielraum, weil auf der EU-Ebene nicht die Legislative die legislative Funktion übernimmt, sondern die Exekutive, die Regierung. Abgeschwächt wird diese Verlagerung jedoch durch die verfassungsrechtliche Regelung, wonach die FachministerInnen an Stellungnahmen des Nationalrates gebunden sind.

Materiell gesehen sind die direkten Auswirkungen in den Bereichen der drei Säulen der Union am deutlichsten:

- die erste Säule bezieht sich auf die EG, EGKS und EURATOM (Währungs- und Wirtschaftsunion),
- die zweite Säule ist die Gemeinsame Außen- und Sicherheitspolitik (GASP),
- die dritte Säule betrifft die Zusammenarbeit in den Feldern Justiz und Inneres.

Die Säulen umfassen die gemeinschaftliche Politik, auch wenn die Handlungsmuster unterschiedlich sind. In der ersten Säule findet die supranationale Politik mit der Entscheidungsregel der Mehrstimmigkeit statt (starke Rolle der Kommission; Entscheidungen sind auch gegen den Willen von Mitgliedsländern möglich). In der zweiten und dritten Säule dominiert die intergovernmentale Ausrichtung (die Mitgliedsstaaten kommen über Einstimmigkeitsbeschlüsse zu Entscheidungen, die Bedeutung der Kommission ist in diesen Belangen geringer).

Durch die Teilnahme am EWR seit 1.1.1994 ist die Gestaltung des Wirtschaftsrechts und der Wirtschaftspolitik weitgehend der innerstaatlichen Entscheidung entzogen und auf die supranationale Ebene verlagert. Die Teilnahme an der Wirtschafts- und Währungsunion (1999) verlangt eine Angleichung und Abstimmung der Wirtschafts- und Fiskalpolitik (von den EU-Mitgliedsstaaten nehmen in der ersten Runde der Währungsunion nicht teil: Dänemark, Griechenland, Großbritannien, Schweden).

Unbedingter Vorrang des Gemeinschaftsrechtes vor dem Recht der Mitgliedsstaaten gilt im Bereich der vier Bewegungsfreiheiten (freier Warenverkehr, freier Personenverkehr, freier Kapitalverkehr, freier Dienstleistungsverkehr). Das Prinzip der Freizügigkeit der ArbeitnehmerInnen im EWR und in der EU leitete u. a. die Öffnung der Beschäftigung im Öffentlichen Dienst für EU-BürgerInnen ein. Das Prinzip der Freizügigkeit des Warenverkehrs hat Auswirkungen beispielsweise auf die Regulierung des Transitverkehrs oder auf die beschleunigte Liberalisierung und Deregulierung einzelner Wirtschaftssektoren.

Neben dem Vorrang des Gemeinschaftsrechtes gegenüber nationalem Recht in den genannten Politikfeldern sind auch indirekte Folgen des EU-Rechts in Bereichen, die weiterhin national gestaltet sind, zu beobachten. So leide der budgetpolitische Spielraum für die Sozialpolitik durch Beitrittskosten und Nettozahler-Position sowie durch die Orientierung an den Maastricht-Kriterien, die den Druck zur Budgetkonsolidierung verschärfe (vgl. Tálos/Falkner 1996).

In sozialpolitischer Hinsicht verabschiedete die Union Mindestbestimmungen. Die mit Mehrheit beschlossene Sozial-Charta (Großbritannien stimmte nicht zu) enthält Mindeststandards bezüglich Kündigungsschutz, Arbeitsschutz, Gesundheitsbestimmungen und Soziale Sicherheit. Die Arbeitsschutzpolitik verbleibt nicht im nationalen Regelungsbereich, sie fällt unter die „Arbeitnehmerfreizügigkeit". Ein Beispiel, das österreichischen Handlungsbedarf demonstriert, ist das Frauen-Nachtarbeitsverbot.

Die sog. Amsterdamer Vereinbarungen zur Beschäftigungspolitik (1997) reagieren auf die hohe Arbeitslosigkeit im EU-Raum und erklären die Beschäftigungspolitik zu einer gemeinsamen Angelegenheit. Der EG-Vertrag wurde um einen neuen Titel zur Beschäftigungspolitik erweitert: Mit dem Art. 125 werden die Mitgliedsstaaten „zur Entwicklung einer koordinierten Beschäftigungsstrategie" verpflichtet; der Art. 126 definiert die „Förderung der Beschäftigung als Angelegenheit von gemeinsamem Interesse" und der Art. 128 legt fest, daß die Mitgliedsstaaten „jährlich einen Bericht über die wichtigsten Maßnahmen ... zur Durchführung (der) Beschäftigungspolitik" vorzulegen haben. Ein Beschäftigungsausschuß beim Rat soll die nationalen Politiken verfolgen und Stellungnahmen formulieren. Mit diesen rechtlichen Festlegungen wurden inhaltliche Ziele, organisatorische und prozedurale Vorgangsweisen geschaffen. Die Mitgliedsstaaten haben mit der Erstellung der sog. NAPs (Nationale Aktionspläne) zur Beschäftigungspolitik reagiert.

Hinsichtlich der Gleichstellung der Geschlechter sieht die EU seit ihrer Gründung ein Verbot der Ungleichbehandlung bei der Entlohnung vor (gleicher Lohn für gleiche Arbeit, Entgeltrichtlinie, 1957). Die Regelungsdichte hinsichtlich der beruflichen Gleichstellung der Geschlechter ist ausgeprägter als in sozialpolitischen Belangen. Der Vertrag von Amsterdam (1997) legt die Gleichstellung von Frauen und Männern als Aufgabe der Gemeinschaft fest (Art. 2); er verankert „mainstreaming“, ein Prinzip, um in allen Politiken die unterschiedliche berufliche Situation von Frauen und Männern auf der normativen Grundlage von Nicht-Diskriminierung zu berücksichtigen. Schließlich wurde eine Kompetenznorm für Maßnahmen zur Bekämpfung von Diskriminierungen verschiedener Ausformungen wie Geschlecht, ethnische Herkunft, Religion, Weltanschauung, Behinderung, Alter oder sexueller Ausrichtung formuliert.

Zusammenfassung

Ob mentalitätsgeschichtlich die EU bereits zu einer europäischen Identität beigetragen hat, wird nicht zuletzt aufgrund der schwach ausgestalteten direkt-demokratischen Legitimation der EU-Organe bezweifelt. Die Unionsbürgerschaft besteht bisher lediglich in bezug auf die Wahl zum Europäischen Parlament sowie hinsichtlich der vier Bewegungsfreiheiten. Eine europäische Identität ist auch deshalb zu bezweifeln, weil beispielsweise bei den Wahlen zum EP (1999) kaum Fragen der europäischen Integration präsentiert oder diskutiert wurden, sondern innerstaatliche Themen wie Arbeitsplätze oder Sicherheitspolitik den Wahlkampf eindeutig dominierten.

Bezüglich des kritisierten Demokratiedefizits weisen Falkner/Müller (1999) auf das Übergewicht von Rat und Kommission bei der Rechtssetzung gegenüber dem Europäischen Parlament hin. Auch werden Informationsdefizite und ein Mangel an Transparenz von Entscheidungsverfahren geäußert (z. B. Ministerratstagungen und –dokumente sind für die Öffentlichkeit nicht zugänglich). Puntscher-Riekmann (1999) nennt als demokratische Schwachstelle im politischen System der EU das Fehlen einer Verfassung, die sowohl Grundrechte der BürgerInnen als auch die Einrichtungen der Machtverteilung und –beschränkung festhalten würde.

Hinsichtlich der Legitimation des politischen Systems durch die EU-BürgerInnen ist lediglich das Parlament durch direkte Wahlen bestimmt. Rat und Kommission führen ihre Legitimation indirekt auf repräsentative Organe der Mitgliedsländer zurück, ohne daß die Bevölkerung direkt an der Entscheidung über die RepräsentantInnen auf der Unionsebene beteiligt wäre. Es fehlt eine europäische StaatsbürgerInnenschaft. Zur Rekrutierung der Kommission und des Kommissionspräsidenten gibt es, um eine bessere demokratische Legitimation herbeizuführen, Vorschläge hinsichtlich einer Wahl auf europäischer Ebene. Noch aber werden die Kommissionsmitglieder von den nationalen Parlamenten nominiert, sie haben sich vor dem Europäischen Parlament allerdings zu bewähren.

Literatur

Falkner, Gerda/Wolfgang C. Müller (Hg.): Österreich im europäischen Mehrebenensystem. Konsequenzen der EU-Mitgliedschaft für Politiknetzwerke und Entscheidungsprozesse. Wien 1998.

Jachtenfuchs, Markus/Beate Kohler-Koch (Hg.): Europäische Integration. Opladen 1996.

Morass, Michael: Österreich im Entscheidungsprozeß der EU. In: Emmerich Tálos/Gerda Falkner (Hg.): EU-Mitglied Österreich. Gegenwart und Perspektiven: Eine Zwischenbilanz. Wien 1996, S. 32–49.

Müller, Wolfgang C.: Das Regierungssystem. In: Herbert Dachs u. a. (Hg): Handbuch des politischen Systems Österreichs. Zweite Republik. Wien 1997, S. 71–83.

Scharpf, Fritz, W.: Regieren in Europa. Effektiv und demokratisch?. Frankfurt/New York 1999.

Puntscher Riekmann, Sonja: Die kommissarische Neuordnung Europas. Wien/New York 1999.

Tálos, Emmerich/Gerda Falkner (Hg.): EU-Mitglied Österreich. Gegenwart und Perspektiven – eine Zwischenbilanz. Wien 1996.

6. Parlament und Parlamentarismus

Schlüsselbegriffe: *Gesetzgebung; Kontrolle; „unechtes" Zweikammernsystem; Struktur des Nationalrates; Repräsentativität der Abgeordneten; Begutachtungsverfahren; Gesetzesinitiative; Kontrollinstrumente.*

Das politische System Österreichs folgt den Merkmalen des Parlamentarismus: Im Zentrum des politischen Entscheidungsprozesses steht ein Parlament. Das gilt für alle Ebenen – für die Bundesebene wie auch für die Ebenen der Länder und der Gemeinden.

Den Merkmalen des Parlamentarismus entsprechend, kommen dem Parlament zwei Funktionen zu:

- Gesetzgebung. Alle zentralen Entscheidungen des politischen Systems müssen in Form von Gesetzen im Parlament debattiert und von einer Mehrheit des Parlaments beschlossen werden. Dabei kommt dem vorparlamentarischen Bereich zentrale Bedeutung zu: Die meisten dieser Entscheidungen werden von der Bundesregierung (in Verbindung mit Parteien und Verbänden) bereits geformt, bevor das Parlament selbst in Erscheinung tritt, und dann von der mit der Regierung verbundenen Parlamentsmehrheit im Parlament verabschiedet.
- Kontrolle. Der Regierung tritt im Parlament die Opposition gegenüber. Dieser – also der Parlamentsminderheit – kommt die Aufgabe zu, im Sinne der „zeitlichen Gewaltenteilung" verschiedene Kontrollinstrumente gegen die Regierung einzusetzen. Das Ausmaß der Kontrolle hängt wesentlich davon ab, welche Instrumente der Opposition dafür zur Verfügung stehen: Je mehr Rechte von der Minderheit (und nicht nur von der Mehrheit) genützt werden können, desto intensiver ist die parlamentarische Kontrolle.

Mit diesen beiden Hauptfunktionen steht eine Reihe sekundärer Funktionen in enger Verbindung:

- Regierungsbildung (Kreation). Weil der Mehrheit des Nationalrates die Möglichkeit offensteht, jeder Bundesregierung mit einfacher Mehrheit das Mißtrauen auszusprechen und sie so zu „stürzen", ist es – indirekt – die Aufgabe dieser Mehrheit, die Bundesregierung zu bilden und vor allem zu stützen.

- Mitregierung. In vielen Bereichen muß die Bundesregierung die Zustimmung des Nationalrates (bzw. des Hauptausschusses) einholen – so etwa für ihre Politik im Rat der EU, so etwa für Staatsverträge („Ratifizierung").
- Tribüne. Alle Funktionen des Parlaments sind letztlich nur in Verbindung mit der Öffentlichkeit zu sehen, die dem Parlament zukommt. Durch diese Öffentlichkeit wird das Parlament zur zentralen Bühne der politischen Kontroversen.

Während die Parlamente der Länder und der Gemeinden aus jeweils einer Kammer bestehen (Landtage, Gemeinderäte), besteht das Parlament des Bundes aus zwei Kammern – dem direkt gewählten Nationalrat und dem von den Landtagen beschickten Bundesrat. Das österreichische Parlament ist jedoch ein „unechtes" Zweikammernsystem: Eine der beiden Kammern, der Nationalrat, hat einen eindeutigen und mehrfach begründeten Vorrang gegenüber der anderen, dem Bundesrat. Dieser Vorrang äußert sich in folgenden Merkmalen:

Die Bundesregierung ist nur dem Nationalrat, nicht aber dem Bundesrat politisch verantwortlich. Nur jener kann der Regierung das Mißtrauen aussprechen. Eine Bundesregierung kann nicht gegen den Willen der Mehrheit des Nationalrates regieren – sehr wohl aber gegen den Willen der Mehrheit des Bundesrates, wie das in den 20 Jahren ohne Große Koalition, zwischen 1966 und 1986, gelegentlich auch der Fall war. Dem Bundesrat fehlt die Kreationsfunktion, dadurch ist auch seine Kontrollfunktion wesentlich entwertet.

Der Bundesrat hat gegen Gesetzesbeschlüsse des Nationalrates grundsätzlich nur ein aufschiebendes („suspensives") Vetorecht. Erhebt der Bundesrat gegen einen Gesetzesbeschluß des Nationalrates Einspruch, dann kann dieser mit einfacher Mehrheit einen „Beharrungsbeschluß" fassen – das Veto des Bundesrates ist damit außer Kraft gesetzt. Dadurch ist die Gesetzgebungsfunktion des Bundesrates wesentlich entwertet.

Der Bundesrat wird im Gesetzgebungsverfahren grundsätzlich erst nach dem Nationalrat tätig. Da die Mitglieder des Bundesrates wie die des Nationalrates nach Fraktionen (Parteien) gegliedert sind, sind die Debatten im Bundesrat die Wiederholung der Debatten im Nationalrat: ParteivertreterInnen verwenden Argumente, die von ParteivertreterInnen bereits im Nationalrat vorgebracht worden sind. Dadurch ist die Tribünenfunktion des Bundesrates wesentlich entwertet.

6.1 Struktur des Nationalrates

Der Nationalrat als die vorrangige Kammer des Parlaments ist nach folgenden Grundsätzen gegliedert:

Fraktionen: Abgeordnete derselben Partei schließen sich zu „Klubs" zusammen. Diese müssen mindestens aus 5 Abgeordneten bestehen. Die Klubs entscheiden (formell) über die Beschickung der Ausschüsse. Insbesondere wird innerhalb der Fraktionen eine Parteilinie festgelegt, an die sich die einzelnen Abgeordneten zumeist auch halten („Klubzwang"). Abgeordnete, die keinem Klub angehören („wilde" Abgeordnete – im Regelfall Abgeordnete, die aus einem Klub ausgeschlossen wurden bzw. sich von ihm getrennt haben), sind von den Ausschüssen ausgeschlossen. Die Fraktionen erhalten öffentliche Mittel (Klubfinanzierung) – eine Form der indirekten Parteienfinanzierung.

Plenum: Alle 183 Abgeordneten bilden das Plenum des Nationalrates, in dem grundsätzlich die Entscheidungen fallen. Für das Plenum gilt das Prinzip der Öffentlichkeit. Diese Öffentlichkeit ist unmittelbar: Den Sitzungen des Plenums können BesucherInnen beiwohnen. Diese Öffentlichkeit ist aber vor allem auch mittelbar: Durch die Berichterstattung in den Medien wird das parlamentarische Geschehen den Interessierten zugänglich gemacht. Im Plenum ist daher die Tribünenfunktion konzentriert.

Ausschüsse: Ausschüsse werden von den Fraktionen nach ihrer relativen Mandatsstärke beschickt. Ausschüsse sind entweder in der Gesetzgebung tätig – gegliedert nach Fachbereichen, die denen der Bundesministerien zumeist entsprechen, beraten sie Gesetzesvorlagen, bevor diese in das Plenum kommen; oder Ausschüsse sind in der Kontrolle tätig – in Form von Untersuchungsausschüssen, die allerdings nur durch einen Mehrheitsbeschluß eingesetzt werden können. Eine besondere Rolle kommt dem Hauptausschuß zu, der bei bestimmten Fragen Entscheidungen treffen kann – z. B. über das Vorgehen von VertreterInnen der Bundesregierung im Rat der EU.

Präsidialkonferenz: Der Präsident des Nationalrates, der Zweite und der Dritte Präsident bzw. Präsidentin sowie die Klubobleute aller Fraktionen bilden die Präsidialkonferenz. Dieses Gremium hat die Aufgabe, den parlamentarischen Alltag (Sitzungstermine, etc.) möglichst einvernehmlich festzulegen. Überdies hat die Präsidialkonferenz auch eine „Feuerwehrfunktion“: Im Fall besonders emotionaler öffentlicher Auseinandersetzungen, bzw. von Geschäftsordnungskonflikten sucht die (nicht öffentliche) Präsidialkonferenz nach Lösungen. Die Präsidialkonferenz ist aber letztlich nur ein Beratungsorgan des Präsidenten bzw. der Präsidentin.

Die 183 nach dem Verhältniswahlrecht gewählten Abgeordneten haben einen Arbeitsaufwand zu erledigen, der sie zu – faktischen – BerufspolitikerInnen macht. Das heißt zwar nicht, daß alle 183 „full time“-ParlamentarierInnen sind – Tätigkeiten außerhalb des Parlaments (im Wahlkreis oder für Partei oder Verband) müssen ebenfalls in Rechnung gestellt werden. Man kann jedoch bei den 183 Abgeordneten davon ausgehen, daß ihr Engagement für das Parlament und für andere politische Aufgaben sie zu „full time“-PolitikerInnen macht: Abgeordnete leben für und von der Politik.

In ihrer parlamentarischen Tätigkeit haben Abgeordnete die Möglichkeit, in bestimmten zeitlichen Ausmaß MitarbeiterInnen aus öffentlichen Mitteln zu beschäftigen. Darüber hinaus können sie auf die Infrastruktur ihrer jeweiligen Fraktion zurückgreifen. Die Abgeordneten sind in ihrer Tätigkeit zwischen zwei miteinander konkurrierende Logiken gestellt: Einerseits sind alle 183 einander gleichgestellt – das äußert sich nicht nur im gleichen Stimmgewicht bei den Abstimmungen, sondern auch in einer grundsätzlich egalitär gestalteten Struktur ihrer Bezüge. Andererseits existieren im Nationalrat (wie in jedem Parlament) bestimmte Hierarchien, die das reale politische Gewicht der Abgeordneten und auch ihre parlamentarische Tätigkeit ungleich machen.

Zwischen den 183 Abgeordneten können folgende systematischen Unterscheidungen gemacht werden:

- SpitzenpolitikerInnen: Je nach Regierungs- oder Oppositionsfunktion streben die Spitzen einer Partei entweder ein Regierungsamt (und lassen ihr Nationalratsmandat „ruhen“) oder eine führende Parlamentsfunktion an (z. B. Klubobmann oder -frau). Zu dieser Kategorie zählen auch der Präsident sowie der Zweite und der Dritte Präsident des Nationalrates.
- BerufsparlamentarierInnen: Dazu zählen die Klubobleute und andere Abgeordnete, die ihre politische Tätigkeit auf das Parlament konzentrieren. Diese Abgeordneten sind nicht nur „full time“-PolitikerInnen, sie sind „full time“-ParlamentarierInnen. Sie sind daher auch im Parlament (v. a. auch in den Ausschüssen) besonders aktiv.

- VerbändevertreterInnen: Abgeordnete, die – neben ihrer Position in einer Partei – auch eine Position in einem (v. a. Wirtschafts-)Verband haben. Diese Abgeordneten sind – wegen ihrer Arbeitsbelastung z. B. im ÖGB oder in der Wirtschaftskammer – insgesamt im Parlament selbst weniger aktiv.
- „Hinterbänkler“: Die Mehrzahl der Abgeordneten ist in keine der oben genannten Kategorien einzuordnen. Im Sinne der britischen Terminologie („backbencher“) ist dieser Begriff nicht abwertend, er drückt nur eine bestimmte Hierarchieposition aus, die diesen Abgeordneten im Parlament selbst weniger Entfaltungsmöglichkeiten bietet (z. B. Redezeit).

Die Zuordnung zu diesen verschiedenen Kategorien wird auch von den Unterschieden zwischen den Parteien bzw. Fraktionen bestimmt: Große Fraktionen haben nicht nur absolut, sondern auch relativ mehr „Hinterbänkler“ als kleine Fraktionen, die auf Grund der pro Abgeordnete(n) größeren Arbeitsbelastung relativ mehr BerufsparlamentarierInnen haben müssen. Der Typus der VerbändevertreterInnen ist wiederum fast ausschließlich auf SPÖ und ÖVP bezogen, da in den anderen Fraktionen die Verflechtung mit den Verbänden nur in viel geringerem Umfang gegeben (oder gar nicht vorhandenen) ist.

Die Abgeordneten des österreichischen Nationalrates sind – wie die ParlamentarierInnen in anderen Ländern auch – für ihre WählerInnen nicht repräsentativ zusammengesetzt. Abgeordnete sind Teil einer politischen Elite und als solche strukturell von der Gesellschaft zu unterscheiden. Die wichtigsten Merkmale dieser Abweichung von einer idealtypischen Repräsentativität sind:

Geschlecht: Der Männeranteil im Nationalrat ist bedeutend höher als in der WählerInnenschaft. Allerdings steigt seit Ende der 70er Jahre der Frauenanteil in allen Fraktionen. Zu Beginn einer Legislaturperiode ist erfahrungsgemäß der Frauenanteil niedriger als am Ende derselben. Der Nachrückungseffekt auf Mandate von Regierungsmitgliedern wirkt sich positiv aus.

Alter: Der Anteil der 45- bis 65jährigen im Nationalrat ist signifikant höher als in der Wählerschaft. Die mangelnde Vertretung der Jüngeren und der Älteren hängt mit der Professionalisierung des Parlaments zusammen: Im Nationalrat sitzen BerufspolitikerInnen, die eine Karriereleiter erstiegen haben – und deren Karriere faktisch auch einen altersbedingten Endpunkt hat.

Bildung: Der Anteil der Abgeordneten mit höherer und universitärer Bildung ist signifikant höher als in der WählerInnenschaft. Auch dieser Umstand ist in engem Zusammenhang mit der Professionalisierung des Parlaments zu sehen: Höhere Bildung erleichtert politische Karrieren.

Beruf: Der Anteil der Abgeordneten, die – neben ihrer parlamentarischen Tätigkeit – einen Beruf im öffentlichen Dienst haben, ist signifikant höher als in der Wählerschaft. Das ist die Folge von (Un)Vereinbarkeit zwischen Politik und Beruf und von Rückkehrmöglichkeiten in diesen Beruf. Der Anteil der BeamtInnen im Nationalrat ist allerdings rückläufig – als Folge der Verschärfung von Unvereinbarkeitsbestimmungen.

Verflechtung mit den Verbänden: Der Anteil der Abgeordneten, die zusätzlich Funktionen in Wirtschaftsverbänden (Sozialpartner) haben, ist auffallend hoch. Dieser Anteil ist seit den 80er Jahren allerdings rückläufig – einmal als Folge des Wachstums von Parteien mit geringer Verflechtung (FPÖ, Grüne, LIF), zum anderen aber auch Folge einer tendenziellen Auseinanderentwicklung von SPÖ und ÖVP auf der einen, den Wirtschaftsverbänden auf der anderen Seite.

Religion: Die stärkste konfessionelle Gruppe in der österreichischen Gesellschaft – die der „nicht aktiven" KatholikInnen – ist im Nationalrat deutlich unterrepräsentiert. Die Gruppe der „aktiven" KatholikInnen und der Nicht-KatholikInnen (v. a. Konfessionslose und ProtestantInnen) sind hingegen deutlich überrepräsentiert – Folge der historischen Bindungen der ÖVP an den „Politischen Katholizismus" bzw. der ebenso historischen Distanz des sozialistischen und des deutschnationalen Lagers zur Katholischen Kirche.

Tab. 6.1: **Frauen im Nationalrat**

Gesetzgebungsperiode	SPÖ		ÖVP		FPÖ		Grüne		LIF		Gesamt	
	n	%	n	%	n	%	n	%	n	%	n	%
XIII. (1971–75)												
Beginn	8	8,6	3	*3,8*							11	6,0
Ende	9	9,7	3	*3,8*							2	6,6
XIV. (1975–79)												
Beginn	9	9,7	5	6,3							14	7,7
Ende	10	11,0	*5*	*6,3*							15	8,2
XV. (1979–83)												
Beginn	11	11,6	7	9,1							18	9,8
Ende	11	11,6	7	9,1							18	9,8
XVI. (1983–86)												
Beginn	8	8,9	8	9,9	1	8,3					17	9,2
Ende	11	12,2	7	8,6	1	8,3					19	10,4
XVII. (1986–90)												
Beginn	9	11,3	7	9,1	3	16,7	1	12,5			20	11,0
Ende	12	15,0	10	13,0	4	22,2	2	25,0			28	15,3
XVIII. (1990–94)												
Beginn	21	26,3	7	11,7	7	21,2	*5*	*50,0*			40	21,9
Ende	23	28,8	8	13,3	6	18,2	6	60,0	2	40,0	45	24,6
XIX. (1994–95)												
Beginn	14	21,5	7	13,5	9	21,4	6	46,2	4	36,0	40	21,9
Ende	17	26,2	9	17,3	10	23,8	6	46,2	4	36,0	46	25,1
XX. (1995–99) (ab 1995)												
Beginn	20	28,2	11	20,8	9	22,5	4	44,4	3	30,0	47	25,7
Ende	20	28,2	10	19,2	11	26,8	6	66,7	4	44,4	51	27,8
XXI. (1999–)												
Beginn	21	32,3	12	23,1	9	17,3	7	50,0			49	26,8

Quelle: Nick/Pelinka 1996, S. 50; Ergänzungen um offizielle Ergebnisse.

6.2 Der vorparlamentarische Bereich

Der vorparlamentarische Bereich wird vom Zusammenspiel zwischen Regierung und Parlament in der Gesetzgebung bestimmt. In dem eigentlichen parlamentarischen Prozeß vorgelagerten Verfahren nehmen die verschiedensten Interessen Einfluß auf die Gesetzgebung, wobei der Regierung die Rolle einer Hauptakteurin zukommt.

Für ein parlamentarisches System gilt, daß das Parlament zwar Gesetze beschließt, daß diese Gesetze aber zumeist in diesem vorgelagerten Raum „gemacht" werden: Die politische Intention der Gesetze werden auf Regierungsebene festgelegt, die Formulierung der Gesetze wird auf Beamtenebene vorgenommen. In allen parlamentarischen Systemen liegt das Schwergewicht der Gesetzesinitiativen – und damit der Gesetzgebung – bei der Regierung und damit bei dem von dieser beherrschten vorparlamentarischen Raum: Weil die Regierung aus der Parlamentsmehrheit entsteht, die Regierung aber – in Verbindung mit innerparteilicher Hierarchie (die Regierungsspitze ist die Parteispitze) und innerparteilicher Disziplin („Klubzwang") – die Parlamentsmehrheit präjudiziert, bestimmt die Regierung über die Gesetzgebung.

Die meisten Gesetze kommen aus diesem vorparlamentarischen Raum. Er hat die Aufgabe, die wichtigsten Entscheidungen in der Gesetzgebung vorwegzunehmen, bevor noch das Parlament selbst agieren kann. Dabei sind folgende Stufen zu unterscheiden:

Gesetze sind das Resultat eines entsprechenden politischen Drucks, der auf gesellschaftliche Interessen zurückgeführt werden kann. Diese Interessen werden politisch vor allem von Parteien und Verbänden, aber auch von informellen Druckgruppen („Lobbies", Bürgerinitiativen etc.) artikuliert. Oft ist es auch die Bürokratie der Regierung selbst, die etwa im Hinblick auf die Umsetzung der Regierungspolitik die Notwendigkeit von neuen Gesetzen bzw. die Novellierung bereits beschlossener Gesetze artikuliert. Dabei kommt den Medien eine wesentliche Rolle im Sinne der Verstärkung dieser Interessen zu.

Wenn der politische Druck in Richtung auf die Beschlußfassung eines neuen (oder die Novellierung eines bereits vorhandenen) Gesetzes entsprechend stark ist, dann handelt die Regierung bzw. ein(e) Bundesminister(in). Auf seinen (ihren) Auftrag hin arbeiten BeamtInnen des für die konkrete Frage zuständigen Bundesministeriums einen Gesetzesentwurf aus. Der/die MinisterIn gibt dabei die politische Richtung vor, die BeamtInnen geben dieser Richtung die entsprechende Form.

Im Zuge des gesetzlich vorgeschriebenen „Begutachtungsverfahrens" ladet der/die BundesministerIn bestimmte AdressatInnen ein, zu dem Gesetzesentwurf („Ministerialentwurf") Stellung zu nehmen. Zu diesen AdressatInmen zählen insbesondere die anderen Bundesministerien (wichtig v. a. im Falle einer Koalitionsregierung), die Landesregierungen, die wichtigsten Wirtschaftsverbände (Sozialpartner), die staatlich anerkannten Religionsgesellschaften und ganz allgemein alle Interessenvertretungen, für die das in Aussicht genommene Gesetz von Bedeutung ist.

Der/die BundesministerIn kann sich auf der Basis der im Zuge des Begutachtungsverfahrens einlangenden Stellungnahmen ein Bild von der politischen Akzeptanz des Entwurfes machen. Je nach Einschätzung liegt es nun an dem/der MinisterIn, ob der Gesetzesentwurf unverändert oder verändert weiter betrieben wird oder ob, wegen bestimmter Widerstände, er aufgegeben wird.

Die nächste Stufe ist der Ministerrat, wobei spätestens bei der informellen (bei Koalitionsregierungen: gemeinsamen) Ministerratsvorbesprechung die Konsensfähigkeit des Entwurfes klar wird. Ohne die Zustimmung aller BundesministerInnen kann der Entwurf den Ministerrat nicht passieren. Ist der Konsens gesichert, beschließt der Ministerrat den Entwurf, der so zur „Regierungsvorlage" wird und in den parlamentarischen Bereich weitergegeben wird.

Die große Bedeutung des vorparlamentarischen Bereiches kann daraus abgelesen werden, daß die Mehrzahl der Gesetze auf Regierungsvorlagen und damit auf diesen dem Parlament vorgelagerten Raum zurückgeht. Die Ursache für diese Bedeutung ist die in allen parlamentarischen Systemen deutliche Dominanz der regierenden Mehrheit (und damit der Regierung) auch und gerade in der Gesetzgebung. Die wichtigste Funktion des vorparlamentarischen Bereiches ist die der Integration, der Bündelung von Interessen:

Integration innerhalb der Regierung: Im Fall einer Koalitionsregierung werden die Regierungsparteien zu einer gemeinsamen Politik gezwungen. Da die faktische Präjudizierung des parlamentarischen durch den vorparlamentarischen Bereich nur auf der Grundlage der Einstimmigkeit im Ministerrat erfolgen kann, entsteht so eine Tendenz, diese Einstimmigkeit durch verschiedene Formen der Kompromißfindung zwischen den Regierungsparteien zu erreichen – so etwa durch Junktims, die das Nachgeben der einen Regierungspartei im einen Fall durch das Nachgeben der anderen Regierungspartei im anderen Fall bedeuten.

Integration zwischen Regierung und Sozialpartnerschaft: In allen für die Sozialpartnerschaft wichtigen Bereichen (insbesondere in der Wirtschafts- und Sozialpolitik) können die Wirtschaftsverbände schon sehr früh auf die Gesetzgebung Einfluß nehmen. Die Regierung (und damit die Mehrheit im Nationalrat) kann so entweder eine Übereinstimmung mit allen oder einigen der Sozialpartner erreichen – oder aber schon früh Informationen über die Konfliktthemen erhalten, die eine Zustimmung einiger (oder auch aller) Wirtschaftsverbände verhindern.

Der vorparlamentarische Raum fungiert als politisches Frühwarnsystem. Die Regierungspartei(en) können Widerstände erkennen und diese auch entsprechend einschätzen bzw. berücksichtigen, bevor noch die im parlamentarischen Raum angelegte Öffentlichkeit die Kompromißfähigkeit aller Beteiligten reduziert. Der vorparlamentarische Raum entspricht so der Neigung des österreichischen politischen Systems, im Sinne der politischen Kultur der „Konkordanzdemokratie" politische Entscheidungen nicht nur und nicht unbedingt unter dem Gesichtspunkt der Mehrheit und des offenen Konfliktes herbeizuführen, sondern möglichst unter Berücksichtigung mehrerer, auch gegenläufiger Interessen.

Die große Bedeutung des vorparlamentarischen Bereiches hat jedoch auch Folgen, die kritisch zu sehen sind. Dazu zählen insbesondere:

Bürokratie als Gesetzgeber: Die Regierung, die im vorparlamentarischen Bereich als Initiatorin von Gesetzen und damit auch weitgehend als Gesetzgeberin fungiert, ist bei der Formulierung der Gesetze in besonderem Maße auf die Bürokratie angewiesen – also auf die BeamtInnen in den einzelnen Ministerien. Damit droht der Gesetzgebungsprozeß zu einem geschlossenen Kreis zu werden: BeamtInnen „machen" die Gesetze, bei deren Vollziehung sie sich auf einen fiktiven Gesetzgeber berufen, mit dem sie aber faktisch deckungsgleich sind.

Ausschaltung der Öffentlichkeit: Die im parlamentarischen Bereich vorgesehenen Garantien einer Öffentlichkeit werden durch die Dominanz des vorparlamentarischen Raumes unterlaufen und so relativiert. Gesetzesentwürfe kommen so, als „Regierungsvorlagen", bereits weitgehend ausdiskutiert in das Parlament. Der eigentliche parlamentarische Prozeß und die dafür vorgesehene Öffentlichkeit haben bloß deklamatorischen bzw.

notariellen Charakter: In aller Öffentlichkeit wird bestätigt, was davor – unter Ausschluß der Öffentlichkeit – schon festgelegt worden ist.

Tab. 6.2: **Parlamentarischer Gesetzgebungsprozeß**

A. Vorparlamentarischer Bereich

▼

1

Interessen

▼

2

Parteien, Verbände oder Bürokratie artikulieren Interessen

▼

3

Regierung (ein Bundesminister) gibt Auftrag an die Bürokratie, einen Gesetzgebungsentwurf auszuarbeiten

▼

4

Entwurf wird ausgearbeitet

▼

5

Begutachtungsverfahren – Interessen nehmen nochmals unmittelbaren Einfluß

▼

6

Ministerrat beschließt den Entwurf als Regierungsvorlage

B. Parlamentarischer Bereich

▼

1

Nationalrat: Fraktionen und Ausschüsse

▼

2

Nationalrat: Plenum, Gesetz wird beschlossen

▼

3

Bundesrat stimmt zu oder suspensives Veto

▼

4

Bundespräsident und Bundesregierung erfüllen die übrigen formalen Voraussetzungen

Quelle: Nick/Pelinka 1996, S. 52

6.3 Der parlamentarische Bereich

Der Nationalrat wird, als Gesetzgeber, auf Grund von Gesetzesinitiativen tätig. Als InitiatorInnen von Gesetzesinitiativen können tätig werden:

- Die Bundesregierung in Form von Regierungsvorlagen. Die aus dem vorparlamentarischen Raum kommenden Initiativen sind die mit Abstand wichtigsten: Im jahrzehntelangen Durchschnitt gehen zwischen 60 und 85 Prozent aller Gesetze auf Regierungsvorlagen zurück.
- Fünf (oder mehr) Abgeordnete des Nationalrates in Form von Initiativanträgen. Initiativanträge sind die zweithäufigste Form von Anträgen, die zu Gesetzesbeschlüssen führen. Dabei ist zwischen Anträgen von Abgeordneten einer oder mehrerer Regierungsparteien und von solchen von Abgeordneten der Opposition zu unterscheiden: Letztere scheitern mit hoher Wahrscheinlichkeit an der Mehrheit, sie werden also nicht Gesetz. Erstere werden hingegen wahrscheinlich Gesetz, weil sie dem Interessen der Mehrheit entsprechen. Dabei ist zu berücksichtigen, daß sich hinter Initiativanträgen von Abgeordneten der regierenden Mehrheit häufig Regierungsinitiativen verbergen, die – vor allem, um das zeitaufwendige Begutachtungsverfahren zu umgehen – nicht als Regierungsvorlagen verabschiedet werden, sondern – als Initiativanträge – direkt im Nationalrat eingebracht werden.
- Ausschüsse des Nationalrates in Form von Ausschußanträgen. Dahinter verbergen sich zumeist Regierungsvorlagen, die im zuständigen Ausschuß wesentlich verändert wurden.
- Der Bundesrat als solcher bzw. ein Drittel seiner Mitglieder. Diese Form der Initiative hat keine signifikante Bedeutung für die Gesetzgebung.
- Eine qualifizierte Mehrheit (100.000) der Wahlberechtigten (des „Bundesvolkes") in Form eines Volksbegehrens. Mit diesem Instrument der direkten Demokratie kann der Nationalrat dazu gebracht werden, über eine plebiszitär legitimierte Initiative zu beraten, ohne an deren Inhalten gebunden zu sein.

Jede Gesetzesinitiative wird zunächst in dem dafür inhaltlich zuständigen Ausschuß beraten. Diese nicht öffentliche Tätigkeit hat die Aufgabe, die öffentliche Plenarsitzung vorzubereiten. Der Ausschuß kann sich dabei beraten lassen – z. B. von ExpertInnen, vor allem auch aus dem jeweils zuständigen Bundesministerium, aus dem die Initiative gekommen ist.

Da es dem Wesen der Ausschüsse entspricht, daß die Mehrheitsverhältnisse im Nationalrat auch in jedem einzelnen Ausschuß gegeben sind, verfügt(en) die Regierungspartei(en) in jedem Ausschuß über die Mehrheit. Daher kann davon ausgegangen werden, daß eine Regierungsvorlage oder ein von allen Regierungsparteien gestützter Initiativantrag im Ausschuß eine Mehrheit findet. Allerdings gibt es eine wachsende Neigung der Ausschüsse, Regierungsinitiativen nicht einfach unverändert zu übernehmen, sondern sie zu verändern.

In der Plenarsitzung, die sich an die Ausschußtätigkeit anschließt, wird nur noch in seltenen Ausnahmefällen eine Änderung des Gesetzestextes vorgenommen. Das Plenum des Nationalrates rückt vielmehr die Tribünenfunktion in den Mittelpunkt: Die Parteien versuchen, ihre spätestens im Ausschuß festgelegten Positionen mit größtmöglicher Öffentlichkeitswirkung zu vertreten. Die Kontroverse im Plenum ist dessen eigentliche Funktion.

Dabei vertreten die Abgeordneten einer Partei fast immer eine einheitliche Linie, die dann auch im Abstimmungsverhalten zum Ausdruck kommt. Diese Einheitlichkeit des Auftretens (Fraktionsdisziplin, „Klubzwang“) hat mehrere Ursachen:

Hierarchie: Abgeordnete sind als VertreterInnen einer bestimmten Partei in den Nationalrat gewählt. Sie neigen dazu, oft auch im Zusammenhang mit ihrem Interesse an einer Wiederwahl, die von der Parteispitze vertretenen Positionen zu ihren eigenen zu machen. Das gilt insbesondere für Abgeordnete von Regierungsparteien, deren Orientierung von den Regierungsmitgliedern vorgegeben wird.

Arbeitsteilung: Abgeordnete sind zumeist auf einige wenige Politikfelder spezialisiert. Dies drückt sich auch in Zugehörigkeit zu bestimmten Ausschüsen aus. Daher neigen die einzelnen Abgeordneten dazu, ihren KollegInnen, die ihre gemeinsame Fraktion in anderen Ausschüssen vertreten, zu vertrauen und deren Linie zur eigenen zu machen – in der Annahme, daß sie selbst die Fraktionslinie in den Fragen bestimmen, für die sie sich in ihrem Ausschuß spezialisiert haben.

Politische Verantwortlichkeit: Dem parlamentarischen Charakter des österreichischen politischen Systems entsprechend, haben die Mehrheitsverhältnisse im Nationalrat unmittelbare Auswirkungen auf die Existenz der Regierung. Daher gilt jeder Freiraum vor allem von Abgeordneten einer Regierungspartei, der die gegebenen Mehrheitsverhältnisse gefährdet, als Bedrohung der Existenz der Regierung.

Langfristig zeigt der Nationalrat eine steigende Tendenz, die an sich hoch entwickelte Fraktionsdisziplin zu durchbrechen. Darin kommt auch ein allgemeiner Rückgang an Parteienstaatlichkeit zum Ausdruck. Allerdings ist diese Tendenz noch weit von einer ernsthaften Bedrohung stabiler Mehrheitsverhältnisse und damit der Regierungsstabilität entfernt.

Die Beschlußfassung erfolgt mit Mehrheit: Bei einfachen Bundesgesetzen mit einfacher Mehrheit; bei Verfassungsgesetzen, die keine Gesamtänderung des Bundes-Verfassungsgesetzes mit sich bringen, mit qualifizierter (Zweidrittel-) Mehrheit; Verfassungsgesetze, die eine Gesamtänderung des Bundes-Verfassungsgesetzes bedeuten, müssen einer Volksabstimmung unterzogen werden – wie im Juni 1994 die Volksabstimmung über den Beitritt Österreichs zur Europäischen Union.

Nach einem Gesetzesbeschluß des Nationalrates wird der Bundesrat befaßt – zunächst wiederum in Form eines Ausschusses, dann des Plenums. Die relativ geringe Bedeutung des Bundesrates bringt es mit sich, daß die Debatten im Bundesrat wenig Öffentlichkeit auf sich ziehen. Nach einem entsprechenden Gesetzesbeschluß des Bundesrates (bzw. eines Beharrungsbeschlusses des Nationalrates, der ein Veto es Bundesrates aufhebt) wird das Gesetz vom Bundespräsidenten, vom Bundeskanzler und von den mit der Vollziehung beauftragten BundesministerInnen unterzeichnet.

Dabei kommt, anders als im Präsidentialismus, dem Bundespräsidenten kein Vetorecht zu. Der Bundespräsident muß allerdings die Unterzeichnung verweigern, wenn ein Bundesgesetz nicht verfassungskonform zustande gekommen ist: Sein Veto gilt dann nicht dem Inhalt, sondern dem Verfahren. Über die inhaltliche Verfassungskonformität bestimmt nicht der Bundespräsident, sondern der Verfassungsgerichtshof.

Die Gesetzgebungsfunktion unterstreicht das Mehrheitsprinzip. Die Kontrollfunktion ist hingegen ein Widerspruch zu diesem Prinzip: Die Kontrolle der Regierung durch das Parlament funktioniert nur in Form der Kontrolle der regierenden Mehrheit durch die opponierende Minderheit im Parlament.

Durch diese Konsequenz der aus dem Prinzip parlamentarischer Systeme ableitbaren Identität von Regierung und Nationalratsmehrheit kommt den Minderheitsrechten im Nationalrat die entscheidende Aufgabe zu, die parlamentarischen Kontrollmöglichkeiten zu definieren. Denn die Kontrollrechte, die nur von der Mehrheit des Nationalrates genützt werden können, haben faktisch keine Bedeutung. Solange diese Mehrheit das stärkste Recht, der Bundesregierung das Mißtrauen auszusprechen und so zu „stürzen", nicht einsetzt, sind Mehrheit und Regierung politisch eins. Und sobald die Mehrheit die Regierung „stürzt" – was in der Geschichte der Republik Österreich noch nicht vorgekommen ist, dann ist die Regierung ohnehin keine Regierung mehr. Die Vorstellung, die Mehrheit könnte die Regierung kontrollieren, ist daher obsolet.

Das äußert sich vor allem im Recht des Nationalrates, mit Mehrheitsbeschluß einen Untersuchungsausschuß einzusetzen. Von diesem Recht hat der Nationalrat seit 1990 nie Gebrauch gemacht. Der Grund für diese Zurückhaltung ist, daß die Erfahrungen mit Untersuchungsausschüssen der 80er Jahre (AKH, Lucona, Noricum) gezeigt haben, daß auch eine Regierungsmehrheit im Untersuchungsausschuß nicht Schaden von einer Regierung(spartei) abwenden kann. Daher sind die Regierungsparteien dazu übergegangen, Untersuchungsausschüsse erst gar nicht einzusetzen. Dieses Kontrollrecht wurde daher – weil Mehrheitsrecht – zum toten Recht.

Dabei gibt es Vorbilder in Österreich selbst, die zeigen, daß die Einsetzung von Untersuchungsausschüssen sehr wohl ein Minderheitsrecht sein kann, ohne daß deshalb die Stabilität eines parlamentarischen Systems ernsthaft Schaden nehmen muß: In den Bundesländern Steiermark, Salzburg und Tirol kann eine Minderheit des Landtages einen Untersuchungsausschuß erzwingen.

Die Minderheitsrechte, die für die Kontrolle der Regierung im Nationalrat zur Verfügung stehen, sind die verschiedenen Formen des Interpellationsrechtes, die sich an ein Mitglied der Bundesregierung richten:

- Dringliche Anfrage: Mindestens fünf Abgeordnete können durch eine solche Interpellation eine sofortige Sitzung des Nationalrates erzwingen. Dieses Kontrollrecht ist „kontingentiert": Die Fraktionen können nur eine bestimmte Zahl dringlicher Anfragen stellen. Damit soll eine tendenziell lähmende Inflation dringlicher Anfragen vermieden werden.
- Schriftliche Anfrage: Mindestens fünf Abgeordnete interpellieren ein Mitglied der Bundesregierung, das diese Frage mündlich oder schriftlich zu beantworten hat.

- Mündliche Anfrage: In Rahmen der „Fragestunde" kann jede(r) Abgeordnete an ein Mitglied der Bundesregierung eine mündliche Interpellation richten.

Diese Anfragen werden von oppositionellen Abgeordneten mit der Intention gestellt, Schwächen der Bundesregierung aufzuzeigen. Um die Instrumente der Interpellation nicht der Opposition zu überlassen, stellen auch Abgeordnete einer Regierungspartei Fragen an eines „ihrer" Regierungsmitglieder mit der Absicht, diesem die Möglichkeit zu einer vorteilhaften Selbstdarstellung zu geben. Bei Koalitionsregierungen werden auch Fragen von Abgeordneten der einen an Regierungsmitglieder der anderen Regierungspartei gestellt – oft mit einer Intention, die der einer Opposition gleicht („Bereichsopposition").

Zu den Kontrollinstrumenten des Nationalrates zählen auch der Rechnungshof und die Volksanwaltschaft.

Der Rechnungshof hat die Aufgabe, die finanzielle Gebarung des Bundes, der Länder und der (größeren) Gemeinden nach den Gesichtspunkten der Rechtmäßigkeit und der Wirtschaftlichkeit zu überprüfen. Zu den zu überprüfenden Institutionen zählen unter anderen auch die Sozialversicherungsinstitute und die Kammern. Der Rechnungshof, dem ein vom Nationalrat zu wählender Präsident vorsteht, hat dem Nationalrat regelmäßig Bericht zu erstatten.

Die Volksanwaltschaft dient der Kontrolle der Verwaltung im Interesse von Einzelnen in allen Fällen, in denen Rechtsmittel (z. B. im Verwaltungsverfahren) nicht möglich sind – ähnlich dem skandinavischen „Ombudsman". Die Volksanwaltschaft besteht aus drei Mitgliedern (bzw. einer diesen drei unterstellten Verwaltung), die vom Nationalrat gewählt werden, wobei die drei mandatsstärksten Fraktionen des Nationalrats ein Nominierungsrecht haben. Die Volksanwaltschaft erstattet dem Nationalrat regelmäßig Bericht.

Literatur

Czerny, Wilhelm F.: Parlament und Parteien. Wien 1994.

Gerlich, Peter: Öffentlichkeit, Zugänglichkeit, Kontrolle. Zur demokratischen Qualität staatlicher Institutionen. In: Campbell, David F. J. u. a. (Hg.): Die Qualität der österreichischen Demokratie. Versuch einer Annäherung. Wien 1996, S. 45–58.

Mantl, Wolfgang (Hg.): Effizienz der Gesetzesproduktion. Abbau der Regelungsdichte im internationalen Vergleich. Wien 1995.

Norton, Philip: Legislatures. Oxford 1990.

7. Bundespräsident – Bundesregierung – Justiz

Schlüsselbegriffe: *Parlamentarische und präsidentielle Komponente; „Rollenverzicht" des Bundespräsidenten; Bundeskanzler und Vizekanzler, Ministerrat; Ressortprinzip; politisches Beamtentum; ordentliche und außerordentliche Gerichtsbarkeit.*

Die österreichische Verfassung ist – trotz ihres parlamentarischen Grundzuges – mit einem präsidentiellen Element versehen: Bestellung und Kompetenz des Bundespräsidenten/der Bundespräsidentin weisen über die Grenzen hinaus, die im Regelfall einem Staatsoberhaupt in einem parlamentarischen System gegeben sind. Die 1929 verabschiedete Novelle des Bundes-Verfassungsgesetzes (B-VG), die durch die Übernahme des B-VG 1945 auch Bestandteil der Verfassungsordnung der Zweiten Republik ist, läßt eine Charakterisierung dieser Ordnung als Kombination (Mischform) von parlamentarischen und präsidentiellen Elementen zu.

Allerdings dominiert in der Verfassungswirklichkeit der Zweiten Republik eindeutig die parlamentarische über die präsidentielle Komponente. Sichtbarer Ausdruck dieser Dominanz ist, daß der Wahl des Nationalrates mehr Aufmerksamkeit zukommt als der Wahl des Bundespräsidenten bzw. der Bundespräsidentin; und daß die Führungspersonen (Parteivorsitzende, Parteiobleute) der größeren Parteien eher das Amt des Bundeskanzlers und nicht das des Bundespräsidenten anstreben.

Die Ursache für diesen faktischen Vorrang der parlamentarischen gegenüber der präsidentiellen Komponente ist, daß trotz der antiparlamentarischen Tendenz, die hinter der Verfassungsnovelle von 1929 stand, die politische Verantwortlichkeit der Bundesregierung gegenüber dem Nationalrat („Mißtrauensvotum") beibehalten wurde. Gegen die Mehrheit des Nationalrates kann nicht regiert werden.

7.1 Der Bundespräsident

Der Bundespräsident hat durch die Form seiner Bestellung und durch eine seiner Kompetenzen eine besondere Position im politischen System.

Der Bundespräsident wird, für eine Amtsdauer von sechs Jahren (mit der Möglichkeit einer einmaligen Wiederwahl), direkt vom Volk gewählt.

Dadurch ist er – neben dem Nationalrat – eines von zwei Verfassungsorganen, das seine Legitimation unmittelbar vom Volk ableitet.

Der Bundespräsident hat den Bundeskanzler und – auf dessen Vorschlag – die übrigen Mitglieder der Bundesregierung zu bestellen. Er kann diese auch wieder entlassen. Im Fall eines von der Mehrheit des Nationalrates ausgesprochenen Mißtrauens gegen die gesamte Bundesregierung oder gegen einzelne Mitglieder derselben muß er diese entlassen.

Die direkte Wahl hebt die Bestellung des Bundespräsidenten gegenüber der Bestellung des Bundeskanzler hervor. Die Direktwahl verschafft dem Präsidenten eine besondere Form von Legitimation. Diese wird allerdings dadurch wesentlich beschränkt, daß der Bundespräsident grundsätzlich nur auf entsprechende Vorschläge der Bundesregierung, bzw. einzelner Bundesminister tätig werden kann.

Dadurch kann er seine Kompetenzen nur in Zusammenarbeit mit der Regierung ausüben. Damit kommt aber erst recht seiner Kernkompetenz, der Bestellung des Bundeskanzlers und der übrigen Mitglieder der Bundesregierung, eine besondere Bedeutung zu. Denn dabei ist der Bundespräsident an nichts und niemanden gebunden.

Allerdings kann er bei der Bestellung von Kanzler und Regierung de facto nicht ohne Rücksichtnahme auf die Mehrheitsverhältnisse im Nationalrat handeln. Denn auch wenn es ihm erlaubt ist, eine Bundesregierung zu ernennen, die dem Mehrheitswillen des Nationalrates nicht entspricht, so würde eine solche Bundesregierung – wegen ihrer politischen Verantwortlichkeit gegenüber dem Nationalrat – sehr rasch durch ein Mißtrauensvotum „gestürzt" werden.

Deshalb haben alle bisher amtierenden Bundespräsidenten der Zweiten Republik einen „Rollenverzicht" geübt. Ohne daß sie dazu von der Verfassung verpflichtet wären, berücksichtigen sie bei der Bestellung des Bundeskanzlers und der gesamten Bundesregierung eine bestimmte Verfahrensregel, die einer Art Gewohnheitsrecht gleichkommt: Der Bundespräsident betraut, nach jeder Nationalratswahl, den Kanzlerkandidaten der mandatsstärksten Partei mit der Bildung der Bundesregierung. Kann dieser mit der Regierungsbildung beauftragte Kanzlerkandidat dem Bundespräsidenten eine Regierung zur Bestellung vorschlagen, die offenkundig die Mehrheit des Nationalrates nicht gegen sich hat – was bisher immer der Fall war – dann ernennt der Bundespräsident diese Bundesregierung.

Aus diesem Grunde kommt der Wahl des Nationalrates und nicht der Wahl des Bundespräsidenten die entscheidende Bedeutung für die Bildung der Bundesregierung zu. Das Ergebnis der Wahl des Parlaments und nicht das der Wahl des Staatsoberhauptes ist das letztlich ausschlaggebende Rahmendatum dafür, wer in Österreich regiert. Eben deshalb kann Österreich ein parlamentarisches System genannt werden – trotz seiner präsidentiellen Elemente.

Diese faktische Zurückhaltung des Bundespräsidenten bei der Wahrnehmung seiner Kernkompetenz – der Bestellung und Entlassung der Bundesregierung – wird mit dem Begriff „Rollenverzicht" umschrieben. Der Bundespräsident nützt nicht alle seine Möglichkeiten voll aus, insbesondere versucht er nicht, seinen politischen Willen gegen den der Mehrheit des Nationalrates durchzusetzen.

Ein wichtiges Beispiel dafür war die Regierungsbildung im Gefolge der Nationalratswahl 1966. Bundespräsident Franz Jonas, 1965 als Kandidat der SPÖ gewählt, akzeptierte den Vorschlag des Kanzlerkandidaten der mandatsstärksten Partei, Josef Klaus (ÖVP), und bestellte eine Alleinregierung der (1966 mit absoluter Mandatsmehrheit ausgestatteten) Volkspartei – obwohl dies das Ausscheiden der SPÖ aus der Bundesregierung bedeutete. Jonas akzeptierte, daß nicht er, sondern der Nationalrat darüber entscheidet, wer regiert – ohne daß dies ausdrücklich in der Verfassung so vorgeschrieben wäre.

Würde der Bundespräsident nicht einen solchen „Rollenverzicht" üben, so würde als Konsequenz eine Lähmung des politischen Prozesses drohen. Bundespräsident und Nationalrat könnten einander blockieren: Der Nationalrat könnte durch einfachen Mehrheitsbeschluß jede vom Bundespräsidenten ernannte Regierung „stürzen", sodaß ein politisches Vakuum entstünde. Der Bundespräsident könnte zwar, auf Antrag der von ihm bestellten Bundesregierung (vor deren „Sturz" durch ein Mißtrauensvotum), den Nationalrat auflösen und Parlamentswahlen erzwingen. Wenn diese jedoch keine entscheidende Änderung der Mehrheitsverhältnisse im Nationalrat brächten, wäre die politische Blockade nur noch verfestigt.

Der „Rollenverzicht" des Bundespräsidenten drückt sich auch in der Aufstellung von Kandidatinnen und Kandidaten für das Präsidentenamt aus. Seitdem die Direktwahl praktiziert wird – seit 1951 –, wurde der Kandidat der SPÖ oder der der ÖVP gewählt. Diese beiden Parteien nominierten aber nie ihre Parteivorsitzenden bzw. Obmänner – diese strebten ja das Kanzleramt an. Auch in dem einen Fall, in dem ein Parteivorsitzender aufgestellt (und gewählt) wurde – bei der Wahl Adolf Schärfs 1957 – war die Kandidatur Teil eines umfassenden Generationenwechsels an der Spitze der SPÖ. Schärfs Kandidatur war der Anlaß zu einer – vor allem generationsbedingten – Neubestellung der Parteispitze.

Tab. 7.1: **Bundespräsidenten der Zweiten Republik**

Karl Renner (1945–1950), SPÖ, gewählt vom Nationalrat auf Grund einer Ausnahmebestimmung der Verfassung

Theodor Körner (1951–1957), SPÖ

Adolf Schärf (1957–1965), SPÖ, 1963 wiedergewählt

Franz Jonas (1965–1974), SPÖ, 1971 wiedergewählt

Rudolf Kirchschläger (1974–1986), parteilos, 1974 Kandidat der SPÖ, 1980 als überparteilicher Kandidat wiedergewählt

Kurt Waldheim (1986–1992), parteilos, Kandidat der ÖVP

Thomas Klestil (seit 1992), ÖVP, 1998 als überparteilicher Kandidat wiedergewählt

Die politische Herkunft der Bundespräsidenten und die damit verbundene Tendenz der Kandidatennominierung von SPÖ und ÖVP zeigt eine zunehmende Neigung zur Entpolitisierung des Präsidentenamtes. Mit Karl Renner wurde der frühere Staatskanzler, mit Adolf Schärf ein früherer Vizekanzler nominiert und gewählt. Mit Theodor Körner und Franz Jonas wurden zwei Bürgermeister von Wien gewählt – und damit die Inhaber der wichtigsten Position, die die SPÖ unterhalb der Bundesebene zu vergeben hatte. Mit Rudolf Kirchschläger und Kurt Waldheim wurden zwei ehemalige Außenminister gewählt, die aber – auch im Zusammenhang mit ihrer Parteilosigkeit – den Typus von „Fachminister" repräsentierten, der keine unmittelbare Bindung an die Regierungspartei signalisiert. Thomas Klestil, obwohl Parteimitglied ÖVP, hatte vor seiner Wahl zum Bundespräsidenten hohe Beamtenfunktionen im Außenministerium wahrgenommen, er hatte jedoch keine im engeren Sinn politische Aufgabe zu erfüllen gehabt.

Dieser Trend zur „Entpolitisierung" des Amtes des Bundespräsidenten entspricht ganz offenkundig einem Trend in der Meinung der WählerInnen: Kirchschläger, Waldheim und Klestil setzten sich jeweils gegen Kandidaten durch, deren parteipolitische Verankerung sehr deutlich war: Alois Lugger (ÖVP, 1974), Kurt Steyrer (SPÖ, 1986), Rudolf Streicher (SPÖ, 1992).

Daß die WählerInnen bei der Wahl des Bundespräsidenten offenkundig Distanz zu Parteien honorieren, steht in einem gewissen Widerspruch zum politischen Potential des Präsidentenamtes. Dieses Potential ist dann bloß latent, wenn eindeutige Mehrheitsverhältnisse im Nationalrat dem Bundespräsidenten einen „Rollenverzicht" nahelegen. Dieses Potential kann dann manifest werden, wenn die Mehrheitsverhältnisse im Nationalrat nicht mehr eindeutig sein sollten; wenn der Bundespräsident – bei der Wahrnehmung seiner „Kernkompetenz" bei der Bestellung der Bundesregierung – einen Spielraum vorfindet, den er bei eindeutigen Mehrheitsverhältnissen eben nicht hat.

Die längerfristige Entwicklung des Parteiensystems, ausgedrückt in einer seit 1975 rückläufigen Konzentration, bedeutet einen Verlust eindeutiger Mehrheitsverhältnisse. Sollte diese Entwicklung sich fortsetzen, dann ist mit einer „Repolitisierung" des Amtes des Bundespräsidenten insoferne zu rechnen, als dann der Präsident an die Stelle eines durch diffuse Mehrheitsverhältnisse in seiner Handlungsfähigkeit eingeschränkten Nationalrates treten könnte. Dann könnte der Bundespräsident zu dem Verfassungsorgan werden, das der Wortlaut der Verfassung ja nahelegt: Der Präsident – und nicht das Parlament – entscheidet, wer in Österreich regiert.

7.2 Die Bundesregierung

Die Bundesregierung besteht aus dem Bundeskanzler, dem Vizekanzler, den übrigen Bundesministern und den Staatssekretären. Die Bundesregierung handelt als Kollektivorgan, wenn sie als Ministerrat zusammentritt. In ihm haben Kanzler, Vizekanzler und Minister ein Stimmrecht, nicht aber die Staatssekretäre, die jeweils einem Minister unterstellt sind. Der

Ministerrat faßt seine Beschlüsse einstimmig – dadurch hat jeder Minister (und damit jede an einer Regierungskoalition beteiligte Partei) ein Veto.

Der Bundeskanzler, der den Vorsitz im Ministerrat führt, ist „primus inter pares". Er ist, im Sinne der Entstehung dieses Amtes („prime minister"), der erste unter den Minister. Er kann den anderen Ministern keine Weisungen erteilen, er kann keinen direkten Einfluß auf ihre Tätigkeit nehmen.

Die einzelnen Bundesminister handeln zwar formell vom Kanzler (und Vizekanzler) unabhängig, sind aber real doch gebunden. Denn sie sind ja Minister auf der Grundlage des Ernennungsvorschlages, den der Bundeskanzler bei der Bestellung der Bundesregierung dem Bundespräsidenten macht. Alle Regierungsmitglieder verdanken deshalb ihr Amt dem Kanzler. In diesem Sinne kommt dem Kanzler eine faktische Vorrangstellung zu, die auch mit innerparteilichen Strukturen in Zusammenhang steht: Der Kanzler ist fast immer – Ausnahmen gab es nur in Perioden des „Überganges" (z. B. von Figl zu Raab oder von Sinowatz zu Vranitzky) – auch Vorsitzender (bzw. Obmann) der (ersten) Regierungspartei. Und als solcher steht ihm de facto die Kompetenz zu, über die der eigenen Partei zustehenden Regierungsämter zu befinden.

Im Falle einer Koalitionsregierung (1945 bis 1966 und wiederum ab 1983) ist diese Funktion des Kanzlers jedoch faktisch zweigeteilt: Der Kanzler hat Rekrutierungsmacht über die Regierungsämter der einen, der Vizekanzler hat dieselbe Rekrutierungsmacht über die Regierungsämter der anderen Partei. Dort, wo die Rolle des Kanzlers über die eines „primus inter pares" hinausgeht, ist sie davon abhängig, ob er Kanzler einer Einparteienregierung oder einer Koalitionsregierung ist; im zweiten Fall hat er sich dieses Mehr an Macht mit dem Vizekanzler zu teilen.

Tab. 7.2: **Bundeskanzler und Vizekanzler der Zweiten Republik**

1945	Provisorische Staatsregierung: 3-Parteien-Koalition SPÖ-ÖVP-KPÖ, Staatskanzler Karl Renner (SPÖ)
1945–1947	3-Parteien-Koalition ÖVP-SPÖ-KPÖ, Bundeskanzler Leopold Figl (ÖVP), Vizekanzler Adolf Schärf (SPÖ)
1947–1966	„Große Koalition" ÖVP-SPÖ, Bundeskanzler (ÖVP) Leopold Figl (bis 1953), Julius Raab (1953–1961), Alfons Gorbach (1961–1964), Josef Klaus (ab 1964);Vizekanzler (SPÖ) Adolf Schärf (bis 1957), Bruno Pittermann (1957–1966)
1966–1970	ÖVP-Alleinregierung, Bundeskanzler Josef Klaus, Vizekanzler Fritz Bock (1966–1968), Franz Withalm (1968–1970)
1970–1983	SPÖ-Alleinregierung *, Bundeskanzler Bruno Kreisky, Vizekanzler Rudolf Häuser (1970–1976), Hannes Androsch (1976–1981), Fred Sinowatz (1981–1983)
1983–1987	„Kleine Koalition" SPÖ-FPÖ **, Bundeskanzler (SPÖ) Fred Sinowatz (bis 1986), Franz Vranitzky (1986–1987) Vizekanzler Norbert Steger (FPÖ)
seit 1987	„Große Koalition"SPÖ-ÖVP**, Bundeskanzler Franz Vranitzky (bis 1997), Viktor Klima (seit 1997); Vizekanzler (ÖVP) Alois Mock (bis 1989), Josef Riegler (1989–1991), Erhard Busek (1991–1995), Wolfgang Schüssel (seit 1995)

* Die SPÖ-Alleinregierung konnte sich von 1970 bis 1971 nur auf eine relative, nicht auf eine absolute Mehrheit der SPÖ im Nationalrat stützen. Diese „Minderheitsregierung" war aber durch ein „Duldungsübereinkommen" mit der FPÖ gegenüber einem Mißtrauensvotum abgesichert.

** Die Nationalratswahl vom November 1986 brachte bereits faktisch ein Ende der SPÖ-FPÖ-Regierung. Da jedoch die Koalitionsverhandlungen zwischen SPÖ und ÖVP erst im Jänner 1987 abgeschlossen wurden, blieb die SPÖ-FPÖ-Regierung bis zum Zeitpunkt des Amtsantrittes der Regierung Vranitzky-Mock im Amt.

Der Ministerrat als Kollegialorgan tritt üblicherweise einmal pro Woche zusammen. Zu seinen Aufgaben zählt die Verabschiedung von Regierungsvorlagen im Zuge der Gesetzgebung und andere Entscheidungen – z. B. die Besetzung von Spitzenpositionen in der Bürokratie und im Verfassungs- sowie Verwaltungsgerichtshof. Da seine Beschlüsse einstimmig gefällt werden müssen, ist es wichtig, schon im Vorfeld einer Sitzung des

Ministerrates einen Konsens zwischen den stimmberechtigten Mitgliedern (Kanzler, Vizekanzler, MinisterInnen) herzustellen.

Für den Fall einer Koalitionsregierung (1945 bis 1966 und wiederum seit 1983) bedeutet dies, daß es vor allem darum geht, zwischen den Regierungsparteien schon vor der Sitzung des Ministerrates eine Übereinstimmung zu finden. Dem dient, daß bei Koalitionsregierungen dem Ministerrat ein informelles Verfahren vorgeordnet ist.

Vor dem Ministerrat (zumeist am Vortag) kommt es zu den fraktionellen Ministerratsvorbesprechungen. Zu diesen kommen die Regierungsmitglieder jeweils einer Partei und andere, nicht der Regierung angehörige SpitzenvertreterInnen dieser Partei (z. B. Klubobleute, BundesgeschäftsführerInnen, GeneralsekretärInnen) zusammen. Dabei wird die Parteilinie für den Ministerrat festgelegt und nach Kompromißmöglichkeiten – etwa in Form eines Junktims – gesucht: Die Koalitionspartei A gibt in der einen strittigen Frage nach, die Koalitionspartei B in der anderen.

Zwischen den fraktionellen Ministerratsvorbesprechungen und dem eigentlichen Ministerrat treffen die Regierungsparteien zu einer gemeinsamen Ministerratsvorbesprechung zusammen – zumeist am Sitzungstag. Bei dieser zweiten, gemeinsamen Vorbesprechung wird versucht, Übereinstimmungen festzustellen. Tagesordnungspunkte des Ministerrates, bei denen kein Konsens gefunden wird, werden von der Tagesordnung des Ministerrates abgesetzt, weil ja die notwendige Einstimmigkeit nicht gegeben ist.

Bei der eigentlichen Ministerratssitzung werden die Punkte, über die eine Übereinstimmung schon im Vorfeld festgestellt oder ausgehandelt worden ist, ohne größere Debatten verabschiedet. Die Sitzungen des Ministerrates sind daher auch im Regelfall sehr kurz. Da es keine Öffentlichkeit gibt, fällt die Versuchung weg, die unterschiedlichen Standpunkte in Rede und Gegenrede öffentlichkeitswirksam zu vertreten. Die Öffentlichkeit wird üblicherweise unmittelbar nach der Sitzung des Ministerrates informiert („Pressefoyer“).

Zusätzlich zu diesem Konsensmechanismus haben auch Koalitionsregierungen üblicherweise einen Kompromißausschuß (Arbeits- oder Koalitionsausschuß) installiert, in dem – paritätisch von beiden Koalitionsparteien besetzt – zumeist sechs Mitglieder (je zwei Regierungsmitglieder und die Klubobleute) die innerhalb der Koalition strittige Fragen klären sollen.

Bundeskanzler und Vizekanzler gehören diesem Ausschuß meistens nicht an, damit sie – im Falle von zunächst nicht auflösbaren Konflikten innerhalb der Koalition – noch als eine Art „Zweier-Ausschuß" in letzter Instanz einen Kompromiß suchen können, ohne durch das vorherige Verhalten gebunden zu sein.

Die BundesministerInnen agieren in den meisten ihrer Zuständigkeiten jedoch nicht als „kollektives" Organ, also als Ministerrat, sondern als „monokratische" Organe. Das heißt, nicht die Bundesregierung, sondern die einzelnen BundesministerInnen handeln in individueller Verantwortung. Der Bundeskanzler ist diesbezüglich ein Minister wie die anderen auch, auch im untersteht ein Bundesministerium, das Bundeskanzleramt. Der Vizekanzler ist seit 1966 (mit kurzer Unterbrechung von 1968 bis 1970) immer gleichzeitig auch Bundesminister, der einem bestimmten Bundesministerium vorsteht – z. B. dem Bundesministerium für auswärtige Angelegenheiten.

Eine wichtige Konsequenz dieser monokratischen Organisation ist das „Ressortprinzip". Jede(r) Bundesminister(in) hat für sein (ihr) Ministerium die alleinige Verantwortung, die sich als politische Verantwortung im möglichen Mißtrauensvotum des Nationalrates und als rechtliche Verantwortung als mögliche Ministeranklage durch den Nationalrat äußert. Letztere setzt den Vorwurf eines Rechtsvergehens voraus, für ein Mißtrauensvotum genügt die Feststellung eines politischen Dissenses zwischen Nationalrat und einem bestimmten Minister/einer Ministerin bzw. der gesamten Bundesregierung.

Teil des Ressortprinzips ist die Personalhoheit des/der Ministers/Ministerin. Die Personalpolitik in einem Ministerium liegt, im Rahmen der allgemeinen gesetzlichen Vorschriften, ausschließlich in seiner/ihrer Verantwortung. Damit entscheidet nicht die Regierung in ihrer Gesamtheit, sondern die personelle Rekrutierung obliegt (mit Ausnahme einiger weniger Spitzenpositionen) den einzelnen MinisterInnen.

Eine Konsequenz dieser personalpolitischen Zuständigkeit ist, daß einzelne Ministerien, die lange Zeit hindurch traditionell immer von einem(r) MinisterIn einer bestimmten Partei geleitet werden, vor allem für Beamte eben dieser Partei besondere Karrieremöglichkeiten eröffnen. Trotz des in Österreich verankerten „Berufsbeamtentums" kommen so Elemente eines politischen Beamtentums in die österreichische Bürokratie. Ein Indiz dafür ist, daß bei Personalvertretungswahlen in Ministerien, die lange Zeit einer bestimmten Partei „gehören" (z. B. Sozialministerium – SPÖ, Landwirtschaftsministerium – ÖVP), die fraktionelle Liste eben dieser Partei üblicherweise mit sicheren Mehrheiten rechnen kann.

Ein weiteres Element eines politischen Beamtentums ist, daß die Mitglieder der Bundesregierung sich mit einem persönlichen MitarbeiterInnenstab umgeben („Kabinette", „Ministerbüros"), der von den Regeln des Berufsbeamtentums ausgenommen ist. Diese Stäbe schieben sich in der Hierarchie eines Ministeriums zwischen das in Sektionen, Gruppen und Abteilungen gegliederte Berufsbeamtentum und den/die MinisterIn. Die den Grundsätzen des Berufsbeamtentums entsprechende Verwaltung kann ja von einem/r MinisterIn nicht nach politischen Grundsätzen umstrukturiert werden – eine neue Ministerin kann zum Beispiel die Spitzenbeamten, die sie bei ihrem Amtsantritt vorfindet, grundsätzlich nicht auswechseln. Durch die Kabinette (des Kanzlers, bzw. Vizekanzlers) und durch die Ministerbüros sollen die einzelnen MinisterInnen von Personen ihres persönlichen, auch parteipolitischen Vertrauens umgeben werden.

7.3 Die Justiz

Während zwei der drei traditionellen „Gewalten" – Gewalten im Sinne der Gewaltentrennungsterminologie Montesquieus – in Folge des parlamentarischen Charakters des österreichischen politischen Systems nicht getrennt, sondern eng verflochten sind, ist die dritte dieser Gewalten von den beiden anderen unabhängig und in diesem Sinne getrennt: die rechtssprechende Gewalt, die Judikative. Gesetzgebung (Parlament) und Verwaltung (Regierung) sind durch die politische Abhängigkeit der Bundesregierung von der Mehrheit des Nationalrates zu einer einzigen Gewalt verschmolzen. An die Stelle einer Trennung von Legislative und Exekutive ist die Trennung von regierender Mehrheit und opponierender Minderheit getreten.

Von dieser im Grundgedanken parlamentarischer Systeme schon angelegten Entwicklung ist die Gerichtsbarkeit nicht berührt. Die Justiz ist in Österreich zwar nicht „politikfrei" – sie ist z. B. an die politische Interessen artikulierenden Gesetze gebunden. Doch die Unabhängigkeit der Gerichtsbarkeit gibt den RichterInnen ein großes Maß an Autonomie gegenüber Parlament und Regierung.

Diese Unabhängigkeit äußert sich vor allem in der Weisungsungebundenheit und in der Unversetzbarkeit von RichterInnen. Anders als die BeamtInnen der Verwaltung haben RichterInnen keine Vorgesetzte, die ihnen ein bestimmtes Verhalten (z. B. bestimmte Urteilsinhalte) vorschreiben könnten. Höchstgerichte können die Entscheidungen anderer Gerichte bzw. Richterinnen zwar aufheben und (oder) abändern. Kein(e) Richter(in) ist aber gezwungen, sich selbst an die Rechtssprechung (Judikatur) einer höheren Instanz zu halten. Dazu kommt, daß einmal bestellte RichterInnen vor Erreichung der Altersgrenze nicht gegen ihren Willen ver- oder abgesetzt werden können, bestimmte klar definierte Disziplinarfälle ausgenommen.

Die Justiz ist in Österreich in zwei Bereiche gegliedert: In die ordentliche und in die außerordentliche Gerichtsbarkeit. Erstere ist die Gerichtsbarkeit des Privat- und des Strafrechtes, letztere die des Verfassungs- und des Verwaltungsrechtes.

Die ordentliche Gerichtsbarkeit ist auf vier Ebenen organisiert:

- Die Bezirksgerichte als (in den meisten Fällen) erste Instanz
- Die Landesgerichte, die als Gerichtshöfe organisiert sind, von denen in den kleineren Bundesländern eines und in den größeren mehrere eingerichtet sind
- Die Oberlandesgerichte (in Wien, Graz, Linz, Innsbruck)
- Der Oberste Gerichtshof als Höchtsgericht der ordentlichen Gerichtsbarkeit

Ein besonderes Merkmal der ordentlichen Gerichtsbarkeit ist der Grundsatz der Selbstrekrutierung der RichterInnen. Zwar werden RichterInnen auf Vorschlag des Bundesministers für Justiz vom Bundespräsidenten ernannt. Der Justizminister ist aber dabei an ein Auswahlverfahren gebunden, in dem Personalsenaten – denen nur RichterInnen angehören – die entscheidene Rolle zukommt. Selbstrekrutierung heißt, daß RichterInnen entscheiden, wer RichterIn wird.

Dieser Grundsatz der Selbstrekrutierung hat einen wesentlichen Vorteil – er kann die Unabhängigkeit der Gerichtsbarkeit nach außen, vor allem gegenüber der Regierung, stärken. Der Grundsatz hat aber auch einen möglichen Nachteil – er stärkt eine Neigung zu internen Abhängigkeiten, weil er RichterInnen über die Karrieren von RichterInnen entscheiden läßt.

Der Oberste Gerichtshof (OGH) ist einer von drei – einander gleichgestellten – Höchstgerichten. Die beiden anderen Höchstgerichte sind der Verfassungsgerichtshof (VfGH) und der Verwaltungsgerichtshof (VwGH).

Der Verwaltungsgerichtshof ist die letzte Instanz im Verwaltungsverfahren. In diesem Verfahren sind die unteren Instanzen keine Gerichte, sondern die abhängigen (weil weisungsgebundenen) Behörden und die unabhängigen Verwaltungssenate (Beamte, die in diesen Senaten in richterlicher Unabhängigkeit entscheiden). Der Verwaltungsgerichtshof ist, anders als der Verfassungsgerichtshof – aber wie die Oberlandesgerichte und der OGH – in Senate gegliedert, das heißt in voneinander grundsätzlich autonom agierende Gruppen von RichterInnen.

Der/die PräsidentIn und der/die VizepräsidentIn des Verwaltungsgerichtshofes werden nicht nach dem Grundsatz der Selbstrekrutierung bestellt, sondern nach einem Verfahren, das dem der Bestellung der Mitglieder des Verfassungsgerichtshofes ähnlich ist: Sie werden vom Bundespräsidenten auf Vorschlag der Bundesregierung ernannt. Damit haben Regierung und Parlamentsmehrheit einen gewissen Zugriff auf die Zusammensetzung des Verwaltungsgerichtshofes. Die übrigen Mitglieder des Verwaltungsgerichthofes werden jedoch auf Vorschlag der RichterInnen des VwGH selbst bestellt – also nach dem Grundsatz der Selbstrekrutierung.

Die Mitglieder des Verwaltungsgerichtshofes sind, wie auch – mit Ausnahme der LaienrichterInnen (z. B. SchöffInnen, Geschworene) – die RichterInnen der ordentlichen Gerichtsbarkeit, BerufsrichterInnen. Das gilt so für die Mitglieder des Verfassungsgerichtshofes nicht: Mit Ausnahme einer Minderheit – den ReferentInnen – sind die Mitglieder des Verfassungsgerichtshofes „nebenamtlich“ tätig. Im Hauptberuf sind sie z. B. ProfessorInnen des Öffentlichen Rechts oder RechtsanwältInnen.

Der Verfassungsgerichtshof (VfGH) hat die unmittelbar politischste Aufgabe der drei Höchstgerichte. Er entscheidet über alle Streitfälle, die die Verfassung betreffen – z. B. über die Aufhebung einer Wahl oder über die Verletzung des Gleichheitsgrundsatzes der Verfassung. Insbesondere entscheidet der VfGH auch über die Verfassungskonformität von Gesetzen und kann diese, im Falle eines Verstoßes gegen die Verfassung, auch aufheben.

Deshalb ist der Verfassungsgerichtshof – wie andere Verfassungsgerichte in anderen politischen Systemen auch (z. B. Supreme Court der USA, Bundesverfassungsgericht in Deutschland) – von besonderer politischer Bedeutung. Dies äußert sich vor allem an der Zugangskontrolle zum VfGH: Da der Verfassungsgerichtshof alle Garantien richterlicher Unabhängigkeit genießt, konzentriert sich die Politik darauf, zu entscheiden, wer Mitglied des VfGH wird.

Die Novelle zum B-VG 1929 hatte nicht nur den Bundespräsidenten stärken, sondern auch den Verfassungsgerichtshof „entpolitisieren" sollen. Diese Politik der Entpolitisierung brachte Unvereinbarkeitsbestimmungen, die z. B. FunktionärInnen politischer Parteien von der Mitgliedschaft im VfGH ausschließt. In der Zweiten Republik wurde diese Tendenz – auf den ersten Blick – in ihr Gegenteil verkehrt: durch eine informelle Vereinbarung zwischen SPÖ und ÖVP wird sichergestellt, daß die einzelnen Mitglieder des VfGH auf Grund eines Vorschlages entweder der einen oder der anderen Partei bestellt werden. Dieses Übereinkommen führt dazu, daß zwar keines der Mitglieder des VfGH in irgendeiner parteipolitischen Funktion tätig ist; daß aber alle Mitglieder durch das Vertrauen von SPÖ oder ÖVP in den Verfassungsgerichtshof gekommen sind.

Das ist deshalb möglich, weil – laut Verfassung – der Bundespräsident die Mitglieder des VfGH auf Grund von Vorschlägen entweder der Bundesregierung oder des Nationalrates oder des Bundesrates ernennt. Dabei gilt folgende Formel:

- Präsident(in), Vizepräsident(in), sechs weitere Mitglieder und drei Ersatzmitglieder werden auf Vorschlag der Bundesregierung bestellt.
- Drei Mitglieder und zwei Ersatzmitglieder werden vom Nationalrat vorgeschlagen.
- Die übrigen drei Mitglieder und das sechste der Ersatzmitglieder werden vom Bundesrat vorgeschlagen.

Die informelle Vereinbarung zwischen SPÖ und ÖVP hat auch in den zwei Jahrzehnten gehalten, in denen diese beiden Parteien nicht gemeinsam regiert haben. Die kürzere Phase der Dominanz der Volkspartei (1966 bis 1970) und die längere der Sozialdemokratie (1970 bis 1983, bzw.1986) wurde nicht zur Verschiebung der Gewichte im Verfassungsgerichtshof genutzt. Der Vorteil eines Gleichgewichts im VfGH – Ausdruck der politischen Kultur der Konkordanzdemokratie – wurde offenkundig höher eingeschätzt als der Vorteil, durch eine „Umpolitisierung“ des Verfassungsgerichtshofes eventuell dessen Judikatur beeinflussen zu können.

Die Mitglieder des VfGH dürfen nicht mit VertreterInnen von Parteiinteressen verwechselt werden. Obwohl jede(r) von ihnen zum Zeitpunkt der Ernennung einen Vertrauensvorschuß von SPÖ oder ÖVP erhalten hat, sind die Frauen und Männer im VfGH – auch im Zusammenhang mit den auf die „Entpolitisierung“ von 1929 zurückzuführenden Bestimmungen – auch und wesentlich durch ihre rechtswissenschaftliche Qualifikation ausgewiesen.

Die Zugangskontrolle, die SPÖ und ÖVP über Jahrzehnte hindurch aufrecht erhalten haben, sorgte auch für eine eher zurückhaltende Interpretation der Rolle des Verfassungsgerichthofes durch dessen Mitglieder. Im Sinne des Grundsatzes von „judicial restraint“ neigte und neigt der VfGH – anders etwa als der Supreme Court – nicht dazu, durch eine besonders aktive Verfassungsauslegung Parlament und Regierung einzuengen. Die auf den ersten Blick einer „Repolitisierung“ gleichenden Zugangskontrolle durch SPÖ und ÖVP begründet somit eine weitere „Entpolitisierung“ dieses potentiell politischsten der drei Höchstgerichte.

Diese Zurückhaltung des VfGH und die Zugangskontrolle durch SPÖ und ÖVP müssen nicht von Dauer sein. Vor allem die Veränderungen des Parteiensystems machen ein Aufbrechen der zwischen SPÖ und ÖVP vereinbarten Zugangskontrolle wahrscheinlich. Warum sollte auch eine in Zukunft (mit)regierende dritte Partei das Duopol, bestehend aus der Sozialdemokratie und der Volkspartei, gerade bezüglich des Verfassungsgerichtshofes respektieren? Aber auch die Mitglieder des VfGH, die durch das Vertrauen von SPÖ oder ÖVP in den Gerichtshof gekommen sind, sind nicht an die Interessen dieser Parteien gebunden. Gerade Mitglieder des VfGH, die in relativ jungen Jahren in den Gerichtshof berufen werden und bis zur Erreichung der Altersgrenze von 70 Jahren noch viele Jahre oder auch Jahrzehnte vor sich haben, können durch die Entwicklung ihrer verfassungsrechtlichen Auffassungen zu ganz anderen Positionen gelangen als die, die sie zur Zeit ihrer Bestellung vertreten haben.

Der Verfassungsgerichtshof ist der schlummernde Riese des politischen Systems. Wie Gulliver im Lande Liliput ist er durch Fesseln gebunden, die ihn aber nicht auf Dauer einzuschränken vermögen. Befreit er sich von diesen Fesseln, dann kann aus dem derzeit in seiner politischen Zurückhaltung relativ berechenbaren VfGH ein unberechenbarer, weil politisch sehr aktiver Verfassungsgerichtshof werden.

Literatur

Müller, Wolfgang C.: Österreich: Festgefügte Koalitionen und stabile Regierungen. In: Wolfgang C. Müller, Kaare Strom (Hg.): Koalitionsregierungen in Westeuropa. Bildung, Arbeitsweise und Beendigung. Wien 1997, S. 109–160.

Noll, Alfred J.: Verfassungsgebung und Verfassungsgericht. Wien 1994.

Welan, Manfried: Präsidialismus oder Parlamentarismus? Demokratiepolitische Perspektiven. In: Campbell, David F.J. u. a. (Hg.): Die Qualität der österreichischen Demokratie. Versuch einer Annäherung. Wien 1996, S. 59–84.

Welan, Manfried: Das österreichische Staatsoberhaupt. Aufwertung oder Abwertung? Wien 1997.

8. Parteien – PolitikerInnen – Parteienstaat

Schlüsselbegriffe: *Politische Parteien; Formierung und Konfliktlinien; Parteiensystem; Parteiengesetz; innerparteiliche Demokratie; Parteienfinanzierung; PolitikerInnengehälter; Parteienstaat; QuereinsteigerInnen, Quotenregelungen.*

Noch bevor der Parlamentarismus dem Feudalsystem entwachsen war, waren in Österreich die politischen Parteien bereits organisatorisch entwickelt. Die Erste Republik wurde von politischen Parteien gegründet, die Verfassung nach den Interessenslagen der politischen Parteien formuliert. Die Zweite Republik wurde ebenso von Repräsentanten politischer Parteien ausgerufen, das parlamentarische System auf der Basis von politischen Parteien organisiert. Kurzum, die politischen Parteien haben im republikanischen Österreich eine besondere Geschichte bzw. das republikanische Österreich ist lediglich im Zusammenhang mit politischen Parteien adäquat zu denken.

Aber nicht nur historisch, auch aktuell kommt den Parteien in der parlamentarischen Demokratie eine bestimmende Rolle zu – Parteien entscheiden mittels Listenwahlrechts, wer in den Nationalrat einzieht; Parteien bzw. Klubs bestimmen maßgeblich die parlamentarische Arbeit in Ausschüssen und im Plenum; Parteien kommt die Regierungsbildungsfunktion zu.

Die politischen Parteien hatten aber nicht nur eine staatsgründende und eine staatstragende, sondern auch eine gesellschaftsbeherrschende Funktion – d. h. die „Großparteien" der Zweiten Republik, SPÖ und ÖVP, rekrutierten nicht nur das politische Führungspersonal in Parlamenten und Regierungen, sie übten auch „gate-keeper-Funktion" in Gesellschaft und Wirtschaft aus. Als Proporzkultur und Parteienstaat wird diese gesellschaftsbeherrschende Funktion kritisiert.

Die Kritik an der „Parteienherrschaft" hat in Österreich aber eine weit über die Proporzdebatte hinausgehende Geschichte: Die antidemokratische Entwicklung der Ersten Republik war von Angriffen gegen die „Parteienherrschaft" wie sie Ignaz Seipel, christlichsozialer Bundeskanzler (1930) führte, begleitet; sie endete damals u. a. mit dem Verbot der politischen Parteien (1934).

Die typischen Merkmale der österreichischen Parteienlandschaft der Zweiten Republik, nämlich ausgeprägter Elitenkonsens bzw. Elitenkooperation (Regierung, Parlament, Sozialpartnerschaft, Verwaltung), hoher Organisationsgrad der Mitgliederparteien und jahrzehntelange hohe Parteienkonzentration (SPÖ und ÖVP), sind seit den 80er Jahren, seit dem Einzug der Grünen ins Parlament und mit den Zuwächsen der FPÖ, im Erodieren. Dieser Verlust österreichischer Spezifika des Parteiensystems geht einher mit sozio-ökonomischen Veränderungen, mit der Säkularisierung und Modernisierung der Gesellschaft.

8. 1 Funktionen und Typologien

Zu den Hauptaufgaben politischer Parteien in liberal-repräsentativen Systemen gehören: Zielfindungs, Artikulations- und Aggregationsfunktion, Mobilisierungs und Sozialisationsfunktion, Elitenrekrutierungs- und Regierungsbildungsfunktion (Beyme 1984).

In elitenkonsensorientierten, d. h. in der tendenziellen Vermeidung offener Auseinandersetzung und der Suche nach Kompromissen auf der Ebene des politischen Führungspersonals, sind diese Funktionen, wie sie in der Parteienliteratur für westlich-liberale Systeme typischerweise beschrieben werden, weniger deutlich zu beobachten. Die Funktionen der Parteien in Österreich wurden nicht selten in Kooperation mit Verbänden erfüllt, die Interessenskonflikte der Basis wurden in konkordanzdemokratischer Weise befriedet.

Der Elitenkonsens der politischen Parteien, der nicht zuletzt durch Übereinkommen im Handlungsrahmen des Parteienproporzes hergestellt werden konnte, bricht durch die Existenz von stärkeren Oppositionsparteien auf. Die politischen Parteien kommen in tatsächliche Wettbewerbssituationen; die Bedeutung von Wahlen wird insoferne erhöht als die Regierungsform bzw. Regierungsparteien nicht a priori feststehen, sondern direkt vom Wahlausgang abhängig werden. Der Befund für Österreich lautete in der Vergangenheit nämlich, daß den Wahlen eine reduzierte Bedeutung zukam, weil sie durch die Tradition der Großen Koalition das Regierungsergebnis kaum beeinflußten. Dieses realpolitische Bedeutungsdefizit wurde mit der Nationalratswahl 1999 deutlich revidiert.

Typologien unterscheiden Parteien nach strukturellen, funktionalen, entwicklungsgeschichtlichen und programmatisch-ideologischen Gesichtspunkten. In der Zweiten Republik sind folgende entwicklungsgeschichtlich relevante Ausprägungen zu beobachten:

- Der Transformationsprozeß von der Weltanschauungs- bzw. Milieupartei zur Volkspartei: SPÖ und ÖVP waren nach 1945 Weltanschauungs- und Milieuparteien, die es verstanden, die WählerInnen durch ideologische Überhöhungen und durch die Gestaltung subkultureller Milieus politisch zu binden. Die Loyalität drückte sich in einem realtiv verläßlichen Wahlverhalten aus. Durch die Änderungen der Klassenstruktur der WählerInnenbasis, hervorgerufen durch Verschiebungen der Wirtschaftsstruktur der Produktions- zur Dienstleistungsgesellschaft (d. h. Abnahme der Landwirte, der Gewerbetreibenden und Rückgang der blue-collar-worker sowie zunehmende Säkularisierung der Gesellschaft) erfolgte eine Änderung der Ausrichtung der Parteien: Die ideologisch profilierten Milieuparteien entwickelten sich zu sog. Volksparteien („catch-all-party"). Der Begriff „Volkspartei" ist als analytischer und nicht als inhaltlich-legitimatorischer zu verstehen. Volksparteien wollen nicht nur eine sozio-ökonomische Gruppe integrieren, sondern die diversen Gruppen einer sozio-ökonomisch differenzierten WählerInenschaft sind potentiell einzuschließen (Integrationspartei). Charakteristisch für Volksparteien ist, daß der ideologisch-programmatische Anspruch zugunsten des Ziels der Stimmenmaximierung zurücktritt und die Interessen kumulativ eingebracht werden.
- Mitgliederparteien und WählerInnenparteien: SPÖ und ÖVP sind typische Mitgliederparteien. Sie weisen, trotz Mitgliederrückgänge seit Beginn der 90er Jahre, im internationalen Vergleich nach wie vor die höchsten Organisationsgrade auf. Sog. Mitgliederparteien zeichnen sich durch einen hohen Prozentsatz von WählerInnen, die durch Mitgliedschaft an eine Partei enger gebunden sind, aus. 1994 betrug der Organisationsgrad (Mitglieder einer Partei als Prozent ihrer WählerInnen) bei der SPÖ noch knapp 32 Prozent, bei der ÖVP knapp 34 Prozent.

  Im Vergleich dazu hat die FPÖ einen Anteil von Mitgliedern an den WählerInnen von etwa 4 Prozent (vgl. Sickinger 1997). Die Grünen schätzen etwa 2.800 Mitglieder zu haben, das Liberale Forum spricht von 3.000 PartnerInnen (Auskunft der Parteibüros, Stand 1999). Die Bedeutung der Mitgliederpartei liegt einerseits in der Konkurrenzsituation – Mitgliederparteien haben strategisch und inhaltlich lediglich um kleine WählerInnensegmente zu kämpfen. Dies reduziert die Wahlkampfhärte. Die Bedeutung der Mitgliederpartien liegt weiters in der Finanzierungsform – je höher die staatliche Finanzierung ist, desto unabhängiger sind Parteien von ihren Mitgliedern. Die starke Bindung der Menschen über die Mitgliedschaft hatte lange Zeit eine geringe Mobilität der WählerInnen zur Folge. Wechselwählen war bis in die 80er Jahre kein verbreitetes Phänomen. Im Gegenteil, Österreich zählte zu jenen Ländern mit den geringsten WählerInnenfluktuationen.

- Populistische Parteien agieren mittels eines „Wir" und im Namen der „kleinen Leute". Ein imaginäres Bündnis zwischen der Parteispitze und dem „Volk" wird gegen etablierte, staatliche Einrichtungen eingegangen. Rhetorik und Marketing zählen zu den erfolgreichen Mobilisierungsstrategien.

Der Trend der Erosion der Parteienlandschaft wird durch die Abnahme der Kern- und StammwählerInnenschichten, durch die erhöhte Bereitschaft zum Wechselwählen und durch die Abnahme der affektiven Bindungen und Loyalitäten der Bevölkerung (dealignment) gegenüber den „Lagerparteien" bestimmt.

Ein entscheidender Faktor für die Veränderung der Parteientypen und in der Folge für die Veränderung der Parteienkonstellation ist der Rückgang der Bedeutung der Subkulturen („Von der Wiege zur Bahre"). Dies sowohl hinsichtlich der Loyalität der Menschen zu den beiden „Lagerparteien", aber auch hinsichtlich der Funktionsverluste der Parteien für die Menschen. Die politische Sozialisation läuft immer weniger über Familien und Parteiagenturen, sie läuft primär über Massenmedien. Die Parteien sind weiters nicht mehr in der Lage, die Patronageerwartungen der Menschen zu erfüllen.

Parteiensysteme werden entsprechend der Zahl und der relativen Stärke der in einem politischen System agierenden Parteien charakterisiert. Sie benennen jenes Gefüge politischer Beziehungen zwischen den politischen Parteien, das aus dem Wettbewerb um Stimmen und um Beteiligung an Einrichtungen resultiert (z. B. wie reagiert eine Partei auf eine andere). Die Einteilung der Parteiensysteme erfolgt nach der Rolle der Parteien im Parteienwettbewerb. Ein Zwei-einhalb-Parteiensystem bedeutet beispielsweise, daß eine kleinere Partei bei Regierungsbildungen eine strategische Rolle zu spielen vermag. Die Relevanz von Parteien bemißt sich danach, ob deren Existenz die Taktiken im Parteienwettbewerb beeinflußt.

Demnach wird von Zwei-, Zwei-einhalb- und Mehrparteiensystemen gesprochen.

Das österreichische Parteiensystem wurde bis in die 80er Jahre als „hinkendes“ Zweiparteiensystem bezeichnet: zwei Großparteien (ÖVP und SPÖ) und eine bzw. zwei Kleinparteien (die KPÖ war von 1945 bis 1947 in der Konzentrationsregierung, bis 1959 war sie im Nationalrat vertreten; ab 1949 war der VDU und nach 1957 ist die FPÖ im Nationalrat) sind im Nationalrat vertreten. 1970 bis 1971, während der Minderheitsregierung der SPÖ, kam der FPÖ eine Schlüsselrolle als Mehrheitsbeschafferin zu (ebenso während der Kleinen Koalition zwischen 1983 und 1986). Die beiden Großparteien, SPÖ und ÖVP, galten als konsolidiert, das Parteiensystem als stabil bzw. starr.

In den 80er Jahren kommt es zu erfolgreichen Parteineugründungen. Seit den späten 80er Jahren, mit der Einigung der Grünbewegung und den Stimmengewinnen der FPÖ wird das Parteiensystem nicht nur mobiler, sondern es wird nun auch von einem Mehrparteiensystem gesprochen: ab 1986 besteht wieder ein Vier-Parteien-Parlament, zwischen 1993 und 1999 sogar erstmals ein Fünf-Parteien-Parlament.

Seit den 90er Jahren verändert die Erosion der Großparteien das Parteiensystem jedoch weniger gemessen an der Zahl der im Parlament vertretenen Parteien, sondern mehr gemessen am realpolitischen Einflußpotential. Nach der Nationalratswahl 1999 sind drei Parteien annähernd gleich stark, zwischen ihnen kann potentiell die Regierungsbildung erfolgen.

Eine Besonderheit im europäischen Vergleich war die bis in die 90er hohe Parteienkonzentration von SPÖ und ÖVP. Der Indikator der Parteienkonzentration mißt den Anteil der Stimmen von SPÖ und ÖVP an den gesamten abgegebenen Stimmen. Sie betrug bis 1983 fast durchwegs über 90 Prozent; 1986 lag der Wert bei 84,4 Prozent, 1990 bei 75,1 Prozent und sank 1999 auf einen vorläufigen Tiefstand von 60,1 Prozent. Mit diesem Wert haben SPÖ und ÖVP deutlich die Zwei-Drittel-Mehrheit, die für die Verabschiedung von Verfassungsgesetzen erforderlich ist, unterschritten. Diese Dekonzentration läßt eine Belebung der parlamentarischen Praxis erwarten.

8.2 Konfliktlinien und soziale Basis

Parteien sind die Träger und Organisationseinheiten der parlamentarischen Demokratie und als solche steht ihre Bedeutung außer Streit. Diese Bedeutung erklärt aber nicht das Entstehen von politischen Parteien, die Gründe für deren Formierung.

Nicht die parlamentarische Demokratie, sondern die Existenz und Artikulation von Interessenskonflikten gilt als Grundlage für Formierung und Gründung von politischen Parteien. Die historischen parteiformierenden Konfliktlinien für die Herausbildung des österreichischen Parteiensystems waren Klasse, Religion, Region und Nation. Die aktuellen sind zwischen den Polen Materialismus/Postmaterialismus, Inklusion/Exklusion entlang der Staatsbürgerschaft, Individuum und BürgerInnenrechte zu verorten.

Die organisatorische Entwicklung der drei weltanschaulichen Lagerparteien, SPÖ, ÖVP, Deutsch-Nationale/VDU/FPÖ, geht auf das 19. Jahrhundert zurück.

- SPÖ: Im Jahre 1874 erfolgte die Konstituierung der „Sozialdemokratischen Arbeiterpartei"; die Einigung verschiedener Gruppierungen geht auf den Hainfelder Parteitag 1888/89 zurück. Nach dem Februar 1934 spaltet sich die Partei in gemäßigte und revolutionäre Sozialisten. Am 14. April 1945 erfolgte die Wiederbegründung der „Sozialistischen Partei Österreichs" (Einigung des gemäßigten und revolutionären Flügels).
- ÖVP: Am 17. April 1945 wurde die ÖVP von Vertretern der Bünde (Bauernbund, Wirtschaftsbund, Arbeitnehmerbund) als Nachfolgerin der Christlich-Sozialen Partei der Ersten Republik gegründet. Die Kontinuität von Christlich-Sozialer Partei und ÖVP wird u. a. über die gleichen Personen zum Ausdruck gebracht. Die namentliche Abgrenzung erfolgte, um eine Zäsur mit dem politischen Katholizismus der Ersten Republik zu signalisieren.
- FPÖ: Am 3. November 1955 war die konstituierende Sitzung der FPÖ als Nachfolgerin des 1949 gegründeten „Verbandes der Unabhängigen" (VDU). Die Umbenennung der FPÖ von einer Partei in eine Bewegung („Die Freiheitlichen") wurde auf dem FPÖ-Parteitag 1998 gestoppt bzw. rückgängig gemacht.

- Grüne: Verschiedene Initiativen, Bewegungen und Grünparteien einigten sich im Jahre 1986 für eine gemeinsame Kandidatur („Grüne Alternative"). Mit 4,8 Prozent der gültigen Stimmen erreichte diese Partei 1986 erstmalig den Einzug in den Nationalrat.
- LIF: Im Jahre 1993 wurde durch Austritt von fünf Abgeordneten aus der FPÖ vorerst ein Liberaler Klub im Parlament konstituiert und in der Folge das „Liberale Forum" als Partei gegründet.

Zu den wesentlichen Konfliktlinien, entlang derer sich die politischen Parteien formierten und entwickelten, zählen:

- Klasse im Sinne der Zugehörigkeit zu einer im Wirtschaftssystem definierten Bevölkerungsgruppe. Traditionell bildeten die ArbeiterInnen die WählerInnenbasis der SPÖ, die Bauern und Gewerbetreibenden jene der ÖVP. Bei der Nationalratswahl 1999 votierte erstmals die Mehrheit der ArbeiterInnen für die FPÖ.
- Religion im Sinne der Bindung an die katholische Kirche bzw. eine säkulare Grundhaltung, die für Parteibildung und –unterstützung von Relevanz war (Christlichsoziale, ÖVP). Die gesellschaftliche Säkularisierung hat diese Konfliktlinie dauerhaft entspannt, obwohl Österreich keineswegs als laizistisch (Trennung von Kirche und Staat) bezeichnet werden kann.
- Nation: Die dritte Partei im 19. Jahrhundert, die Deutsch-Nationale Partei, formierte sich auf der Folie einer deutsch-nationalen Orientierung im Gegensatz zur österreichischen Monarchie. Nach 1945 sammelte sich das sog. dritte Lager im „Verband der Unabhängigen". Als 1949 die sog. Minderbelasteten das Wahlrecht erhielten, wurde der VDU zu einem Sammelbecken ehemaliger Nationalsozialisten und der Anhänger der „deutschen" Frage. Für die Nachfolgerin des VDU, die FPÖ (1955), spielte die „deutsche" Frage im Bekenntnis zur Zugehörigkeit zur deutschen Kulturgemeinschaft anstelle der Nation „Österreich" eine Rolle.
- Region: Die Widersprüche zwischen Stadt und Land, zwischen Zentrum und Peripherie, zwischen dem „Roten Wien" und den „Schwarzen Ländern" prägten in organisatorischer und inhaltlich-programmatischer Hinsicht die beiden ehemaligen Milieuparteien. Der Regionalismus, insbesondere aber Anti-Wien-Affekte sind heute wieder erneuerbar. Moderne „Volksparteien" nehmen regionale Zugehörigkeiten in

ihre Namen auf, um Eigenständigkeit und Abgrenzung zu signalisieren (z. B. „Wir Tiroler“ als Marketing-Bezeichnung für die ÖVP-Tirol).

- Postmaterialismus und Grenzen des Wachstums: Die nachindustrielle Gesellschaft mit dem wachsenden Dienstleistungssektor und dem schrumpfenden Produktionssektor ist von einem „Wertewandel“ begleitet. Materialistische Werte werden, vorausgesetzt die materialistischen Bedürfnisse sind befriedigt, von postmaterialistischen Einstellungen ergänzt – Partizipation und Selbstartikulation werden zu „Werten“. Die Gründung ökologisch ausgerichteter Parteien wird u. a. mit diesem Wertewandel erklärt.
- Liberalismus: Das Liberale Forum zwischen 1993 bis 1999 die fünfte Partei im Nationalrat, orientierte sich programmatisch an liberalen Gesellschafts- und Wirtschaftshaltungen, an der Freiheit des Individuums und den BürgerInnenrechten.
- Inklusion/Exklusion: Bei die FPÖ werden seit Beginn der 90er Jahre Inklusion/Exklusion im Sinne des Eigenen versus des Fremden, konkret Österreicher gegen Nicht-Österreicher, zum Thema. Im Volksbegehren „Österreich zuerst“ (1993) und im Nationalratswahlkampf 1999 wurden „Wir-Österreicher“ im Gegensatz zu „Ausländern“ positioniert.
- Gender (soziale Geschlechtszugehörigkeit) äußert sich in der Präferenzierung für politische Parteien (Grüne und LIF werden signifikant deutlicher von Frauen als von Männern gewählt; die FPÖ hingegen wird deutlicher von Männern als von Frauen präferiert).

Die Modernisierungsthese wird für Erklärungen der Verschiebungen in der Parteienlandschaft in mehrfacher Hinsicht herangezogen. War die SPÖ in den 70er Jahren mit Modernisierungsprojekten angetreten, so kann es für sie nach 30jähriger Regierungsbeteiligung nicht weiterhin um Modernisierung gehen, sondern eher um die Verteidigung ehemals modernisierter Strukturen. Die SPÖ hat alleine aufgrund der Permanenz der Macht, die Fähigkeit zu „modernisieren“, verloren. Andererseits wird Modernisierung unter ökologischen Gesichtspunkten kritisiert. Die Existenz der Grünen als Partei basiert auf den negativen Auswirkungen der Modernisierung (insbesondere in der Energiepolitik, Anti-AKW-Bewegung). Die FPÖ wiederum gilt in der Wahlforschung als eine Partei, die für sog. ModernisierungsverliererInnen attraktiv ist.

Tab. 8.1: **Strukturprofile der Parteiwählerschaften (1995)**

In Prozent	SPÖ	ÖVP	FPÖ	Grüne	LIF
Männer	45	46	62	39	41
Frauen	55	54	38	61	59
	100	*100*	*100*	*100*	*100*
18–29jährige	18	15	31	52	39
30–44jährige	27	25	31	34	28
45–59jährige	23	27	20	11	21
60–69jährige	15	17	9	2	9
70jährige und älter	16	15	10	1	4
	100	*100*	*100*	*100*	*100*
Selbständige, freie Berufe	2	6	6	7	4
Landwirte	1	10	3	1	1
Beamte	9	5	5	9	8
Angestellte	18	21	22	33	34
Arbeiter	24	10	35	17	15
Hausfrauen	12	13	6	6	8
Pensionisten	31	30	19	3	13
	100	*100*	*100*	*100*	*100*
Pflichtschulbildung	29	24	20	12	5
Fachschulbildung	47	41	58	30	33
Maturanten/Akademiker	24	35	22	58	62
	100	*100*	*100*	*100*	*100*

Quelle: Plasser/Ulram/Seeber 1996, S. 178.

8.3. Parteien im Recht und im Statut

Das staats- bzw. republiksgründende Verhalten von Repräsentanten der Parteien erfolgte sowohl 1918 als auch 1945 ohne verfassungsrechtliche Grundlage. Politische Parteien kamen in der Verfassung als Träger und Einrichtungen von Demokratie und Republik lange Zeit nicht vor. Die Parteien als Akteure in Parlamenten und Regierungen vermieden es, die eigene Rechtsstellung gesetzlich zu klären. Erst das Parteiengesetz 1975 (PartG) liefert die verfassungsrechtliche Untermauerung der parteienstaatlichen Demokratie und regelt Aufgaben, Finanzierung (Zuwendungen und Offenlegung) und Wahlwerbung.

Parteigründungen selbst sind ein einfacher, lediglich formeller Akt. Das Parteiengesetz sieht vor, daß die Gründung politischer Parteien frei ist – sofern bundesverfassungsgesetzlich nichts anderes bestimmt. Politische Parteien haben Satzungen zu beschließen, diese in einer periodischen Druckschrift zu veröffentlichen und beim Bundesministerium für Inneres zu hinterlegen. Mit der Hinterlegung der Satzung erlangt eine politische Partei die Rechtspersönlichkeit. Beim Bundesministerium für Inneres existieren mehr als 700 derartiger Hinterlegungen, wobei zahlreiche dieser Hinterlegungen als Namensreservierungen zu verstehen sind. Für die Kandidatur zum Nationalrat sind Unterstützungserklärungen beizubringen.

Die Nationaldemokratische Partei (NDP-Norbert Burger) wurde 1988 aufgrund von Verstößen gegen den Staatsvertrag von Wien (1955) und gegen das Verbotsgesetz (1947) behördlich aufgelöst. Der Grundsatz, wonach die Gründung politischer Parteien frei sei, findet also beim Verbotsgesetz (§ 3: „Es ist jedermann untersagt, sich, sei es auch außerhalb dieser Organisationen, für die NSDAP oder ihre Ziele irgendwie zu betätigen“), d. h. bei der offenen nationalsozialistischen Wiederbetätigung seine behördliche Grenze.

Eine Rechtsgrundlage in der Verfassung findet die sog. „Wahlpartei“. Sie ist eine Gruppe, die an Wahlen teilnimmt. Das PartG weist den politischen Parteien die Mitwirkung an der politischen Willensbildung zu.

Wahlparteien können sich im Parlament zu Gemeinschaften zusammenschließen und „Klubs“ bilden. Die parlamentarischen Klubs sind in der Geschäftsordnung des Nationalrats geregelt. Die Regelung der Ansprüche bezüglich Finanzierung erfolgt im Parteiengesetz.

Das PartG sieht bezüglich einer demokratischen Binnenstruktur keine Regelungen vor. Die innerparteiliche Demokratie liegt vielmehr im Gestaltungsspielraum und –willen der einzelnen Parteien (Vorwahlen oder Quotenbestimmungen obliegen dem Regelungsbereich der Parteiorganisationen). Die Parteien als zentrale Akteure im Gesetzgebungsprozeß demonstrieren Zurückhaltung bezüglich Interventionen und Vorgaben für interne Abläufe und Mechanismen.

Die Parteien regeln in Parteistatuten die innerparteilichen Strukturen. Derzeit spielen Diskussionen zur innerparteilichen Demokratie eine bedeutend geringere Rolle als vor 20 Jahren. War in der demokratischen

Aufbruchsstimmung der 70er Jahre auch die innerparteiliche Demokratie ein Reformansatz, so gilt heute verstärkt die Personalisierung (z. B. über Quereinstieg) als Reform traditioneller Parteien. Mit schwindender Bedeutung der Mitgliederparteien schwindet auch die Diskussion um die innerparteiliche Demokratie. Für Wählerparteien stellt sich die Frage der innerparteilichen Demokratie und Mitbestimmung ohnehin nicht.

Organisation, Aufgaben und Stellenwert von politischen Parteien hängen nicht nur von traditionellen Kontinuitäten und deren Brüche ab, sondern ganz maßgeblich auch vom Wahlrecht. Ein Persönlichkeitswahlrecht drängt Parteiapparate und deren Einfluß auf die KandidatInnennominierung zurück; ein Listenwahlrecht schreibt der jeweiligen politischen Partei die Rekrutierungsaufgabe und –kompetenz für die politischen RepräsentantInnen zu. Beim Listenwahlrecht läßt sich auch die Fraktionsdisziplin eher aufrechterhalten als bei einem Persönlichkeitswahlrecht. Unterstrichen wird die Parteien- und Fraktionsdisziplin u. a. dadurch, daß Parteien von den Abgeordneten a priori Verzichtserklärungen über die Mandate verlangen und diese auch bekommen. Aus diesen Gründen sind Wahlrechtsdebatten und –reformen immer auch Debatten über den Typus einer politischen Partei.

Der KandidatInnennominierungsprozeß bzw. die Erstellung von Listen zu Wahlen erfolgt bei der SPÖ in den Parteigremien. Delegiertenversammlungen stimmen über die vorgelegten Listen ab. In einigen Bundesländern werden unter Mitgliedern Vorwahlen durchgeführt.

Bei der ÖVP erfolgt die Listenerstellung nach Gesichtspunkten und Interessen der Bundesländer (ÖVP als föderalistische Partei) und der bündischen Organisationen. KandidatInnenvorschläge für Listen bedürfen zur Legitimation der Zustimmung der Parteivorstände. Für eine bestimmte Anzahl von Sitzen auf der Bundesliste obliegt dem Bundesparteiobmann das Recht, zu nominieren.

Der organisatorische Aufbau der FPÖ sieht weitreichende Entscheidungskompetenzen des Parteiobmannes vor. Im April 1998 läßt sich nach internen Auseinandersetzungen der Salzburger FPÖ der Parteiobmann mit einer Generalvollmacht in Personalfragen ausstatten. Im Bundesorganisationsstatut § 15 ist hinsichtlich der Kandidatennominierung für Wahlen zu politischen Einrichtungen geregelt: „Bei der Aufstellung der Kandidatelisten für Nationalratswahlen und Wahlen zum Europaparlament obliegt die Letzentscheidung dem Bundesparteiobmann. Bei Aufstellung von Landtagswahllisten hat der Landesparteiobmann mit dem Bundesparteiobmann das Einvernehmen herzustellen".

In Parteistatuten und in Parteiprogrammen sind auch Quoten als Instrument, mehr Frauen auf die Listen und somit in politische Ämter zu bringen, geregelt. Auf dem Bundesparteitag der SPÖ 1985 wurde auf massiven Druck der Frauenorganisation eine 25-Prozent-Quotenbestimmung in das Parteistatut aufgenommen. Im Jahre 1993 wurde von der SPÖ die Quote auf 40 Prozent erhöht und soll, laut Parteiprogramm bis 2003 realisiert sein. Die Grünen haben in ihren „Leitlinien Grüner Politik" aus dem Jahre 1989 die „Frauenparität" festgeschrieben. Im Grundsatzprogramm der ÖVP von 1995 ist ebenfalls das Bekenntnis zur Quotierung von einem Drittel der öffentlichen Mandate niedergelegt. FPÖ und LIF lehnen Quotenregelungen mit unterschiedlichen Begründungen ab.

8.4 PolitikerInnengehälter und Parteienfinanzierung

Max Weber trifft eine Unterscheidung in Politik als Beruf und Politik als Berufung. Politik ist dann Beruf, wenn der Politiker (Max Weber denkt nicht an Politikerinnen) materiell von ihr lebt; Politik als Berufung hingegen liegt dann vor, wenn der Politiker für sie lebt. Politik als Berufung setzt materielle Bedingungen voraus, die am besten durch Honoratiorenparteien gesichert sind.

Die aktuelle österreichische Situation der Politik ist, um im Bild von Max Weber zu bleiben, eindeutig „Politik als Beruf". Politiker und Politikerinnen erhalten aus Steuermitteln finanzierte Gehälter, die politischen Parteien und parlamentarischen Klubs erhalten für ihre Arbeit finanzielle Unterstützungen.

Das Bundesbezügegesetz (1997) regelt die Gehälter der obersten Organe des Bundes, der Mitglieder des Nationalrates und des Bundesrates sowie der von Österreich entsandten Mitglieder des Europäischen Parlaments. In diesen Bestimmungen werden die Bezüge der Mitglieder des Nationalrates als Ausgangsbetrag angesetzt und die Bezüge der anderen Organe davon abgeleitet. So wurde das Gehalt des Bundespräsidenten mit 280 Prozent einer Nationalratsabgeordneten festgelegt; jenes des Bundeskanzlers mit 250 Prozent, der Präsidentin des Nationalrates mit 210 Prozent, einer Bundesministerin mit 200 Prozent, einer Staatssekretärin mit

Tab. 8.2: **Gehaltspyramide für Politikerbezüge**

	In Prozent vom Bezug eines Nationalratsabgeordneten*	Brutto-Monatsbezug 1999 in Schilling
Bundespräsident	280%	281.872
Bundeskanzler	250%	251.671
Vizekanzler	220%	221.471
1. Nationalratspräsident	210%	211.404
Bundesminister	200%	201.337
Landeshauptleute	200%	201.337
Landesrat	180%	171.203
Klubobmann	170%	171.137
Nationalratsabgeordneter	100%	100.669
Landtagsabgeordneter	80%	80.535
Bundesratsmitglied	50%	50.335

Neuregelung für Steigerungen ab Mitte 2000:
Zur Jahresmitte Erhöhung um Inflationsrate, aber nicht höher als Pensionsanpassung für 2000, also maximal 10,6%.

Steigerungen bisher laut Bezügegesetz 97:
1998: 100.000
1999: 100.669 +8,67%
2000: 104.022 +5,33%*

* Von Parteien als zu hoch abgelehnt.

*Bei Landesfunktionen sind Höchstwerte angegeben

Quelle: Rechnungshof, zitiert nach Der Standard 16. November 1999.

180 Prozent, die Obleute eines Klubs mit 170 Prozent, ein Mitglied des Bundesrates mit 50 Prozent. Analoge Regelungen gelten für Länder und Gemeinden.

Die ersten Regelungen bezüglich staatlicher Zuwendungen an Parlamentsklubs wurden in den 60er Jahren getroffen. Das PartG 1975 schließlich regelt die Förderungsmittel des Bundes für Parteiorganisationen, für die politische Bildungsarbeit und für die parlamentarischen Klubs.

Die Parteienfinanzierung erfolgt im wesentlichen durch zwei Finanzierungsarten: durch Eigenfinanzierung der Parteien und durch Fremdfinanzierung mittels staatlicher Zuwendungen.

Die Eigenfinanzierung speist sich primär durch Mitgliedsbeiträge. Diesem Finanzierungsposten kommt bzw. kam in Österreich, im Vergleich zu anderen Staaten, aufgrund der hohen Mitgliedszahlen eine relativ große Bedeutung zu. Eigenfinanzierungsleistungen sind weiters die sog. Parteisteuern. Seit Einführung der PolitikerInnengehälter haben von politischen Parteien für politische Ämter nominierte Personen entsprechende finanzielle Zuwendungen an die Partei zu leisten (ca. 10 Prozent des Gehalts).

An Fremdfinanzierungsleistungen sind öffentliche Zuwendungen (insbesondere nach dem PartG 1975 und dem Klubfinanzierungsgesetz 1986), Spenden (ab ATS 100.000 sind diese gesondert auszuweisen) und sog. sonstige Einnahmen und Erlöse zu subsumieren. Die Mittel nach dem Parteiengesetz und dem Klubfinanzierungsgesetz sind beantragungspflichtig.

Zuwendungen für Öffentlichkeitsarbeit (PartG)

Die Anspruchsvoraussetzung zur Förderung der Öffentlichkeitsarbeit politischer Parteien ist die Vertretung im Nationalrat in Klubstärke (d. h. mindestens fünf Abgeordnete). Die Zuwendungen bestehen aus einem Sockelbetrag für jede politische Partei mit mindestens fünf Abgeordneten. Steigerungsbeträge werden nach dem Stimmenanteil der jeweiligen Partei bei der letzten Nationalratswahl berechnet.

Wahlwerbekostenbeitrag für Nationalratswahlen und Wahlen zum Europäischen Parlament (PartG)
1990 wurde zusätzlich zur allgemeinen Finanzierung der Öffentlichkeitsarbeit ein staatlicher Beitrag zu den Wahlwerbekosten bei Nationalratswahlen eingeführt. In jedem Nationalratswahljahr wird ein bestimmter Betrag (1990: 20 ATS, verbraucherpreisindexiert) pro wahlberechtigter Person im Verhältnis der erreichten Stimmenanteile ausbezahlt. Politische Parteien, die zwar nicht Mandatsstärke aber mindestens 1 v. H. der gültigen Stimmen erhalten, haben ebenfalls Anspruch auf Wahlkampfkostenunterstützung. Die Bestimmungen für Nationalratswahlen gelten seit 1996 sinngemäß auch für Wahlen zum Europäischen Parlament.

Klubfinanzierung (Klubfinanzierungsgesetz)
Die Tätigkeit der Klubs der wahlwerbenden Parteien im Nationalrat und im Bundesrat wird durch zweckgebundene Zuwendungen unterstützt. Neben Grundbeträgen werden Steigerungsbeträge für je zehn angefangene Abgeordnete finanziert (der 11. , 21. etc. Abgeordnete ist entsprechend der Klubfinanzierungslogik besonders viel „wert").

Zuwendungen zur staatsbürgerlichen Bildungsarbeit der politischen Parteien (Politisches Bildungsfinanzierungsgesetz 1973).
Dieser Passus erklärt die Gründung der Parteiakademien (SPÖ: Renner Institut 1973, ÖVP: Politische Akademie 1973, FPÖ: Freiheitliches Bildungswerk 1973, Grüne: Grüne Bildungswerkstätte 1987, LIF: Liberales Bildungsforum 1995).

Sonstige öffentliche Zuwendungen, insbesondere Bezahlung der Politiker und Politikerinnen durch die öffentliche Hand sowie kostenlose Sendezeiten im ORF (Belangsendungen).

Tab. 8.3: **Höhe und Aufteilung der Mittel nach dem PartG (1975–1996)**

	SPÖ	ÖVP	FPÖ	Grüne	LIF	Sonstige (§2)	Gesamt
1975	11.641.577	10.307.767	3.050.656			(226.644)	25.000.000
1976	30.442.595	26.521.904	6.835.502				63.800.000
1977	28.911.170	25.217.546	6.671.283				60.800.000
1978	28.911.170	25.217.546	6.671.283				60.800.000
1979	29.063.960	24.963.233	6.833.607				60.860.800
1980	33.350.215	28.281.171	8.368.614				70.000.000
1981	33.350.215	28.281.171	8.368.614				70.000.000
1982	36.958.425	31.244.229	8.797.346				77.000.000
1983	35.383.766	31.348.495	9.289.171			1.140.244	77.000.000
						+800.085	
1984	38.261.192	35.265.703	9.373.104				82.900.000
1985	54.214.645	50.480.669	18.204.686				122.900.000
1986	53.209.030	49.568.426	18.099.543				120.877.000
1987	40.001.385	38.438.554	11.351.835	7.139.226			96.931.000
1988	40.592.569	39.004.794	11.485.281	7.205.363			98.288.034
1989	41.437.183	39.813.708	11.675.919	7.299.844			100.226.654
1990	42.535.103	40.865.255	11.923.738	7.422.665		1.779.815	102.746.760
	60.482.571	45.332.172	(0)	6.763.496			+112.578.240
1991	82.611.462	62.669.429	33.955.959	11.902.595			191.139.445
1992	85.408.154	64.765.572	35.043.419	12.215.337			197.432.482
1993	88.972.594	67.437.149	36.429.409	12.613.932			205.453.084
1994	92.230.735	69.879.152	37.696.297	12.978.275	nur WKK:		212.784.460
	47.145.686	37.355.273	30.375.409	9.865.599	8.060.033		±132.802.000
1995	75.507.785	60.450.602	49.715.909	18.172.814	15.395.941	2.242.244	219.234.052
	52.782.413	39.235.756	(0)	6.677.164	7.646.136		±106.341.470
1996	75.098.952	56.594.686	44.459.227	12.120.776	13.444.358		201.718.000
	+ WKK	+ WKK	+ WKK	+ WKK	+ WKK		±126.498.343

Quelle: Sickinger 1997, S. 157

8.5 Parteienstaat – Parteienkritik

Der Begriff „Parteienstaat" benennt die enge Verflechtung von Parteien und Gesellschaft, von Parteien und Wirtschaft sowie von Parteien und Staat. Das parteienstaatliche Verständnis österreichischer Politik äußert sich in einer tendenziellen Unbescheidenheit jener beiden politischen Parteien, die die Zweite Republik aufgrund ihrer Stärke und Funktionen dominiert haben, SPÖ und ÖVP. Diese beiden Parteien beschränkten sich nicht auf die Rolle politischer Parteien in liberal-repräsentativen Systemen (Interessensvertretung und Rekrutierung der politischen Elite), sie regulierten auch den Zugang zu gesellschaftlichen und wirtschaftlichen Positionen.

Die Besetzung von Positionen in der Bürokratie wurde in Zeiten Großer Koalitionen junktimiert, d. h. die Hochbürokratie folgte einer parteipolitischen Symmetrie. Die österreichische Rechtsordnung kennt zwar nicht den „politischen Beamten" (wie z. B. in den USA), sie pragmatisiert aber (auch) nach parteipolitischen Kriterien bestellte Personen.

Aber nicht nur in der Hoheitsverwaltung, sondern auch bei der Verstaatlichten, beim Schulwesen, bei der Bestellung von Mitgliedern des Verfassungsgerichtshofes und der Nationalbank entscheiden politische Parteien. Die Entscheidungen folgen oft dem Prinzip der Aufteilung – dem Proporz. Ein besonders eklatantes Beispiel für den Parteienproporz ist die Besetzung von Schulbehörden: „Die stimmberechtigten Mitglieder der Kollegien der Landesschulräte sind nach dem Stärkeverhältnis der Parteien im Landtag, die stimmberechtigten Mitglieder der Kollegien der Bezirksschulräte nach dem Verhältnis der für die im Landtag vertretenen Parteien bei der letzten Landtagswahl im Bezirk abgegebenen Stimmen zu bestellen." (Art. 83 Abs. 3 B-VG, 1962 verabschiedet)

Die gesellschaftliche Schleusenwärterfunktion, Elitenkonsens und die politischen Proporzmechanismen, sowie die langjährigen Verschränkungen von Politik und Wirtschaft kulminieren in einer im internationalen Vergleich dominanten Rolle der politischen Parteien. Dominanz und Machtverflechtung wurden selbst während der dreizehnjährigen SPÖ-Alleinregierung nicht aufgebrochen, die ÖVP blieb über ihre Rolle in den Bundesländern und durch die Teilnahme am sozialpartnerschaftlichen Entscheidungsmodus „proportional" mächtig.

Der Parteienstaat ist das Ergebnis einer historisch gewachsenen Grundeinstellung, bei der auch die Menschen ihre Erwartungen an die „Lagerparteien" und deren Subsysteme formulierten. Menschen fühlten sich einem „Lager", dem sozialdemokratischen oder dem konservativen zugehörig, loyal. Sie wählten nicht nur diese Partei, die Partei war auch „Heimat". Die Parteien waren loyal gegenüber ihren WählerInnen, sie boten in der Ersten Republik Unterstützung von der Wiege bis zur Bahre. In der Zweiten Republik ist Patronage kennzeichnend – das Parteibuch öffnete Schleusen in Richtung Arbeitsplatz und Wohnung.

Am Parteienstaat, Proporzsystem und am Parteibuch als Zuteilungskriterium entzündet sich vielfältige Kritik. Eine Reaktion der politischen Parteien auf diesen Trend ist die Rekrutierung von QuereinsteigerInnen auf politische Mandate und die Besetzung von Positionen durch Nicht-

Parteimitglieder bzw. mit Politik-Unerfahrenen. Der Quereinstieg von Personen für politische Mandate wird zum Signal eines Rückzugs der Parteien. Ein Rückzug aus Bereichen allerdings, die die ureigensten Orte des Agierens politischer Parteien darstellen, nämlich die Rekrutierung der politischen Elite für parlamentarische Vertretungskörper.

QuereinsteigerInnen sind Teil politischer Wahlkampfstrategien, in der die mediale Inszenierung von Bedeutung ist. QuereinsteigerInnen erlauben Dramaturgie, sie versprechen mediale Aufmerksamkeit zu einem von der Partei gewünschten Zeitpunkt. QuereinsteigerInnen symbolisieren Bürgernähe, sie sollen zeigen, daß Menschen auch ohne Ochsentour durch die Partei „etwas werden können". Sie stehen aber auch für Sachthemen, die die jeweilige Partei mit Hilfe von QuereinsteigerInnen besetzen will.

Die Partei mit den meisten Quereinsteigern und QuereinsteigerInnen ist die FPÖ. ÖVP und SPÖ proben dieses Instrument ebenfalls. Das neue SPÖ-Parteiprogramm (1998) enthält die Öffnung der Partei für die Mitarbeit von Nicht-Mitgliedern. Die Öffnung wurde dann bei der EU-Wahl 1999 praktiziert (Spitzenkandidat) und bei der Nationalratswahl 1999, wo eine Quereinsteigerin an vorderster Stelle kandidierte.

Mit der Kritik an der Patronage gehen Probleme beim Ausstieg aus der Politik einher. Eine Balance und Unterscheidungsfähigkeit zwischen „Versorgungsposten" (Patronage) und „Berufsverbot" ist für Menschen, die nach einer bestimmten Zeit politischer Tätigkeit wieder in Berufe einsteigen wollen/müssen, noch nicht gefunden. Je jünger aber Menschen in die Politik einsteigen, je weniger Politik ein Beruf auf Dauer ist (die Abgeordneten im Nationalrat werden jünger), desto stärker werden Ausstiegs- und berufliche Wiedereinstiegsmuster ehemaliger PolitikerInnen notwendig sein.

Literatur

Beyme, Klaus von: Parteien in den westlichen Demokratien. München 1984.

Dachs, Herbert, u. a. (Hg.): Handbuch des politischen Systems Österreichs. Die Zweite Republik. Wien 1997.

Plasser, Fritz/Peter A. Ulram/Gilg Seeber: (Dis-)Kontinuitäten und neue Spannungslinien im Wählerverhalten: Trendanalysen 1986–1995. In: Fritz Plasser/Peter A. Ulram/Günther Ogris (Hg.): Wahlkampf und Wählerentscheidung. Analysen zur Nationalratswahl 1995. Wien 1996, S. 155–209.

Schedler, Andreas: Zur (nichtlinearen) Entwicklung des Parteienwettbewerbs (1945 bis 1994). In: ÖZP, Heft1/1995, S.17–34.

9. Wahlen und Wählen

Schlüsselbegriffe: *Wahlrecht; Wahlsysteme; Wahlrechtsreformen, Wahlbeteiligung; Mobilität des WählerInnenverhaltens, gender-gap, Nationalratswahl 1999.*

Wahlen legitimieren die AkteurInnen politischer Systeme. Sie sind für liberal-demokratische Systeme konstitutiv – ein politisches System ohne Wahlen ist kein demokratisches System. Trotzdem ist die Wahl lediglich eine notwendige, aber noch keine hinreichende Voraussetzung für Demokratie – alleine das Faktum der Wahl macht ein politisches System noch nicht demokratisch. Beispiele: Das gewichtete Kurienwahlrecht zur Zeit der Monarchie machte aus dem Parlament noch keine demokratische Vertretungseinrichtung oder die Abstimmung zum Anschluß Österreichs im März 1938 macht das Ergebnis nicht demokratisch.

Demokratisch sind Wahlen dann, wenn das Wahlrecht gewisse Voraussetzungen erfüllt – allgemein, gleich, frei, geheim, unmittelbar und persönlich –, und wenn die Abstimmungsinhalte demokratischen Standards entsprechen. Demokratisch sind Wahlen schließlich dann, wenn Alternativen existieren, wenn freie Auswahlmöglichkeiten zwischen verschiedenen BewerberInnen oder kompetitive Parteien/Listen bestehen.

Weniger eindeutig werden Beschränkungen des Wahlrechtes auf bestimmte Personengruppen beurteilt. Wahlrechtsentwicklungen zeigen, daß die materielle Bestimmung dessen, was als gleiches (versus gewichtetes) Wahlrecht und als allgemeines Wahlrecht (Ausweitung des gleichen Wahlrechtes der Männer auf Frauen) interpretiert wird, mit Machtverhältnissen und Interessen korrespondiert. Nach wie vor besitzen nicht alle in einem Land lebenden Menschen das aktive (das Recht zu wählen) sowie das passive (das Recht gewählt zu werden) Wahlrecht. „One-person-one-vote" zählt zwar zur demokratischen Selbstverständlichkeit, der Grundsatz findet allerdings seine Grenze bei der Staatsbürgerschaft. In der Vergangenheit hatten Frauen nicht das allgemeine Wahlrecht wie Männer, in der Gegenwart ist das Wahlrecht an die Staatsbürgerschaft und nicht etwa an den Wohnsitz gebunden. Kurzum: wer politisches Subjekt ist, ist Gegenstand von Politik; wer politisches Subjekt ist, d. h. wer in einer repräsentativen Demokratie die RepräsentantInnen durch Wahlen ermächtigt, ist umstritten und unterliegt Interessenskonstellationen. Die Dynamik bedeutete im letzten Jahrhundert, daß zunehmend mehr Menschen sich das Recht erkämpften, an Wahlen zu partizipieren. Durch Migration und gesetzlichen Regelungen der einfachen StaatsbürgerInnenschaft sowie der Koppelung des Wahlrechtes an die Staatsbürgerschaft wächst die vom Wahlrecht ausgeschlossene Gruppe wieder.

9.1 Wahlsysteme

Wahlsysteme sind institutionelle Rahmenbedingungen mit vielfältigen Auswirkungen und Effekten auf das Wahlverhalten von Personen, auf die Chancen bestimmter Personen/Personengruppen gewählt zu werden, und sie sind schließlich entscheidend für die Machtverteilungen (z. B. Grundmandatshürde) und das Parteiensystem.

Aus diesen Gründen sind Wahlsysteme selbst ein Politikum, d. h. Gegenstand parteipolitischer Machtkämpfe. Dementsprechend profitieren in der Regel jene Gruppierungen von Wahlrechtsreformen, die an der Ausgestaltung der Reform beteiligt sind.

In Österreich wurde mit der Einführung des allgemeinen und gleichen Wahlrechts das Verhältniswahlsystem für die Zusammensetzung parlamentarischer Einrichtungen (Nationalrat, Landtage, Gemeindevertretung) eingeführt. Das Verhältniswahlsystem ist verfassungsrechtlich geregelt, eine Abänderung bedürfte somit einer Zwei-Drittel Mehrheit im Parlament. Parallel dazu gilt für die Wahl des Bundespräsidenten/der Bundespräsidentin und für die Direktwahlen der BürgermeisterInnen das Mehrheitswahlsystem (wenn eine Person im ersten Wahlgang nicht die absolute Mehrheit erreicht, ist ein zweiter Wahlgang zwischen jenen beiden Personen, die relativ die meisten Stimmen erhalten haben, durchzuführen). Die österreichische Verfassung und die österreichische Praxis kennen also beide Wahlsysteme.

Zum Imperativ eines Verhältniswahlsystems gehört es, daß das Wahlsystem eine möglichst gerechte, d. h. den realen Kräfteverhältnissen der wahlberechtigten Bevölkerung entsprechende Repräsentation der Parteien im Parlament erlaubt bzw. herstellt. Das Wahlsystem trägt dem politischen Pluralismus Rechnung. Kleine Parteien, die in Mehrheitswahlsystemen kaum Chance auf Repräsentation haben, finden mit einem Verhältniswahlsystem eher Eingang ins politische System. Grundmandatshürden bzw. Mindestprozenthürden verzerren die Widerspiegelung des Kräfteverhältnisses im Parlament, sie gelten als ein Instrument gegen die Zersplitterung der Parteienlandschaft. Je stärker das Verhältniswahlrecht sich der idealtypischen Repräsentativität annähert, d. h. je weniger mehrheitsfördernde Effekte für Regierungsmehrheiten eingebaut sind (in Österreich seit 1971), desto weniger sind absolute Mandatsmehrheiten zu erwarten. Die absoluten Mehrheiten der Kreisyk-Ära stellen auch diesbezüglich eine Ausnahme dar.

Das Gegenstück zum Verhältniswahlsystem ist das Mehrheitswahlsystem. Dieses System hat sich im wesentlichen in den anglo-amerikanischen Demokratien durchgesetzt (Großbritannien, USA, Neuseeland). Die Pro-Argumente für die Anwendung von Mehrheitswahlsystemen (zu unterscheiden sind relative und absolute Mehrheitswahl) ist die klare parteiliche Mehrheitsbildung, größere Chancen für den Wechsel von Regierung und Opposition und somit ein Mehr an demokratischer Kontrolle und Transparenz. Die demokratische Frage einer auch nur annähernd spiegelbildlichen Repräsentation der Gesellschaft in den politischen Entscheidungsprozessen tritt demgegenüber in den Hintergrund.

Politische wie politikwissenschaftliche Diskussionen und Vorschläge nach Wahlrechtsänderung für die Nationalratswahlen in Richtung mehrheitsfördernde Elemente werden in Österreich primär vor dem Hintergrund konkordanzdemokratischer Praxis geführt. Denn es ist österreichische Normalität (gewesen), daß Wahlen kaum Veränderungen der Regierungskonstellationen bewirkten, daß Regierungen relativ unabhängig von Wahlausgängen gebildet werden/wurden. Die Regierungsform der Großen Koalition erstreckte sich auf einen Großteil der Zweiten Republik. Ein mehrheitsförderndes Wahlsystem könnte einen Wechsel der Regierungsformen begünstigen.

Die Wahlrechtsreform 1971 jedenfalls brachte eine Stärkung des Prinzips der Verhältniswahl und folglich eine Absage an ein Mehrheitswahlsystem.

Das zweite Wahlrechtsprinzip bewegt sich auf der Ebene Listenwahlrecht einerseits und Persönlichkeitswahlrecht andererseits. Das österreichische Wahlrecht ist recht eindeutig als Listenwahlrecht zu bezeichnen; die Wahlrechtsreform 1992 nahm jedoch Persönlichkeitselemente auf.

9.2 Wahlrechtsentwicklungen

Das Wahlrecht ermöglicht die Repräsentation der Bevölkerung in Parlamenten bzw. macht diese unmöglich. Bis 1918/19 erlaubte das österreichische Wahlrecht lediglich die Vertretung der Minderheit – einer sozialen und männlichen Minderheit. Der „Souverän" wurde mit der Ausweitung des Wahlrechts für das Abgeordnetenhaus in Wien „größer", der Parlamentarismus näherte sich demokratischen Grundvoraussetzungen an.

Von 1873 bis 1896 erfaßte das Wahlrecht zum Abgeordnetenhaus eine Minderheit ökonomisch privilegierter Männer. Die Qualifikation zur demokratischen Partizipation hing von Einkommen und Besitz ab. Von 1896 bis 1907 war zwar ein Wahlrecht in Gebrauch, das alle männlichen Staatsbürger erfaßte, jedoch war es in Abhängigkeit der Steuerleistung ungleich ausgestaltet (Kurienwahlrecht). Im Jahre 1907 wurde für alle Männer das gleiche und allgemeine Wahlrecht, d. h. das Recht zu wählen und gewählt zu werden, unabhängig von der Steuerleistung, eingeführt.

Das Wahlrecht nach 1907 beinhaltete neben der Ausschließung von Frauen auch nationale Verzerrungen. Durch die spezielle Einteilung der Wahlkreise und der Berücksichtigung der Steuerleistung wurden nationale Vorrechte gestützt. Deutschsprachige Parteien brauchten für ein Mandat weniger Stimmen als nicht-deutschsprachige (z. B. die Parteien der Ruthenen benötigten für ein Mandat 22.785 Stimmen, die deutschsprachigen Parteien 9.575 Stimmen; vgl. Nick/Pelinka 1984).

Das gleiche und allgemeine Frauenwahlrecht wurde mit dem Ende der Monarchie und dem Beginn der Ersten Republik 1918 auf Betreiben der SozialdemokratInnenen verabschiedet. Allerdings ermöglichten bereits einige Landtagswahlordnungen, die Großgrundbesitz, Steuerleistung oder Bildung zum Kriterium des Wahlrechtes machten, zumindest vorübergehend und eingeschränkt die Stimmberechtigung von Frauen (z. B. Niederösterreich) bzw. waren in Tirol nach der Landtagswahlordnung von 1863 Frauen aus der Kurie des adeligen Großgrundbesitzes indirekt wahlberechtigt – d. h. Frauen durften nicht persönlich das Stimmrecht ausüben, sie waren nicht „eigenberechtigt", sondern Ehemänner oder Bevollmächtigte übten das Stimmrecht stellvertretend aus (zum Frauenwahlrecht vgl. Zaar 1998).

Nach der Nationalratswahlordnung (1992) sind alle Frauen und Männer, die die österreichische Staatsbürgerschaft besitzen und vor dem 1. Jänner des Jahres der Wahl das 18. Lebensjahr vollendet haben und vom Wahlrecht nicht ausgeschlossen sind, wahlberechtigt. Vom Wahlrecht ausgeschlossen sind Menschen, die durch ein inländisches Gericht zu einer mehr als einjährigen Freiheitsstrafe verurteilt sind.

Das geltende Wahlrecht kennt das Alter und die Staatsbürgerschaft als Voraussetzung für bzw. als Beschränkung von politischer Repräsentation. Alter und Staatsbürgerschaft entscheiden über Inklusion bzw. Exklusion. Die Bedeutung der Staatsbürgerschaft anstelle des Wohnsitzes wurde mit dem Wahlrecht für AuslandsösterreicherInnen (1989) unterstrichen. Die restriktive Handhabung der Zugangsbeschränkungen von „AusländerInnen“ zur Staatsbürgerschaft führt dazu, daß die Gruppe, die an der Politik nicht partizipieren kann und nicht repräsentiert ist, wieder größer wird. Wieder mehr Menschen, die in Österreich leben, arbeiten und von politischen Regelungen betroffen sind, sind an der Legitimation der EntscheidungsträgerInnen nicht beteiligt. Die Exklusion über das Wahlrecht nimmt zu. Im Nationalratswahlkampf 1999 war gerade die Zuwanderung und die Gruppe „AusländerInnen“, die selbst keine Stimme hat, vermutlich weil sie keine Stimme hat, politisch-emotionalisertes Thema.

Bürger und BürgerInnen mit einer Staatsbürgerschaft eines EU-Landes besitzen auf der kommunalen Ebene sowie zum Europäischen Parlament das Wahlrecht, nicht jedoch zu Wahlen für Landtage und zum Nationalrat. Bei Betriebsratswahlen haben das aktive Wahlrecht auch Nicht-ÖsterreicherInnen, allerdings nicht das passive Wahlrecht.

Die Wahlen zum Nationalrat erfolgen verfassungsgemäß nach dem Prinzip der Verhältnismäßigkeit und nach den Grundsätzen des allgemeinen, gleichen, freien, geheimen, unmittelbaren und persönlichem Wahlrechts. Darüber hinaus sind die Modalitäten einfachgesetzlich zu regeln. Zwei größere Reformen für die Wahlen zum Nationalrat wurden in der Zweiten Republik durchgeführt: Die Wahlrechtsreform 1971 zur Zeit der Minderheitsregierung der SPÖ und 1992 während der Großen Koalition.

Die Wahlrechtsreform 1971 stellte eine stärkere Repräsentativität der politischen Kräfte im Parlament her, sie brachte mehr Wahlgerechtigkeit insbesondere für kleinere Parteien. Die Wirkungen des Verhältniswahlrechtes wurden ausgebaut. Die Verringerung der Anzahl der Wahlkreise von 25 auf neun (Bundesländer) und die Veränderung der Ermittlungsverfahren (Einführung des Hare'schen Systems der Mandatsermittlung) erlaubt eine ähnliche Behandlung der Kleinparteien wie der Großparteien. Sie beseitigte den Effekt der Begünstigung der Großparteien bei der Mandatsermittlung und sie reduzierte die Zugangshürden für kleinere Parteien. Bis zur Wahlrechtsreform 1971 war durch die Einteilung des Bundesgebietes in 25 Wahlkreise die FPÖ bei der Mandatsermittlung benachteiligt: Sie brauchte 1970 für ein Mandat 42.238 Stimmen (die ÖVP 26.295 und die SPÖ 27.432 Stimmen) und 1971, nach der Wahlrechtsreform (einschließlich Erhöhung der Mandatsanzahl von 165 auf 183), ähnlich wie ÖVP und SPÖ etwas über 24.000 Stimmen. Für Parteien, die die 4-Prozent-Hürde überspringen, gelten prinzipiell gleiche Wettbewerbsregeln. Der einzige mehrheitsfördernde Effekt ist das Überspringen der Grundmandatshürde im ersten Ermittlungsverfahren (auch wenn 25.000 Stimmen, die für ein Mandat notwendig sind, überschritten werden). Ein Effekt, an dem 1999 das Liberale Forum, nach dem es zwei Mal den Einzug ins Parlament schaffte, scheiterte.

Das politische Anliegen der Wahlrechtsreform 1992 wurde als Verbesserung des Kontaktes zwischen WählerInnen und Gewählten kommuniziert. Die Wahlrechtsreform enthält neben einer Änderung der Ermittlungsverfahren auch die Berücksichtigung von Persönlichkeitsaspekten, jedoch bei grundsätzlicher Beibehaltung des Listenwahlrechts und des Prinzips der Dominanz der politischen Parteien bei der Rekrutierung bzw. Nominierung. Die ins Wahlrecht eingebauten Persönlichkeitselemente schwächen das Listenwahlrecht leicht, was geringe Auswirkungen auf die Binnenstruktur der politischen Parteien (insbesondere beim Nominierungsverfahren) bringen kann.

Die Signale der Verpersönlichung der Wahl sind vor dem Hintergrund von Kritik an Parteien von Parteien und aufgrund einer Verdrossenheit der Bevölkerung gegenüber den politischen Parteien bzw. der Parteienstaatlichkeit zu sehen.

Konkret geändert wurden durch die Wahlrechtsreform 1992 gegenüber dem Wahlrecht von 1971 (vgl. ausführlich Müller 1997):

- Die Mandatsermittlung erfolgt auf drei Ebenen: Erstens auf Regionalwahlkreisen (insgesamt 43), zweitens auf Landeswahlkreisen (neun Bundesländer) und drittens auf der Bundesebene für ganz Österreich. Die Wahlzahl (=Anzahl der für ein Mandat erforderlichen Stimmen) wird ermittelt, indem die Anzahl der gültigen Stimmen durch die einem Wahlkreis zugeteilten Mandate geteilt wird.

- Im ersten Ermittlungsverfahren werden die Mandate in den Regionalwahlkreisen vergeben. So oft die Wahlzahl in der Stimmenzahl enthalten ist, so viele Mandate bekommt eine Partei in diesem Ermittlungsverfahren. Im zweiten Ermittlungsverfahren werden die Mandate in den Landeswahlkreisen vergeben. Voraussetzung an der Teilnahme der Vergabe von Mandaten ist, daß eine Partei entweder ein Regionalwahlkreismandat oder bundesweit die 4-Prozent-Hürde nimmt. Die Mandate ergeben sich wieder aus der Wahlzahl und der Stimmenzahl im Regionalwahlkreis. Im dritten Ermittlungsverfahren schließlich werden die Mandate in ganz Österreich vergeben (Bundesliste).
- Das Verhältnis zwischen WählerInnen und Gewählten wird durch das Vorzugsstimmensystem direkter gestaltet. Abgeordnete haben die Möglichkeit, über Vorzugsstimmen überhaupt in den Nationalrat einzuziehen oder die Reihenfolge der Zuweisung der Mandate zu verändern. Die tatsächlich vorgenommenen Veränderungen der Liste durch das Vorzugsstimmensystem sind aber bescheiden geblieben. Es sind vor allem die Listenersten, die mit Vorzugsstimmen bedacht werden. Einen erfolgreichen Vorzugsstimmenwahlkampf führte bei der Nationalratswahl 1999 Gerhard Bruckmann, Seniorenvertreter der ÖVP. Er kam über die Vorzugsstimmen in den Nationalrat und verdrängte damit eine Listenkandidatin.

Mit der Wahlrechtsreform 1992 ist es nicht mehr möglich, daß ein Kandidat/eine Kandidatin an der Spitze aller Wahlkreise steht, sondern ein Antreten ist nur in einem Wahlkreis möglich (Bundeskanzler Vranitzky war 1990 in allen Wahlkreisen Spitzenkandidat und erreichte 576.315 Vorzugsstimmen).

9.3 Direktwahlen, Vorwahlen, EU-Wahlen

Nationalrat (auf der Ebene der Bundesländer die Landtage, auf der Ebene der Gemeinden die Gemeinderäte) und Bundespräsident bzw. die Bundespräsidentin werden direkt gewählt. Weiters sehen die Landeswahlordnungen einiger Bundesländer (Salzburg, Tirol, Kärnten) die Direktwahl der BürgermeisterInnen vor. Die Intention für die Einführung der Direktwahlen war die Personalisierung des Wahlrechtes.

Die Direktwahl der Landeshauptleute wird diskutiert. Die Bundesregierung und die Landesregierungen werden indirekt durch die Wahl des Nationalrates bzw. der Landtage kreiert.

Direktwahlen der Exekutive durchbrechen das parlamentarische Regierungssystem, sie nähern sich einem präsidentiellen Systemtypus an. Der Bürgermeister/die Bürgermeisterin als Vorsitzende/r der Exekutive ist nicht dem Gemeinderat direkt verantwortlich, sondern den BürgerInnen. Durch die Existenz von zwei Wahlgängen ist es auch möglich, daß der Bürgermeister/die Bürgermeisterin einer anderen Partei angehört als die Mehrheit des Gemeinderates.

Vorwahlen sind ein Prozeß zur Rekrutierung und Nominierung der KandidatInnen für allgemeine Wahlen zu Vertretungskörpern (Nationalrat, Landtag, Gemeinderat). Vorwahlen werden von politischen Parteien durchgeführt, für sie gibt es keine rechtlich-verbindlichen Grundlagen, sondern sie sind Ergebnis innerparteilicher Entscheidungen. Vorwahlen werden nicht selten mit der Absicht organisiert, über diesen Modus eine Erneuerung/Umstrukturierung der Partei bewerkstelligen zu können. Gleichzeitig sind Vorwahlen auch ein Signal für mehr innerparteiliche Demokratie, für eine größere Einbindung der Basis bei der Entscheidung über die KandidatInnen. Vorwahlen werden oft in einer Krise diskutiert und verabschiedet. Dabei spielen nicht nur die größeren Partizipationsmöglichkeiten der WählerInnen eine Rolle, sondern verstärkt auch Überlegungen, die KandidatInnen für die Partei auch „rennen" zu lassen, d. h. ihnen nicht nur ein „sicheres" Mandat anzubieten, sondern den Erfolg auch vom eigenen wahlkämpfenden Engagement abhängig zu machen.

Vorwahlen sind auch bzw. vor allem im Kontext der Personalisierung und Mediatisierung der Politik zu beurteilen.

Anstelle der Parteiorganisation sind es, je nach Vorwahlmodell, die Mitglieder und/oder FunktionärInnen („geschlossene Vorwahl" bzw. die interessierten Wähler und WählerInnen („offene Vorwahl"), die Einfluß auf die Listenerstellung nehmen. Vorwahlen werden und wurden in der ÖVP praktiziert (insbesondere auf der Landesebene, Oberösterreich, Tirol und Niederösterreich), teilweise sogar als „offene Vorwahlen". Vorwahlen sieht auch die SPÖ vor, allerdings als „geschlossene". Gegenwärtig nimmt die Bedeutung der Vorwahlen allerdings tendenziell wieder ab.

Ein gegenläufiger Trend zu den Vorwahlen bestimmte die Nationalratswahl 1999 in Österreich – der Trend QuereinsteigerInnen auf sichere

Listenplätze zu holen. Diese müssen nicht um das Mandat „rennen“, sie sollen jedoch der Partei das Image der Öffnung und der BürgerInnennähe geben (siehe Kapitel Parteien – PolitikerInnen – Parteienstaat).

Die Wahlen zum Europäischen Parlament finden nach innerstaatlichen Regelungen statt. Das Europarecht gibt lediglich prinzipielle Vorgaben für die Wahl (z. B. fünfjährige Wahlperiode, aktives und passives Wahlrecht der UnionsbürgerInnen, Unvereinbarkeitsregelungen), die konkrete Ausgestaltung obliegt der Kompetenz der Mitgliedsstaaten. Die Realisierung eines einheitlichen Europawahlsystems steht noch aus. Die grundsätzlichen Unterschiede der Wahlsysteme der einzelnen Mitgliedsstaaten, die Mehrheits- und Verhältniswahlsysteme, sind so gravierend, daß eine Vereinheitlichung bisher nicht konsensfähig war. Folglich sind im Europäischen Parlament sowohl nach dem Mehrheitswahlrecht (Großbritannien) als auch nach dem Verhältniswahlrecht (Österreich) gewählte Abgeordnete vertreten.

9.4 Wahlbeteiligung und Wahlpflicht

Wählen war in der Zweiten Republik moralische, staatsbürgerliche Pflicht. Einige Bundesländer gaben der Moral darüber hinaus mit der Wahlpflicht einen gesetzlichen Rahmen.

Wahlpflicht besteht für die Bundespräsidentenwahl sowie in Tirol und Vorarlberg auch für Landtags- und Gemeinderatswahlen. Im Jahre 1993 entzog der Bund den Bundesländern die Ermächtigung, auch für Nationalratswahlen die Wahlpflicht festzulegen. Die Wahlpflicht wurde in diesen beiden Bundesländern in den letzten Jahrzehnten stets verteidigt und Versuche, von der Wahlpflicht abzugehen, scheiterten.

Historisch gesehen steht die Wahlpflicht auf Bundesländerebene in direktem Zusammenhang mit der Einführung des Frauenwahlrechtes (1918). Damals befürchteten die der Einführung des Frauenwahlrechtes ablehnend gegenüberstehenden Christlich-Sozialen, daß konservativ eingestellte Frauen vom Wahlrecht kaum Gebrauch machen würden, daß jedoch die sozialdemokratischen Frauen, die für das Frauenwahlrecht kämpften, vom Wahlrecht stärker Gebrauch machen würden und so die Mehrheitsverhältnisse verändern würden.

Die Wahlbeteiligung, Maßzahl politischer Teilnahme, war in der Zweiten Republik ausgesprochen hoch (sie betrug bei Nationalratswahlen bis

1986 stets über 90 Prozent). Einen ähnlichen Verlauf zeigt die Wahlbeteiligung bei der BundespräsidentInnenwahl: sie betrug bis 1986 jeweils über 90 Prozent, sackte 1998 auf 73,9 Prozent ab (trotz Wahlpflicht!).

Bei den letzten Wahlen zum EU-Parlament ebenso wie zum Nationalrat konnte aber weder durch die moralische noch durch die gesetzliche Wahlpflicht die Wahlbeteiligung weit über den europäischen Werten halten. Bei der EU-Wahl lag sie ziemlich genau im EU-Durchschnitt, nämlich bei 49 Prozent. 1996 betrug sie noch 67,7 Prozent und lag damit deutlich über den EU-Durchschnitt (1994). Bei der Nationalratswahl 1999 lag sie bei 79 Prozent. Dies ist verglichen mit anderen europäischen Staaten nichts besonders, besonders ist diese Wahlbeteiligung aber, wenn sie mit der Beteiligungsintensität früherer Wahlen verglichen wird. Alleine diese niedrige Wahlbeteiligung mit demokratischer Normalisierung und Angleichung an Standards westeuropäischer Staaten zu erklären (Normalisierungsthese), erfaßt immer weniger die Komplexität der Vorgänge. Insbesondere gegenüber jenen politischen Parteien, die ihre Wähler und WählerInnen an die Nicht-WählerInnen verlieren (wie 1999 die SPÖ) bietet die Normalisierungsthese wenig Erkenntnis.

Die Wahlforschung gibt unterschiedliche Erklärungen für das Sinken der Wahlbeteiligung (vgl. Bürklin/Klein 1998):

- eine niedrige Wahlbeteiligung sei im Zusammenhang mit der gesellschaftlichen Individualisierung zu sehen, die die affektiven Parteibindungen und –identifikationen auflöse;
- eine niedrige Wahlbeteiligung sei Ausdruck einer Politikverdrossenheit und einer Protesthaltung gegenüber den politischen Institutionen und RepräsentantInnen (politischen Parteien).

Darüber hinaus wird in der wissenschaftlichen Wahlforschung die Meinung vertreten, daß die Wahlbeteiligung nicht unbedingt etwas über die Qualität der Demokratie bzw. die Legitimation des politischen Systems aussage. Eine hohe Wahlbeteiligung müsse nicht notwendigerweise ein Mehr an demokratischer Qualität bedeuten als eine niedrige Wahlbeteiligung.

Die Beteiligungsintensität bei der direkt-demokratischen Partizipationsform der Volksbegehren ist bedeutend niedriger als bei Wahlen oder bei Volksabstimmungen. So betrug die Beteiligung beim stimmenstärksten Volksbegehren etwa 25 Prozent (Schutz des menschlichen Lebens,

1975), der Großteil der Volksbegehren erzielte aber Beteiligungswerte unter zehn Prozent der Stimmberechtigten.

Die Politikwissenschaft schreibt und spricht anhand der abnehmenden Beteiligung der Menschen an der Legitimation repräsentativer Organe von einer steigenden Politikverdrossenheit. Hinsichtlich der Beteiligung bei Wahlen ist diese These zutreffend. Gleichzeitig konstatiert die politische Kulturforschung allerdings, dass seit den 70er Jahre alleine das Interesse an der Politk steige und daß des Desinteresse sinke.

Was Österreich betrifft, so ist festzuhalten, daß parallel zum Rückgang der Wahlbeteiligung eine Entwicklung direkt-demokratischer Partizipation und sog. unkonventioneller Beteiligungsformen stattfindet. Die praktische Akzeptanz der direkt-demokratischen Instrumente, einschließlich von politischen Beteiligungsformen wie grass-roots-Initiativen und Neue Soziale Bewegungen, lassen nicht ohne weiters den gezogenen Schluß der Politikverdrossenheit zu. In anbetracht der wachsenden Beteiligung an Basisbewegungen, Bürgerinititavien und der Bereitschaft, sich an Volksbegehren zu engagieren, ist gleichzeitig von einer größeren politischen Bereitschaft zu reden als von allgemeiner Politikverdrossenheit. Wählen ist eben nicht mehr die einzige Partizipationsform.

Unter unkonventionellen Beteiligungsformen an politischer Willensbildung und –entscheidung versteht die politische Kulturforschung das nicht-institutionelle Engagement in BürgerInneninitiativen, Neuen Sozialen Bewegungen und in zivilgesellschaftlichen Einrichtungen (Frauenbewegung, Friedensbewegung der 70er Jahre, Dritte-Welt-Gruppen, Engagement gegen die Asyl- und AusländerInnepolitik wie z. B. das Lichtermeer 1993). Allerdings, so die Einschränkung, ist das steigende Politikengagement außerhalb der politischen Parteien von der Verfügbarkeit sozialer und wirtschaftlicher Ressorcen, letztlich von Bildung, Beruf und Einkommen, abhängig. Die direkt-demokratische wie die unkonventionelle politische Partizipation sind stärker schicht- und klassenspezifisch strukturiert. Soziale Ungleichheit beschränkt die politische Teilhabe in diesen Bereichen stärker als den Zugang zu den konventionellen, institutionellen Formen der Partizipation (vgl. Plasser/Ulram 1997).

Tab. 9.1: **Wahlbeteiligung in Österreich (gemessen an der wahlberechtigten Bevölkerung)**

Jahr	Vertretungskörper	Wahlbeteiligung in Prozent
1945	Nationalrat	94,3
1966	Nationalrat	93,8
1983	Nationalrat	92,6
1986	Nationalrat	90,4
1990	Nationalrat	86,0
1994	Nationalrat	81,9
1995	Nationalrat	85,9
1999	Nationalrat	80,42
1996	Europäisches Parlament	67,7
1999	Europäisches Parlament	49,0
1994	EU-Gesamt	56,8
1999	EU-Gesamt	49,9
1987	Volksabstimmung „Zwentendorf“	64,1
1994	Volksabstimmung EU-Beitritt	82,4
1964	ORF-Volksbegehren	17,27
1975	Schutz des menschlichen Lebens-Volksbegehren	17,93
1982	Konferenzzentrum-Volksbegehren	25,75
1997	Gentechnik-Volksbegehren	21,23
1999	Familienvolksbegehren	3,17

Quelle: Zusammenstellung aufgrund offizieller Mitteilungen.

9.5 Mobilität der WählerInnen

Bis in die 80er Jahre zeichnete sich das Wahlverhalten der Österreicher und Österreicherinnen durch eine große Stabilität aus. Das Elektorat verstand sich entsprechend der Existenz von „Lagerparteien“ bzw. Milieus als StammwählerInnenschaft. Seit den 80er Jahren nimmt der Anteil der StammwählerInnen zugunsten der WechselwählerInnen ab. Der WechselwählerInnenanteil steigt, die Parteiidentifikation und –bindung nimmt kontinuierlich ab, die traditionellen Muster und Determinanten des Wahlverhaltens brechen auf, neue Muster und Determinanten bilden sich heraus.

Der Dealignment-Ansatz geht von einer langfristigen Erosion der traditionellen Parteibindungen aus. Erosions- und Auflösungsprozesse der beiden (ehemaligen) Großparteien werden analysiert, die Auflösung der Subkulturen und das Ende der „Lagermentalität" ist Gegenstand. Der Realignment-Ansatz geht von einer Neuorientierung und Neukonzentration der WählerInnengruppen aus. Die Realignment-Perspektive skizziert neue Umrisse der WählerInnenschaft.

Betrug 1969 der StammwählerInnenanteil noch 65 Prozent der WählerInnenschaft, 1986 noch 39 Prozent, so fiel dieser Wert 1995 auf 28 Prozent. Besonders die beiden Traditionsparteien SPÖ und ÖVP sind von der Erosion betroffen (Plasser/Ulram 1995, S. 346). Mitte der 90er Jahre zeigt eine deutliche Mehrheit der ÖsterreicherInnen keine Parteibindung mehr (im Vergleich dazu: 1986 identifizierten sich noch 60 Prozent mit einer politischen Partei).

Bei der Nationalratswahl 1995 betrug der Anteil der konsistenten WählerInnen 56 Prozent. Eine besonders hohe Mobilität weisen die Angehörigen der jüngeren Generation auf. Lediglich 39 Prozent der unter 30jährigen gibt bei exit-polls an, StammwählerIn zu sein (siehe Tabelle). Den Traditionsparteien SPÖ und ÖVP kommen selbst die Kernschichten abhanden, und neue Gruppen vermögen sie nicht anzusprechen. Traditionelle Determinanten wie die Kirchgangshäufigkeit verlieren durch die Säkularisierung oder die gewerkschaftliche Bindung durch die Veränderung der Arbeitsgesellschaft ihre stabilisierenden Wirkungen auf das Parteiensystem. Modernisierung, sozio-ökonomischer und sozio-kultrueller Wandel der Gesellschaft verändern die soziale Basis der „Lager", postmaterialistische Werte, aber auch rechtspopulistische Agitation und eine aggressiv-emotionale Parteien-, PolitikerInnen- und Verbändekritik verändern das Verhalten der WählerInnen und damit das Parteiensystem. Demgegenüber sind neue Konfliktlinien auszumachen – altersspezifische und geschlechtsspezifische.

Tab. 9.2: **Politische Mobilitätstypen in Österreich (1986–1999)**
In Prozent der WählerInnen

Mobilitätstypen	**1986**	**1990**	**1994**	**1995**	**1999**
Stayers (Stammwähler)	71	63	55	56	62
Wavering Stayers	14	13	13	16	17
Wavering Shifters	11	14	14	18	15
Shifters (Wechselwähler)	4	10	10	10	6

Anmerkung:
Stayers = Stammwähler, die auch im Wahlkampf in keiner Phase kurzfristig an die Wahl einer anderen Partei gedacht haben.
Wavering Stayers = Stammwähler, die im Wahlkampf auch kurzfristig die Wahl einer anderen Partei überlegten.
Wavering Shifters = Wechselwähler, die im Wahlkampf auch kurzfristig eine andere Partei als die dann definitiv gewählte präferierten.
Shifters = Wechselwähler, deren Wechselwahlentscheidung vom Beginn des Wahlkampfes an feststand.

Quelle: Plasser/Ulram/Seeber 1996, S. 163; Fessel+GfK 1999.

Das geschlechtsspezifische Wahlverhalten war zu Beginn der Zweiten Republik von Tradition, Religion und Rollenbilden geprägt. Nach 1945 wählte die Mehrheit der Frauen konservativ, wie alleine das Wahlergebnis der Nationalratswahl 1945, als der Frauenanteil an den Wahlberechtigten 64 Prozent betrug (Gründe: 250.000 gefallene Soldaten und das Wahlverbot der 537.000 ehemaligen NSDAP-Mitglieder), demonstriert. Das Wahlergebnis: auf die ÖVP fielen 49,8 Prozent der Stimmen, auf die SPÖ 44,6 Prozent und auf die KPÖ 5,42 Prozent.

Bei der Nationalratswahl 1975 wählten Frauen, insbesondere berufstätige Frauen, nicht mehr überwiegend konservativ. Ergebnissen der Wahlforschung zufolge wurde die SPÖ signifikant stärker von Frauen als von Männern gewählt – die Positionierung der SPÖ zur Fristenregelung war 1975 ein Faktor der Wahlentscheidung.

Ab 1986 werden geschlechtsspezifische Verhaltensmuster wieder deutlich. Der Einzug der Grünen in den Nationalrat wird u. a. mit dem Wahlverhalten von Frauen erklärt. Exit-polls zur Nationalratswahl 1995 zeigen ein geschlechtsspezifisches Strukturprofil der politischen Parteien – kurz, die FPÖ wurde zur „Männerpartei", Grüne und LIF werden deutlicher von Frauen als von Männern gewählt, sie gelten als „Frauenparteien".

Tab.9.3: **Frauenstimmenanteil der Parteien 1979 bis 1998**

	SPÖ	ÖVP	FPÖ	LIF	GRÜNE
1979	54	53	51		
1982	54	54	52		
1986	55	53	47	51	
1990	54	54	46	52	
1994	56	54	46	58	55
1995	54	50	42	62	61

Quelle: Hofinger/Ogris 1996, S. 219.

Abschließend noch die Ergebnisse der Nationalratswahl 1999. Die Nationalratswahl 1999 brachte die niedrigste Wahlbeteiligung in der zweiten Republik (76,1 Prozent); sie bedeutet eine weitere Erosion der beiden Traditonsparteien, gleichzeitig ein Anwachsen der rechtspopulistischen FPÖ. Drei Mittelparteien und eine Kleinpartei prägen das Parteiensystem, in dem die SPÖ stimmenstärkste Partei ist und ÖVP und FPÖ nahezu Stimmengleichheit erreichten.

Erstmals beeinflußt die Erosion der ehemaligen Großparteien auch die Regierungsbildung. War die FPÖ trotz Gewinne in der Vergangenheit aufgrund ihrer Polarisierung in emotionalen Fragen und in Fragen der nationalsozialistischen Vergangenheit nicht „regierungsfähig“, so ist diesmal durch ihre Rolle als „Zweite“ die Konstellation geändert. Die politische Kultur der Konkordanzdemokratie ist damit tatsächlich an ihre Grenze gestoßen.

Der WechselwählerInnanteil war 1999 niedriger als 1995. Allerdings ist die Zahl der NichtwählerInnen höher.

Das LIF scheiterte an der 4-Prozent-Hürde, was die parlamentarische Konstellation verändert. Gleichzeitig „brauchen“ mit dem Ausscheiden des LIF mit 3,4 Prozent die Mandate der im Parlament vertretenen Parteien weniger Stimmen (die Mandate sind „billiger“ geworden).

Eine Neuorientierung des Wahlverhaltens wurde bei den unter 30jährigen deutlich – sie votierten für Oppositionsparteien (FPÖ und Grüne) und gegen Regierungsparteien. Der gender-gap wiederholte sich, die FPÖ blieb eine „Männerpartei“. Die sozio-strukturelle Basis der ehemaligen Milieuparteien bricht weiter auf – die klassische Klientel der SPÖ, die ArbeiterInnen, votierten stärker für die FPÖ als für die SPÖ.

Tab. 9.4: **Nationalratswahl 1999**

Wahlberechtigte: 5.838–373; Wahlbeteiligung: 80,42 Prozent

Parteibezeichnung	**Stimmen**	**Prozente**	**Mandate**
SPÖ	1.532.448	33,15	65
ÖVP	1.243.672	26,91	52
FPÖ	1.244.087	26,91	52
LIF	168.612	3,65	0
Grüne	342.260	7,40	14
KPÖ	22.016	0,48	0
DU (Liste Lugner)	46.943	1,02	0
NEIN (Nein zu NATO und EU)	19.286	0,42	0
CWG Christl. Wählergemeinschaft	3.030	0,07	0

Quelle: Offizielles Wahlergebnis

Dem FPÖ-Wahlerfolg kommt im europäischen Vergleich eine Sonderrolle zu. Keine der extreme-right-wing-parties (definiert als Parteien mit nationalistischen, ausländerfeindlichen und faschistischen Inhalten) hat bisher auch nur eine ähnlich hohe Zustimmung bei Wahlen erhalten. Die Front National hat 1997 einen WählerInnenanteil von 14,9 Prozent, in Deutschland haben 1998 auf der Bundesebene die Republikaner 1,8 und die Deutsche Volksunion (DVU) 1,2 Prozent erreicht (bei Landtagswahlen sind der FPÖ-ähnliche Ergebnisse erzielt worden); die Danske Folkepartti erreichte 7,4 Prozent (1998), die Fremskrittspartiet in Norwegen (1997) 15.3 Prozent.

Als Erklärungen der Wahlerfolge rechtspopulistischer Parteien bietet die Wahlforschung konkurrierende Thesen an: die These der ModernisierungsverliererInnen, die These der ideologischen Bekenntniswahl und die These der Protestwahl (vgl. Bürklin/Klein 1998). Die ModernisierungsverliereInnenthese dürfte diesmal angesichts der Zuwächse der FPÖ bei AkademikerInnen nur bedingte Erklärungskraft haben. Einiges spricht für die „Denkzettelwahl“. Über Motive im Rahmen der ideologischen Bekenntniswahl ist die empirische Wahlforschung noch zu befragen.

Literatur

Bürklin, Wilhelm/Markus Klein: Wahlen und Wäherlverhalten. Eine Einführung. Opladen 1998

Nick, Rainer/Anton Pelinka: Parlamentarismus in Österreich. Wien 1984.

Hofinger, Christoph/Günther Ogris: Achtung, gender gap! Geschlecht und Wahlverhalten 1979–19985. In: Fritz Plasser/Peter A. Ulram/Günther Ogris (Hg.): Wahlkampf und Wählerentscheidung. Analysen zur Nationalratswahl 1995. Wien 1996, S. 211–232.

Müller, Wolfgang C.: Das Parteiensystem. In: Herbert Dachs u. a. (Hg.): Handbuch des politischen Systems Österreichs. Die Zweite Republik. Wien 1997, S. 215–234.

Plasser, Fritz/Peter A. Ulram: Institutionenvertrauen in Österreich: Vertrauenslücke oder Vertrauenskluft? In: Informationen zur Politischen Bildung Nr. 13. S. 21–27.

Plasser, Fritz/Peter A. Ulram: Konstanz und Wandel im österreichischen Wählerverhalten. In: Wolfgang C. Müller/Fritz Plasser/Peter A. Ulram (Hg): Wählverhalten und Parteienwettbewerb. Analysen zur Nationalratswahl 1994. Wien 1995, S. 341–434.

Plasser, Fritz/Peter A. Ulram/Gilg Seeber: (Dis-)Kontinuitäten und neue Spannungslinien im Wählerverhalten: Trendanalysen 1986–1995. In: Fritz Plasser/Peter A. Ulram/Günther Ogris (Hg.): Wahlkampf und Wählerentscheidung. Analysen zur Nationalratswahl 1995. Wien 1996, S. 155–209.

10. Verbände und Sozialpartnerschaft

Schlüsselbegriffe: *öffentlich-rechtliche Verbände; Demokratie in den Kammern; freie Verbände; Struktur des ÖGB; Verflechtungen zwischen Parteien und Verbänden; Entwicklung der Sozialpartnerschaft; die Paritätische Kommission.*

Die Zweite Republik ist ein Verbändestaat:

- Das politische System Österreichs ist durch die Integration der großen Wirtschaftsverbände in den politischen Prozeß wesentlich bestimmt. Wirtschaftsverbände sind mit Parteien und – indirekt – mit Parlamenten und Regierungen verflochten.
- Die großen Wirtschaftsverbände haben zusätzlich sich in Form der Sozialpartnerschaft ein Entscheidungszentrum aufgebaut, in dem sie weitgehend unabhängig vom Entscheidungszentrum agieren, das die Parteien in Form des Parlamentarismus bestimmen.
- Die Mehrheit der ÖsterreicherInnen ist in Wirtschaftsverbänden organisiert. Der gesetzliche Charakter der Kammern und der relativ hohe Organisationsgrad des ÖGB sorgen dafür, daß die meisten der berufstätigen Personen in Österreich in zumindest einem Verband organisiert sind.

Zu den Wesensmerkmalen der Verbände zählt, daß sie – anders als die Parteien – sich nicht an Wahlen in Parlamente beteiligen. Deshalb kommt auch den Verbänden keine direkte Rekrutierungsfunktion zu. In Österreich ist aber durch die enge Verflechtung zwischen Parteien und Verbänden dieses Merkmal unscharf geworden: Auch wenn die Verbände sich nicht an Wahlen beteiligen, so nützen sie doch ihre Verbindung mit den Parteien dazu, um indirekt politisches Führungspersonal zu rekrutieren.

10.1 Die Kammern

Kammern sind öffentlich-rechtliche Körperschaften, denen Personen kraft Gesetzes auf der Grundlage ihrer Berufstätigkeit angehören. Die Mitgliedschaft in einer Kammer ist nicht das Ergebnis eines individuellen Beitritts, sondern die Konsequenz einer beruflichen Tätigkeit. Deshalb ist auch der individuelle Austritt aus der Kammer nicht möglich – dieser kann nur in Verbindung mit einem entsprechenden beruflichen Wechsel erfolgen.

Die meisten Berufsgruppen in Österreich sind in Kammern organisiert. So sind auch die an österreichischen Universitäten Studierenden Mitglieder der in Form der „Österreichischen Hochschülerschaft" bestehenden StudentInnen-Kammer.

Die einzige große Berufsgruppe, die nicht in einer Kammer organisiert ist, sind die öffentlichen Bediensteten – also die von Bund, Ländern und Gemeinden Beschäftigten. Diesen steht zwar die Mitgliedschaft im ÖGB offen. Sie sind aber von keiner Kammer erfaßt.

Die Kammern organisieren den Großteil der österreichischen Gesellschaft in einer im internationalen Vergleich einmaligen Form. Sie haben öffentlich-rechtlichen Status – das heißt, sie sind ausdrücklich von der Verfassung eingerichtet. Sie sind „halbstaatlich" – das heißt, sie erfüllen auch staatliche Funktionen: So organisiert z. B. die Wirtschaftskammer Österreich die österreichische Außenhandelsorganisation. Die Kammern genießen aber auch ein hohes Ausmaß an Autonomie, das in einer spezifischen Form innerverbandlicher Demokratie zum Ausdruck kommt.

Diese innerverbandliche Demokratie äußert sich in Wahlen, die – als Folge des öffentlich-rechtlichen Charakters – unter Aufsicht staatlicher Behörden (Ministerien) stattfinden. Da vor allem bei den unselbständig Erwerbstätigen ein relativ hoher Anteil der Betroffenen nicht die österreichische Staatsbürgerschaft besitzt („GastarbeiterInnen"), ist die Frage der Berechtigung von „AusländerInnen" an diesen Wahlen sehr aktuell. Nach dem derzeitigen Stand sind „AusländerInnen" bei Kammerwahlen aktiv, nicht aber passiv wahlberechtigt; sie dürfen wählen, sie können aber nicht gewählt werden.

Neben den relativ kleinen Kammern der „freien Berufe" (Ärzte, Rechtsanwälte, Notare, etc.) existieren drei große Kammerorganisationen:

Die Kammern für Arbeiter und Angestellte. Ihre Mitglieder sind grundsätzlich alle unselbständig Erwerbstätigen (ArbeitnehmerInnen) – Ausnahmen, neben dem öffentlichen Dienst, sind z. B. die unselbständig beschäftigten Ärzte, die Mitglieder der Ärztekammer sind.

Die Wirtschaftskammern. Ihre Mitglieder sind alle selbständig Erwerbstätigen in den Bereichen Handel, Gewerbe, Industrie, Geld- und Kreditwirtschaft, Verkehr, Fremdenverkehr.

Die Landwirtschaftskammern. Ihre Mitglieder sind alle in der Landwirtschaft selbständig Tätigen (Bauern), in einigen Ländern auch die in der Landwirtschaft unselbständig Tätigen (Landarbeiter).

Diese drei großen Kammerorganisationen sind föderalistisch organisiert: In jedem Bundesland besteht eine dieser Kammern. Auf Bundesebene agieren die großen Kammern in Form von Dachverbänden: Die Bundeskammer für Arbeiter und Angestellte (Bundesarbeitskammer), die Wirtschaftskammer Österreich, die Präsidentenkonferenz der Landwirtschaftskammern

ArbeitnehmerInnen und ArbeitgeberInnen sind bundesweit somit durch eine zehnte, eine die neun Länderkammern verbindende „Bundeskammer" vertreten; Bauern hingegen durch einen lockeren Dachverband, der keine – zehnte – Landwirtschaftskammer ist.

Den Kammern ist die Zahl ihrer Mitglieder durch die gesellschaftliche Entwicklung vorgegeben. Daher geht seit Jahrzehnten die Mitgliederzahl in den Landwirtschaftskammern zurück – darin drückt sich der Rückgang der Agrarquote (der Anteil der in der Landwirtschaft Beschäftigten an der Gesamtzahl der Beschäftigten) aus. Die Wirtschafts- und Landwirtschaftskammern haben insgesamt eine deutlich geringere Mitgliederzahl (jeweils einige hunderttausend) als die Arbeiterkammern, die ca. 3 Millionen ÖsterreicherInnen repräsentieren.

Die Kammern für Arbeiter und Angestellte wurden 1921 gegründet. Den Weg dazu hatte die erste Große Koalition der österreichischen Geschichte geebnet – die erste der beiden Provisorischen Staatsregierungen. Die Arbeiterkammern sollten ein Gegengewicht zu den schon seit 1848 bestehenden Handelskammern (Wirtschaftskammern) bilden. Dieses Gleichgewichtsdenken war eine Voraussetzung für die Entwicklung der Sozialpartnerschaft nach 1945. Der bundesweite Dachverband – der Arbeiterkammertag – wurde in der Zweiten Republik in eine Bundeskammer für Arbeiter und Angestellte umgewandelt.

Innerhalb der Arbeiterkammern wird nicht mehr in die früher existierenden „Wahlkörper" der Arbeiter, der Angestellten und der Verkehrsbediensteten unterschieden: Die Arbeiterkammern gehen von einem einheitlichen Begriff der ArbeitnehmerInnen aus.

Die Arbeiterkammern werden alle fünf Jahre gewählt. Dabei werden die Wahltermine von den einzelnen Landeskammern individuell festgelegt. Das Aufsichtsorgan, das die Korrektheit dieser Wahlen (und auch anderer kammerinterner Vorgänge) kontrolliert, ist das Sozialministerium: Als Gegenstück zum Privileg, die Mitglieder vom Gesetz definiert zu bekommen – also nicht um ihre Mitgliedschaft werben zu müssen, unterliegen die Arbeiterkammern (wie alle anderen Kammern auch) besonderen öffentlichen Kontrollen.

Bei den Arbeiterkammerwahlen stehen Fraktionen zur Wahl, die mit politischen Parteien eng verbunden sind:

- Die Fraktion sozialdemokratischer Gewerkschafter (FSG) ist eine Teilorganisation der SPÖ. Sie ist traditionell die stärkste Fraktion in den meisten Kammern und auch in der Bundeskammer.
- Der Österreichische Arbeiter- und Angestelltenbund (ÖAAB) ist eine Teilorganisation der ÖVP. Er ist seit Jahrzehnten die stärkste Fraktion in den Arbeiterkammern Vorarlbergs und Tirols.
- Die FPÖ-Arbeitnehmer bilden eine freiheitliche Fraktion.
- Die Fraktion Gewerkschaftliche Einheit steht den Grünen nahe.
- Der Gewerkschaftliche Linksblock ist die KPÖ-Fraktion.

Die Arbeiterkammern haben eine den Gewerkschaften sehr ähnliche Aufgabenstellung: Arbeiterkammer und ÖGB vertreten die Interessen der ArbeitnehmerInnen. Zwischen diesen beiden Verbänden hat sich daher eine Arbeitsteilung herausgebildet, die dadurch erleichtert wird, daß es zwischen beiden eine enge Verflechtung gibt und in beiden dieselbe Fraktion dominiert – die FSG. Diese einvernehmliche Aufteilung folgt folgenden Grundsätzen:

- Dem ÖGB kommt eher die politisch fordernde, die stärker dynamische Aufgabe zu. Vor allem ist es der ÖGB, der die Lohnpolitik bestimmt und Kollektivverträge aushandelt. Der ÖGB hat auch, bei der Vertretung der Arbeitnehmerinteressen, die führende Rolle innerhalb der Sozialpartnerschaft.
- Den Arbeiterkammern kommen eher absichernde Aufgaben zu. So haben die Kammern wissenschaftliche Stäbe, auf die in diesem Umfang der ÖGB verzichtet. Die Arbeiterkammern sind auch für den Konsumentenschutz zuständig, der nicht zu den traditionellen Interessen der ArbeitnehmerInnen zählt.

Die Wirtschaftskammern (Handelskammern) gehen auf die bürgerliche Revolution von 1848 zurück. Die Einrichtung der Bundeskammer (jetzt: Wirtschaftskammer Österreich) bündelte die Politik der Länderkammern und ermöglichte so eine verstärkte Interessenvertretung vor allem im Rahmen der Sozialpartnerschaft.

Die Wirtschaftskammern sind in Sektionen gegliedert: Handel, Gewerbe, Industrie, Geld- und Kreditwesen, Verkehr, Fremdenverkehr. Auf Grund der unterschiedlichen Mitgliederzahlen ist das Gewicht der einzelnen Sektionen ungleich. Bundesweit dominiert meistens die Sektion Gewerbe.

Die Wahlen in die Wirtschaftskammern finden in einem Abstand von fünf Jahren statt. Als Aufsichts- und Kontrollbehörde fungiert das Wirtschaftsministerium. Zur Wahl stehen folgende Fraktionen:

- Der Österreichische Wirtschaftsbund (ÖWB) als Teilorganisation der ÖVP. Der ÖWB dominiert – als Konsequenz der Wahlergebnisse – in allen neun Kammern und daher auch in der Wirtschaftskammer Österreich.
- Der Ring freiheitlicher Wirtschaftstreibender (RfW) ist eine Vorfeldorganisation der FPÖ.
- Der Freie Wirtschaftsverband (FWV) ist eine Vorfeldorganisation der SPÖ.

Zwischen den Wirtschaftskammern und der Vereinigung österreichischer Industrieller (VÖI) gibt es analoge, wenn auch nicht so weitgehende Parallelen wie zwischen Arbeiterkammern und ÖGB. Die VÖI vertritt ja nicht die ArbeitgeberInnen in ihrer Gesamtheit, sondern nur die der Industrie – im wesentlichen also die Interessen größerer UnternehmerInnen mit stärkerer Exportporientierung. Demgegenüber dominieren innerhalb der Wirtschaftskammern eher die Interessen kleinerer UnternehmerInnen.

Die VÖI ist auch nicht im selben Maße sozialpartnerschaftlich vernetzt wie das die Wirtschaftskammer ist. Der Paritätischen Kommission beispielsweise gehört die Wirtschaftskammer, nicht aber die VÖI an.

Die Landwirtschaftskammern wurden, nach den Arbeiterkammern, in der Ersten Republik etabliert. Sie sind die am stärksten dezentralisierte der drei großen Kammerorganisationen – was vor allem im Fehlen einer Bundeskammer für Landwirtschaft zum Ausdruck kommt.

Bei den Wahlen, die auf Länderebene zu verschiedenen Zeitpunkten organisiert werden, dominiert regelmäßig der Österreichische Bauernbund (ÖBB), eine Teilorganisation der ÖVP. Sozialdemokratische und freiheitliche Bauernorganisationen sind gegenüber dem ÖBB relativ bedeutungslos.

Die geringere Zentralisierung der Landwirtschaftskammern äußert sich auch darin, daß es Ländersache ist, zu entscheiden, ob die Landarbeiter (wie z. B. in Tirol) der Landwirtschaftskammer angehören – oder ob sie, wie in den meisten anderen Ländern, eigene Landarbeiterkammern bilden.

Das System der Kammern ist in den 90er Jahren auf grundsätzliche Kritik gestoßen. Eingewendet wurde vor allem, daß eine auf „Pflicht"- oder „Zwangsmitgliedschaft" beruhende Organisationsform nicht dem Prinzip individueller Organisationsfreiheit widerspreche; und daß solche Organisationen nicht die optimale Form der Interessenvertretung sein kann – weil sie sich eben nicht, wie freie Verbände, erst um den Beitritt der Mitglieder bemühen müßten.

Ausdruck einer gewissen Distanz zwischen Gesellschaft und Kammern war die langfristig rückläufige Beteiligung an den Kammerwahlen. Dennoch haben alle Kammern in 1996 durchgeführten „Urabstimmungen" von ihren Mitgliedern bestätigt erhalten, daß deren Mehrheit weiterhin den Kammern als spezifische Organisationsform der Interessenvertretung zustimmt.

10.2 Die freien Verbände

Die freien Wirtschaftsverbände sind, anders als die Kammern, keine österreichische Besonderheit. In allen liberalen Demokratien, so auch in Österreich, werden die ökonomischen Interessen in Form von Verbänden „frei" organisiert – das heißt ohne öffentlich-rechtlichen Status, ohne Verankerung in der Verfassung, ohne gesetzlich definierte Mitgliedschaft.

Die beiden für das politische System Österreichs wichtigsten freien Wirtschaftsverbände sind der Österreichische Gewerkschaftsbund (ÖGB) und die Vereinigung Österreichischer Industrieller (VÖI). Beide sind grundlegende Verbände – das heißt, sie reflektieren den prinzipiellen Gegensatz der Interessen von Arbeitnehmern und Arbeitgebern. Beide sind in einer Parallelsituation mit Kammern – vor allem der ÖGB, aber auch die VÖI vertreten Interessen, die gleichzeitig auch von den Arbeiterkammern, bzw. den Wirtschaftskammern vertreten werden.

Der ÖGB ist, dem Wesen gewerkschaftlicher Organisationen entsprechend, ein auf eine möglichst große Zahl von Mitgliedern ausgerichteter Verband. Das quantitative Verhältnis zwischen Adressaten (grundsätzlich alle unselbständig Erwerbstätigen) und Mitgliedern drückt eine Organisationsfähigkeit aus, die sich unmittelbar in eine Durchsetzungsfähigkeit nach außen umsetzen läßt: je dichter der ÖGB organisiert, desto eher kann er seine Politik gegenüber den Adressaten (Parlament, Regierung, Parteien, Medien) durchsetzen.

Die Bedeutung der VÖI kann hingegen nicht an der Zahl ihrer Mitglieder gemessen werden – diese kann bei einer auf den Sektor Industrie beschränkten Arbeitgeberorganisation nicht besonders groß sein (ca. 2.000). Die Durchsetzungsfähigkeit der VÖI hängt vor allem von seiner Finanzkraft ab. Daher ist es für die VÖI weniger wichtig, möglichst alle Industrielle (bzw. industrielle Unternehmungen) zu seinen Mitgliedern zu zählen; entscheidend ist, daß die großen Unternehmungen die Mitglieder der VÖI sind – denn aufgrund der an die Unternehmensgröße gekoppelten Mitgliedsbeiträge wird dadurch die Finanzkraft der VÖI bestimmt.

ÖGB und VÖI sind nicht die einzigen freien Verbände, die Arbeitnehmer- oder Arbeitgeberinteressen vertreten.

Der ÖGB besaß zwischen 1945 und 1998 ein vollständiges Monopol auf gewerkschaftliche Organisation. Alle Gewerkschaften waren im ÖGB, keine Gewerkschaft war außerhalb des ÖGB. Durch die Gründung der „Freien Gewerkschaft", die eine Vorfeldorganisation der FPÖ ist, ging dieses Monopol 1998 verloren. Allerdings war die Freie Gewerkschaft zunächst nur sektoral erfolgreich – im öffentlichen Dienst, insbesondere in der Sicherheitsexekutive (Polizei, Gendarmerie). Damit die Freie Gewerkschaft dem ÖGB seine Stellung wirklich streitig machen kann, muß sie sich über diese sektorale Verengung hinaus erfolgreich organisieren; und insbesondere muß sie die Kollektivvertragsfähigkeit erreichen – also die Berechtigung, durch den Abschluß von Kollektivverträgen die Lohnpolitik zumindest mitbestimmen zu können.

Neben der VÖI existieren noch andere, ebenfalls sektoral tätige Arbeitgeberverbände, die aber grundsätzlich weder zueinander, noch zur VÖI in Konkurrenz stehen. Dazu zählen etwa der Gewerbeverein, der Banken-, der Sparkassen- und der Versicherungsverband. Alle diese freien Verbände und die VÖI besitzen keine Kollektivvertragsfähigkeit. Auf seiten der Arbeitgeber liegt die Lohnpolitik ausschließlich bei den Wirtschaftskammern. Diese vereinbaren mit dem ÖGB die Kollektivverträge, die eine quasi-gesetzliche, bindende Wirkung haben.

Der ÖGB wurde 1945 gegründet. Seine wichtigsten Merkmale sind:

Überparteilichkeit: Anders als die bis 1934 bestehenden „Richtungsgewerkschaften", die jeweils einem Lager zugeordnet und einer bestimmten Partei verbunden waren, verbindet der ÖGB die gewerkschaftlichen Traditionen grundsätzlich aller Lager. Das gilt insbesondere für die Tradition der (sozialdemokratischen) Freien Gewerkschaften (die 1934 verboten worden waren) und für die Tradition der Christlichen Gewerkschaften, die 1934 faktisch in den ständestaatlichen Gewerkschaftsbund übergegangen waren. Weil überparteilich, konnte und kann der ÖGB mit verschiedenen Parlamentsmehrheiten und Regierungen kooperieren.

Verflechtung mit den Parteien: Die Überparteilichkeit des ÖGB äußert sich nicht in einer Abkopplung von den Parteien, sondern durch eine Verflechtung mit mehreren Parteien. Dies gilt primär für die SPÖ, aber auch für die ÖVP und – in deutlich geringerem Umfang – auch für die Grünen, für die FPÖ (zumindest bis 1998, bis zur Gründung der Freien Gewerkschaft als freiheitliche Richtungsgewerkschaft) und für die KPÖ. Diese Verflechtungen werden durch Fraktionen (v. a. Fraktion Sozialdemokratischer Gewerkschafter, FSG, und Fraktion Christlicher Gewerkschafter, FCG) hergestellt. Als Folge dieser Verflechtung kann der ÖGB eine indirekte Rekrutierungsfunktion für Parlament und Regierung ausüben.

Zentralisierung: Der ÖGB ist ein Dachverband, in dem mehrere Einzelgewerkschaften zusammengeschlossen sind. Das Verhältnis zwischen ÖGB und diesen Gewerkschaften ist grundsätzlich so gestaltet, daß dem ÖGB das Übergewicht zukommt. Der ÖGB, nicht die Gewerkschaften, agiert in der Sozialpartnerschaft. Der ÖGB, nicht die Gewerkschaften, hat Rechtspersönlichkeit – mit der Konsequenz, daß Mitglieder dem ÖGB beitreten (und dann einer Einzelgewerkschaft zugeordnet werden) und dem ÖGB Mitgliedsbeiträge zahlen (von denen ein Teil an die Einzelgewerkschaften weitergegeben wird). Ein weiteres Zentralisierungselement ist auch, daß der Länderebene (in Form von Landesexekutiven des ÖGB) relativ wenig Gewicht zukommt.

Monopol: Der ÖGB hatte bis 1998 ein vollständiges und seither zumindest ein faktisches Monopol. Im Gegensatz zu allen anderen gewerkschaftlichen Dachverbänden in Westeuropa gibt es keine Konkurrenz zwischen mehreren gewerkschaftlichen Organisationen. Dadurch ist der ÖGB grundsätzlich kompromißfähiger, weil er sich nicht in einem Wettbewerb um Mitglieder permanent zu rechtfertigen hat. Gegenüber den Arbeiterkammern hat der ÖGB durch eine abgesprochene Arbeitsteilung ebenfalls eine Konkurrenzsituation vermieden. Dieses Monopol des ÖGB ist bzw. war eine wichtige Voraussetzung für das Funktionieren der Sozialpartnerschaft.

Industriegruppenprinzip: Die 14 (ursprünglich 16) Einzelgewerkschaften sind grundsätzlich nicht nach rechtlichen Status von Arbeitern, Angestellten und Beamten gegliedert. Die Zuordnung eines Mitglieds zu einer Gewerkschaft erfolgt nach der Branche, in der es tätig ist – so vertritt z. B. die Gewerkschaft Metall, Bergbau, Energie ArbeiterInnen und Angestellte aller Betriebe dieser Branche. Ausnahme von diesem Prinzip ist die Gewerkschaft der Privatangestellten (GPA), die nur für Angestellte offen ist. Dadurch sollte verhindert werden, daß bestimmte Sonderinteressen der Angestellten außerhalb des ÖGB organisiert werden (wie z. B. in Deutschland und Schweden).

Der ÖGB unterliegt – anders als die Kammern – keiner öffentlichrechtlichen Kontrolle. Der ÖGB hat daher auch eine anders organisierte innerverbandliche Demokratie. Der ÖGB organisiert keine „Gewerkschaftswahlen", sondern er übernimmt die Ergebnisse der Betriebsrats- und der Personalvertretungswahlen. Bei diesen Wahlen, die gesetzlich geregelt sind, wählen zur innerbetrieblichen Interessenvertretung private Dienstnehmer einen Betriebsrat und öffentliche Dienstnehmer eine Personalvertretung. Dabei kandidieren zumeist fraktionelle oder zumindest einzelnen Fraktionen zuzuordnende Listen – FSG, ÖAAB/FCG, freiheitliche Arbeitnehmer, Gewerkschaftliche Einheit (Grüne), Gewerkschaftlicher Linksblock (KPÖ). Der ÖGB setzt aufgrund dieser Ergebnisse das fraktionelle Stärkeverhältnis in den einzelnen Gewerkschaften und auch im ÖGB selbst fest.

Dabei kommt der FSG eine generell dominante Position zu. Sie hat die Mehrheit im Bund und in zumindest 12 der 14 Gewerkschaften. Die wichtigste Ausnahme ist die Gewerkschaft öffentlicher Dienst (GÖD), die nach der GPA die zweitgrößte Einzelgewerkschaft ist. In der GÖD hat traditionell die FCG die Mehrheit. In der kleinsten Einzelgewerkschaft –

Kunst, Medien, Freie Berufe (KMFB) – dominieren oft fraktionell nicht zuzuordnende Gruppierungen.

Die VÖI ist der einzige der politisch besonders wichtigen Wirtschaftsverbände, der nicht in Fraktionen gegliedert ist. Die Wahlen erfolgen auf der Grundlage persönlicher Wahlvorschläge. Die vergleichsweise geringe Mitgliederzahl läßt das Fehlen einer fraktionellen Untergliederung zu. Die VÖI unterscheidet dabei zwischen Personen- und Firmenmitgliedschaften – letztere sind für das Aufbringen des Budgets (und damit als Grundlage für die Parteienfinanzierung) entscheidend.

Trotz des Fehlens von Fraktionen ist die VÖI politisch verflochten. Ihre führenden Funktionäre sind sehr oft auch in der Sektion Industrie der Wirtschaftskammern tätig und oft – über den Österreichischen Wirtschaftsbund – Mitglieder der ÖVP.

Die VÖI ist der einzige der großen Verbände, der offen und legal politische Parteien finanziert. Das ist auch ein Grund für das politische Gewicht der VÖI. Sie finanziert Parteien direkt über regelmäßige Zuwendungen, die aber in ihrer Höhe nicht bekanntgegeben werden. Und sie finanziert Parteien auch indirekt – über bestimmte Projektförderungen.

Die Parteien, die von der VÖI finanziert werden, werden nach der prinzipiellen Orientierung ihrer Wirtschaftspolitik ausgewählt: Die VÖI finanziert Parteien mit ausgeprägt marktwirtschaftlicher Ausrichtung. Deshalb kommt diese Finanzierung vor allem der ÖVP zugute, phasenweise auch der FPÖ und dem LIF.

Anders als der VÖI ist die direkte Finanzierung der Parteien den Kammern gesetzlich und dem ÖGB statutarisch untersagt. Die großen Kammern und der ÖGB finanzieren aber Parteien insoferne indirekt, als sie die Fraktionen finanzieren, die ja mit den Parteien direkt (als Teilorganisationen) oder indirekt (als Vorfeldorganisationen) verbunden sind. Die Finanzierung der Fraktionen kommt den Parteien insoferne zugute, als sie so ihre fraktionelle Tätigkeit in den Verbänden nicht selbst finanzieren müssen.

Tab. 10.1: **Verflechtung der Verbände mit den Parteien**

Verflechtungen mit Parteien	ÖGB	VÖI	AK	WK	LWK
primär	SPÖ (FSG)	ÖVP	SPÖ (FSG)	ÖVP (ÖWB)	ÖVP (ÖBB)
sekundär	ÖVP (FCG) Grüne KPÖ	FPÖ LIF	ÖVP (ÖAAB) FPÖ Grüne, KPÖ	FPÖ (RfW) SPÖ (FWV)	FPÖ SPÖ
Parteien-finanzierung	indirekt, über Fraktionen (v. a. SPÖ, aber auch ÖVP und andere)	direkt, v. a. ÖVP indirekt, über Projekte, auch FPÖ u. LIF	indirekt, über Fraktionen (v. a. SPÖ, aber auch ÖVP und andere)	indirekt, über Fraktionen (v. a. ÖVP, aber auch andere)	indirekt, überFraktionen (v. a. ÖVP, aber auch andere)

10.3 Die Sozialpartnerschaft

Die Sozialpartnerschaft ist die spezifisch österreichische Form des (Neo-) Korporatismus – also jenes Beziehungsgeflechtes zwischen dem (demokratischen, liberalen) Staat, den Arbeitgebern und den Arbeitnehmern. Die österreichische Variante des Korporatismus ist durch eine hohe Autonomie der Verbände gegenüber dem Staat gekennzeichnet: In manchen Bereichen, wie z. B. durch die Paritätische Kommission, haben sich die Verbände (Sozialpartner) praktisch vollständig vom Parlament und der Regierung emanzipiert.

Die Sozialpartnerschaft hat mehrere Wurzeln:

- Die Theorie der Katholischen Soziallehre, die – vor allem in Form der Enzyklika Rerum Novarum (1891) – die Zusammenarbeit der Klassen als Alternative zum Klassenkampf forderte und die „berufsständische Ordnung" propagierte, die der Ständestaat zwischen 1934 und 1938 umzusetzen beanspruchte.
- Die Praxis der Sozialdemokratie, die – weitgehend unabhängig von ihren austromarxistischen Ansprüchen – das „Machbare" über das

„Wünschenswerte" stellte: so im „Roten Wien" der Ersten Republik, so als Regierungspartei nach 1945.

- Die relative Schwäche des Kapitals unmittelbar nach 1945, die zu einer im internationalen Vergleich auffallenden Kompromißbereitschaft der Arbeitgeberverbände gegenüber dem ÖGB führte.
- Die Dominanz der politischen Kultur der Konkordanzdemokratie ab 1945, die eine Zusammenarbeit der Sozialpartner als logische Ergänzung zur Zusammenarbeit der Großparteien erscheinen ließ.

Die Anfänge der Sozialpartnerschaft waren die fünf Lohn-Preis-Abkommen (1947–1951), mit deren Hilfe die Bundesregierung in Zusammenarbeit mit den großen Wirtschaftsverbänden (Kammern, ÖGB) die damals herrschende „Stagflation" (Inflation und Rezession – mit der Konsequenz massenhafter Arbeitslosigkeit) zu bekämpfen suchte. Die Absicht war, einvernehmlich die Preis- und die Lohnspirale unter Kontrolle zu bringen.

Nach dem Beginn des Konjunkturaufschwunges wurde nach einem anderen Instrument der sozialpartnerschaftlichen Kooperation gesucht. 1957 wurde die Paritätische Kommission für Lohn- und Preisfragen gegründet. Die Grundlage war kein Gesetz, sondern eine formlose Vereinbarung zwischen Julius Raab und Johann Böhm. Raab agierte als Bundeskanzler und als ÖVP-Bundesparteiobmann, aber auch als vormaliger Präsident der Bundeskammer der gewerblichen Wirtschaft. Er bündelte so die Interessen von Regierung und einer Regierungspartei, aber auch die der ArbeitgeberInnen. Böhm handelte als Präsident des ÖGB, er war aber auch Zweiter Präsident des Nationalrates und Mitglied des Bundesparteivorstandes der SPÖ. Er konnte so für die Interessen nicht nur der ArbeitnehmerInnen, sondern auch für die der zweiten Regierungspartei und – indirekt – für die des Parlaments sprechen.

In zwei Personen waren alle maßgeblichen Interessen des Landes konzentriert. Dadurch war auch eine wesentliche Voraussetzung für das Funktionieren der Sozialpartnerschaft deutlich: Ein Dupol- also die Reduktion auf zwei Vertreter, die jeweils die eine Hälfte der wesentlichen Interessen repräsentieren (ArbeitgeberInnen und ÖVP, ArbeitnehmerInnen und SPÖ) ist für die Entscheidungsfindung funktional.

Die Paritätische Kommission wird von vier Verbänden getragen – von den drei großen Kammerorganisationen und vom ÖGB. Seit ihrer Gründung entwickelte sich die Kommission in folgenden Schritten:

1957 wurde der Preisunterausschuß etabliert, dessen Aufgabe die freiwillige Preiskontrolle war.

1962 folgte der Lohnunterausschuß. Dessen Aufgabe war die Freigabe von Lohnverhandlungen (die vom ÖGB und der Wirtschaftskammer außerhalb der Paritätischen Kommission zu führen sind) und die Genehmigung der Ergebnisse dieser Verhandlungen, der Kollektivverträge.

1963 kam, als dritter Unterausschuß, der als Experten- und Beratungsgremium eingerichtete Beirat für Wirtschafts- und Sozialfragen hinzu.

1992 wurde der Preisunterausschuß durch einen Unterausschuß für Fragen des Wettbewerbes ersetzt. Die durch die europäische Integration und andere Faktoren verstärkte internationale Wirtschaftsverflechtung hatte eine auf Österreich bezogene freiwillige Preiskontrolle sinnlos gemacht.

1992 wurde, im Vorfeld des österreichischen EU-Beitritts, ein Unterausschuß für internationale Fragen eingerichtet.

Die Paritätische Kommission kann Beschlüsse nur einstimmig treffen. Empfehlungen hingegen – wie etwa Stellungnahmen des Beirates für Wirtschafts- und Sozialfragen – müssen nicht einstimmig erfolgen. Falls in einem Unterausschuß ein Beschluß nicht zustande kommt, wird die (informelle) Präsidentenvorbesprechung befaßt – das Gremium der Präsidenten der vier Trägerverbände. An sie richten sich auch die Gutachten und Stellungnahmen des Beirates. Dadurch haben die vier Präsidenten die Kontrolle über die gesamte Tätigkeit der Paritätischen Kommission.

Wie weit die Abkopplung der Paritätischen Kommission von der Regierung bereits gediehen ist, kann daraus ersehen werden, daß die „Vollversammlung“ der Paritätischen Kommission – das formal höchste Gremium, in dem der Bundeskanzler den Vorsitz hat und dem drei weitere BundesministerInnen angehören – seit Beginn der 90er Jahre nicht mehr zusammentritt. Die eigentliche Entscheidung liegt eben nicht bei einem Gremium, dem Regierungs- und Verbändevertreter gemeinsam angehören, sondern bei den vier Verbänden, bzw. ihren Präsidenten.

Tab. 10.2: **Struktur der Paritätischen Kommission für Lohn- und Preisfragen**

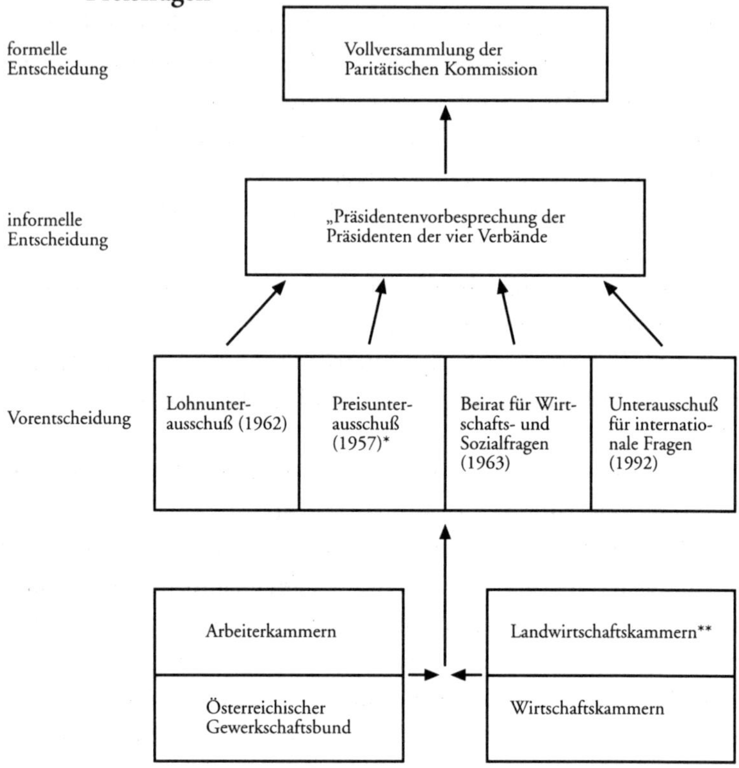

* Laut Sozialpartnerabkommen vom November 1992 soll sich der Preisausschuß mit Wettbewerbsfragen befassen, da die traditionelle paritätische Preisregelung zunehmend an Bedeutung verloren hat.

** In reinen Arbeitnehmerfragen spielen die Landwirtschaftskammern nur eine geringe Rolle. Größere Bedeutung kommt in diesem Zusammenhang der Vereinigung Österreichischer Industrieller zu.

Die Paritätische Kommission ist zwar das Kernstück der Sozialpartnerschaft, diese umfaßt aber eine Reihe von Funktionen über die Paritätische Kommission hinaus. Dazu zählen insbesondere:

- Die Sozialversicherungsinstitute: Als besonderes Merkmal des Sozial- und Wohlfahrtsstaates sind in Österreich die meisten Menschen von einer gesetzlichen Pflichtversicherung (Krankenversicherung) erfaßt. Die gesetzlich eingerichtete Versicherungsinstitute werden von den Sozialpartnern verwaltet. So nominiert z. B. die Arbeiterkammer die

Mehrheit der Vorstandsmitglieder der (für ArbeiterInnen und Angestellte in allen neun Ländern eingerichteten) Gebietskrankenkassen, die Wirtschaftskammer nominiert die Mehrheit der Mitglieder der Kontrolle.

- Beiräte und Kommissionen: Bund und Länder haben eine Fülle von Gremien eingerichtet, die vor allem die Regierungen in Fragen der Wirtschafts- und Sozialpolitik beraten, und die von den Verbänden beschickt werden. Diese sozialpartnerschaftlich besetzten Gremien treffen zwar keine Entscheidungen, aber ihre Empfehlungen haben ein politisches Gewicht, dem sich ein(e) Bundesminister(in) oder auch eine Landesregierung nur schwer entziehen können.
- Mitwirkung in der Justiz: In einigen speziellen Bereichen der ordentlichen Gerichtsbarkeit (arbeitsgerichtliches Verfahren, Schiedsgerichtsverfahren der Sozialversicherungen) stellen die Wirtschaftsverbände (paritätisch: Arbeiterkammer und Wirtschafskammer) rechtskundige LaienrichterInnen, die gemeinsam mit Berufsrichtern zu entscheiden haben.
- Außeruniversitäre Forschung: Die Sozialpartner haben mit dem Wirtschaftsforschungsinstitut (WIFO) eine Institution eingerichtet, die – vor allem in Form von Prognosen – Forschungsergebnisse produziert, die wiederum auf politische Entscheidungen (v. a. der Bundesregierung oft erheblichen Einfluß haben.

Die Effekte der Sozialpartnerschaft lassen sich am besten mit der Formel zusammenfassen, daß die Kooperation der Wirtschaftsverbände dem „sozialen Frieden" nützt. Dies kommt zum Beispiel in der auffallend geringen Streikhäufigkeit zum Ausdruck: Österreich liegt seit langem gemeinsam mit der Schweiz am Ende der internationalen Tabelle der Streikhäufigkeit. Der Begriff „sozialer Frieden" bezieht sich jedoch auf den Status quo: Die Sozialpartnerschaft ist offenkundig besonders geeignet, bestehende gesellschaftliche Verhältnisse bestmöglich zu verwalten. Sie ist aber, weil sie auf dem breitestmöglichen Konsens aufbaut, viel weniger geeignet, diese Verhältnisse von Grund auf zu verändern.

Die enge Verflechtung zwischen Wirtschaftsverbänden und politischem System, das vor allem im „Verbändestaat", im Kammersystem und in der Sozialpartnerschaft zum Ausdruck kommt, demonstriert die Unmöglichkeit einer klaren Grenzziehung zwischen Politik und Wirtschaft, zwischen Staat und Gesellschaft. Daß es eine solche Grenze gibt, mag klar sein. Nur wo sie verläuft, das wird durch Verbände und Sozialpartnerschaft in einer Grauzone gehalten.

Literatur

Bischof, Günter/Pelinka, Anton (Hg.): Austro-Corporatism. Past, Present, Future. Contemporary Austrian Studies, Bd. 4. New Brunswick 1996.

Karlhofer, Ferdinand/Tálos, Emmerich (Hg.): Zukunft der Sozialpartnerschaft. Veränderungsdynamik und Reformbedarf. Wien 1999.

Sickinger, Hubert: Politik-Finanzierung in Österreich. Ein Handbuch. Thaur 1997.

Tálos, Emmerich: Akzeptanzkrise und Akklamation. Zur demokratischen Qualität von Kammerssystem und Sozialpartnerschaft. In: Campbell, David F.J. u. a. (Hg.): Die Qualität der österreichischen Demokratie. Versuch einer Annäherung. Wien 1996.

11. Gender und das politische System

Schlüsselbegriffe: *Gender / soziales Geschlecht, Repräsentation und Partizipation; Gleichstellung; Frauenbewegung.*

Politik und Staat basieren auf Geschlechterverhältnissen, gleichzeitig produzieren und reproduzieren sie diese. Es sind politische, gesellschaftliche und ökonomische Bedingungen, Regelungen und Traditionen, die das Frausein bzw. das Mannsein sowie die Beziehungen und Hierarchien prägen. Diese Feststellung, die in der genderkritischen Literatur (vgl. Kreisky/Sauer 1997) ausführlich behandelt ist, beinhaltet, daß sowohl die institutionellen, strukturellen und prozeduralen Elemente politischen und staatlichen Handelns als auch die Ergebnisse dieses Handelns, nämlich Recht, Gesetz und Leistungen, geschlechtlich verfaßt sind. Dies bedeutete zu Beginn dieses Jahrhunderts eine ausgeprägt patriarchale gesellschaftliche, politische wie familiäre Grundstruktur, sie bedeutet zu Beginn des 21. Jahrhunderts weiterhin eine geschlechterhierarchische Ausrichtung, ungleiche Arbeits- und Ressourcenteilung, ungleiche Partizipation und Repräsentation. Um 1900 war Gleichberechtigung lediglich in Forderungen der Frauenbewegung formuliert und bekannt. Ungleichheit, nicht zuletzt mit der argumentativen Untermauerung durch „Natur“ und „Wesen“, war die dominante Norm staatlicher Institution, politischen Handelns und familiären Lebens. Im Verlauf des Jahrhunderts wurde durch Demokratisierungs- und Modernisierungsprozesse die Gleichheit der Geschlechter zum politischen Thema. Dieser Prozeß der Gleichberechtigung, d. h. einer gleichen rechtlichen Behandlung durch den Staat, impliziert allerdings nicht, daß Frauen und Männer tatsächlich gleiche Chancen und gleiche Bedingungen hätten, daß die idealtypische Zuordnung von Frauen ins Private und jene der Männer ins Öffentliche, daß die geschlechtsspezifische Arbeitsteilung sowie die geschlechtsspezifisch unterschiedliche Bewertung von Tätigkeiten beseitigt wären. Formal gleiches Recht und Gleichberechtigung bedeuten nicht materielle, soziale Gleichheit.

Ein allgemeines Gleichheitsgebot ist im Österreichischen Bundes-Verfassungsgesetz, Art. 7. Abs. 1 („Alle Bundesbürger sind vor dem Gesetz gleich“) enthalten. Dieser Gleichheitssatz wurde vom Staatsgrundgesetz aus dem Jahre 1867 übernommen, d. h. er wurde nicht mit der Intention einer Gleichbehandlung der Geschlechter formuliert – wie die erst spätere Einführung des Frauenwahlrechtes 1918 unterstreicht. Der Artikel enthält kein Diskriminierungsverbot. Der allgemeine Gleichheitsgrundsatz der Verfassung bindet den Gesetzgeber und verpflichtet ihn, Regelungen (Gesetze) im Sinne des Gleichheitsgrundsatzes zu erlassen bzw. zu unterlassen. Mit der Novellierung des Österreichischen Bundes-Verfassungsgesetzes (1998) bekennen sich allerdings Bund, Länder und Gemeinden zur tatsächlichen Gleichstellung von Frauen und Männern (Staatszielbestimmung). Maßnahmen zur Förderung der faktischen Gleichstellung (also nicht nur Gleichbehandlung, sondern auch ungleiche Behandlung zur Herstellung von Gleichheit) werden als zulässig erklärt. Der Vertrag von Amsterdam (1997, Art. 141 Abs. 4), europäisches Primärrecht, enthält ebenfalls eine Bestimmung, wonach zum Ausgleich von beruflichen Benachteiligungen spezifische Vergünstigungen (z. B. Frauenfördermaßnahmen) möglich und erlaubt sind.

Nun zur Klärung des Begriffes „Gender" (vgl. Nicholson 1994): Der Terminus richtet sich auf das soziale Geschlecht, auf die soziale Bedeutung des Frauseins bzw. Mannseins und deren hierarchische Verortung im Machtgefüge. Gender bringt die soziale, ökonomische, politische und kulturelle Dimension der Geschlechtszugehörigkeit als Platzanweiser zum Ausdruck. In der Politik ist Geschlecht eine Verteilungskategorie – entlang der Geschlechtszugehörigkeit werden Macht und Ressourcen, Arbeiten und Belastungen verteilt. Das Geschlecht ist eine Machtquelle einerseits und eine Quelle der Machtverhinderung andererseits. Eine zweite Dimension von Geschlecht ist in politischer und politikwissenschaftlicher Hinsicht von Interesse – Geschlechtszugehörigkeit als Verteilungskriterium wird zunehmend Gegenstand politischer Regulation (Gleichstellung).

Mit der Kategorie „Gender" das politische System zu befragen, bringt einerseits eine Erweiterung des Politischen, andererseits das „Vergeschlechtlichte" des Politischen in den Blick. Eine Erweiterung des Politischen insoferne, als Gender nicht nur auf das Öffentliche, hier auf das Staatliche konzentriert ist, sondern auch nach dem funktionalen Zusammenhang von Privatem und Staatlichem sowie nach den Machtverhältnissen im Privaten fragt.

11.1 Erweiterung des Politischen

Welche Konsequenzen sind mit der Politisierung der Geschlechterverhältnisse verbunden, welche Themen werden virulent, welche Selbstverständlichkeiten politischen Denkens werden dynamisiert?

Feministische Sozialwissenschafterinnen weisen darauf hin, daß die zweigeschlechtliche Trennung in Alltag und Politik darüber hinwegtäusche, daß die private und die öffentliche Sphäre tatsächlich eng zusammenhängen würden. Denn das Private sei strukturell dem Öffentlichen insoferne vorgelagert als Berufsarbeit und Politik auf eine funktionierende Privatheit angewiesen sind. Die idealtypische wie ideologische Trennung des Öffentlichen vom Privaten und die Beschränkung des Politikverständnisses auf das Öffentliche hätten eine Beschränkung des Verständnisses von Geschlechterbeziehungen und des Status von Frauen in mehrfacher Hinsicht zur Folge: Blindheit gegenüber Hindernissen, die Frauen auf dem Weg zu einer politischen wie beruflichen Beteiligung und politischen Karriere vorfinden; und Blindheit gegenüber den Tätigkeiten, die Frauen in der Privatheit für die Gesellschaft erbringen. Die Frage nach der Demokratie in den Geschlechterverhältnissen zu stellen, weite und schärfe den Blick auf die konkreten Zugangsmöglichkeiten und gruppenspezifischen Barrieren. Nicht alleine die rechtliche Möglichkeit, sondern auch die faktische Inanspruchnahme des gleichen Rechtes werde thematisierbar.

Politisierung der Geschlechterverhältnisse bedeutet, daß erstens für die Gestaltung der Geschlechterbeziehungen jenseits von Natur und Tradition Gestaltungsräume gedacht werden. „Das Politische ist persönlich" signalisierte und verlangte Reformen in den Bereichen des Familienrechtes, der Arbeitsteilung der Geschlechter und der Kriminalisierung der Abtreibung durch den Staat.

Eine Politisierung des Privaten bedeutet zweitens eine Verschiebung der Vorstellung dessen, was öffentlich gezeigt wird und was versteckt bleiben soll. Die Privatheit politisieren ist ein Angriff auf die Heimlichkeit der häuslichen Ungerechtigkeit, auf die Tabuisierung der Gewalt gegen Frauen.

Es läßt sich beobachten, daß Bestimmungen, die die Privatheit gestalten und regeln, länger und deutlicher als die Regelungen, die Berufsarbeit und Politik zum Gegenstand haben, in Widerspruch mit dem Grundsatz der Gleichheit der Individuen standen bzw. noch stehen. Die klassische Gleichbehandlungspolitik, die insbesondere den Zugang, den Aufstieg und die Entlohnung von Frauen in der Erwerbsarbeit erfaßt, stand und steht vor einer größeren öffentlichen Sensibilität und Bereitschaft zur Reform als die politischen Bestrebungen zur Egalisierung der Privatheit.

Das aus dem Jahre 1811 stammende Familienrecht mit dem Grundsatz des „männlichen Oberhauptes" war in Österreich bis 1975 gültig. Die ungleichen Rechte und Pflichten in der Ehe wurden 1976 aufgehoben und anstelle dessen wurden die gleichen Rechte und Pflichten formuliert. Mit diesen Familien- und Eherechtsreformen wurde auch in der privaten Lebenssphäre das demokratische Ideal der Gleichheit normiert – allerdings erst viele Jahrzehnte nach dem im öffentlichen Raum die politische Gleichberechtigung mit der Einführung des Wahlrechts beschlossen war. Am Beispiel des Wahlrechts und am Beispiel des Familienrechts wird die unterschiedliche Normung des Öffentlichen und des Privaten im Hinblick auf die Annahme der Ungleichheit der Geschlechter besonders deutlich

Regelungen, die den privat-persönlichen Bereich betreffen, werden besonders hektisch, emotional, ideologisch und folglich kontroversiell debattiert. Die Widerstände und Argumentationen gegen eine Egalisierung des Namensrechtes oder gegen die Egalisierung der partnerschaftlichen Rechte und Pflichten, einschließlich der Teilung der Versorgungsarbeit in der Familie zählten zu den heftig geführten innenpolitischen Auseinandersetzungen in Österreich. Dabei fällt auf, daß es stets das Argument ist, daß die Privatsphäre vor staatlichen Eingriffen zu schützen sei, das einen weiteren Schritt zur Gleichstellung der Geschlechter blockiert.

11.2 Politik als männlicher Entwurf

Nicht Frauen waren es, die der Politik die Form gaben, d. h. die die Institutionen, Verfahrensweisen und Spielregeln entwarfen und erprobten, sondern diese Einrichtungen und Regeln waren zu jener Zeit stets schon etabliert, als Frauen rechtlich erst beginnen durften, sich an ihnen zu beteiligen. Die Struktur des politischen Systems ist historisch an männlichen Bedingungen und Interessen ausgerichtet, Frauen waren in diesem System ursprünglich nicht vorgesehen.

Die Erste Republik – als ein Beispiel – wurde ausschließlich von Männern gegründet, ausgerufen, die Strukturen und Institutionen verfaßt. Die Provisorische Nationalversammlung (21. Oktober 1918) bildeten die deutschsprachigen Mandatare des Abgeordnetenhauses aufgrund der Wahl aus dem Jahre 1911. Diese Männer waren es, die in der Folge das Wahlrecht für Frauen verabschiedeten und es ermöglichten, daß bei der Konstituierenden Versammlung im Februar 1919 Frauen teilnahmen und gewählt wurden.

Trotz Wahlrechts wiederholte sich 1945, bei der Gründung der Zweiten Republik, das Gleiche. Es waren abermals ausschließlich Männer, die die Unabhängigkeitserklärung sowie die Zweite Republik ausriefen und die institutionellen Grundlagen erarbeiteten.

Die „Männlichkeit" der Politik reicht in Österreich in die Geburtsstunden des Parlamentarismus zurück. Wie in zahlreichen Ländern auch, war Frauen alleine aufgrund der Geschlechtszugehörigkeit eine politische Aktivität und Organisierung ausdrücklich verboten. In Deutschland war bis 1908 „Frauenspersonen, Schülern, Lehrlingen und Geisteskranken" eine Mitgliedschaft in einer politischen Partei gesetzlich untersagt; in Österreich beinhaltete der § 30 des Vereinsgesetzes aus dem Jahre 1867 „Ausländern, Frauenspersonen und Minderjährigen ist die Mitgliedschaft in politischen Vereinen untersagt". Das Verbot richtete sich vor allem gegen die politischen Emanzipationsbestrebungen der sozialdemokratischen Frauen. Die bürgerlichen Frauenvereine waren alleine deshalb weniger betroffen, weil deren Emanzipationskonzept und deren Anliegen nicht die „Politik" betrafen, weil sie nach Eigendarstellung „unpolitisch" waren.

Die Provisorische Nationalversammlung verkündete am 30. Oktober 1918 die „volle Vereins- und Versammlungsfreiheit ohne Unterschied des Geschlechts" (gilt als Bundesverfassungsgesetz).

Die politischen Parteien, die Sozialdemokratische Arbeiterpartei und die Christlichsoziale Partei, entwickelten sich zu einer Zeit zu politisch und organisatorisch bedeutsamen Lagerparteien als Frauen explizit die politische Organisierung verboten war; der Parlamentarismus entwickelte sich als Frauen explizit nicht gewählt werden konnten oder wählen durften. Das Herrenhaus, die erste Kammer des Parlaments mit Vertretern des Hochadels, der Kirche und vom Kaiser persönlich Berufener, war, wie die zweite Kammer, das Abgeordnetenhaus, aufgrund der Zusammensetzung „männlich".

Das allgemeine und gleiche Wahlrecht für Frauen wurde in vielen europäischen Staaten später beschlossen als jenes für Männer (zur Entwicklung des Wahlrechts in Österreich siehe Kapitel 9). Auffällig hinsichtlich Verspätung der Einführung des Frauenwahlrechts ist Frankreich, wo das allgemeine Wahlrecht für Männer vergleichsweise früh, nämlich 1848, durchgesetzt werden konnte; andererseits das Wahlrecht für Frauen vergleichsweise spät, nämlich erst 1946, angewandt wurde. Der zeitliche Abstand beträgt fast 100 Jahre.

Finnland, erstes europäisches Land der Einführung des Frauenwahlrechtes (1906), Island (1915), Sowjetunion (1917), Polen (1918), Luxemburg (1919), Ungarn (1919), Dänemark (1919) und die Tschechoslowakei (1920) hingegen formulierten das allgemeine Wahlrecht von Beginn an als gleiches Wahlrecht für Männer und für Frauen. Seit 1971 hat die Schweiz (für Männer seit 1848), seit 1974 Portugal und seit 1984 auch Liechtenstein das Frauenwahlrecht beschlossen.

Die verspätete Einführung des Frauenwahlrechtes gilt als eine Erklärung für die Marginalisierung von Frauen in demokratisch gewählten Einrichtungen. Tatsächlich ist in jenen Ländern, die im Vergleich zum Männerwahlrecht das Frauenwahlrecht mit einem großen zeitlichen Abstand bzw. erst nach 1945 verabschiedeten, die Präsenz von Frauen besonders schwach. Europäische Schlußlichter sind Frankreich (Frauenwahlrecht 1945) und Griechenland (Frauenwahlrecht 1952) sowie Portugal (Frauenwahlrecht 1974).

Alleine die Verspätung des Wahlrechts kann die gegenwärtige Unterrepräsentanz jedoch nicht ausreichend erklären. Es handelt sich vielmehr um ein politisches Klima, das Gleichstellung nicht fördert, sowie um systemimmanente Strukturen und Mechanismen (Mehrheitswahlrecht in Frankreich und in Großbritannien), die die Marginalisierung der Frauen stabilisieren. Die schwache Präsenz ist insbesondere Resultat von politischen Interessen an der Verteilung von Machtpositionen. Einen Beleg dafür, daß die Situation nicht alleine auf die Verspätung zurückzuführen ist, liefert ein Vergleich von Finnland, Griechenland und Großbritannien. In Finnland betrug nach dem ersten Wahlgang (1907) der Frauenanteil im Parlament zehn Prozent. In Griechenland betrug im Jahre 1994, also 42 Jahre nach der Einführung des Frauenwahlrechtes, der Frauenanteil sechs Prozent; in Großbritannien 65 Jahre nach der Einführung des Frauenwahlrechtes neun Prozent (vgl. Hoecker 1998).

Tab. 11.1: **Einflußfaktoren der parlamentarischen Repräsentanz von Frauen**

Parlamentarische Repräsentanz von Frauen	Einführung Frauenwahlrecht	Politische Kultur	Wahlsystem	Quoten für öffentliche Kandidaturen	Frauenerwerbsquote
hoch	frühe/mittlere Einführung des Frauenwahlrechts sowie z. T. zeitgleich mit dem Männerwahlrecht	eher egalitär	Verhältniswahlrecht	zum Teil	nahezu durchgängig hoch
mittel	mittlere Einführung des Frauenwahlrechts	eher patriarchal	Verhältniswahlrecht	durchgängig	mittel bzw. niedrig
niedrig	mittlere bzw. späte Einführung des Frauenwahlrechts	eher patriarchal	Verhältnis- oder Mehrheitswahlrecht	überwiegend	hohe, mittlere und niedrige Frauenerwerbsquote

Quelle: Hoecker 1997, S. 13.

Beate Hoecker (1997) benennt einen Mix von Einflußfaktoren auf die politische Repräsentation von Frauen in den Mitgliedsländern der Europäischen Union. Die Einführung des Wahlrechts ist ein Faktor, die politische Kultur zur Gleichberechtigung und Gleichstellung sowie das Ausmaß der Berufstätigkeit sind weitere. Einflußreich sind auch Wahlsysteme (Verhältnis- und Mehrheitswahlsysteme), weniger entscheidend ist dieser Untersuchung nach die bloße Existenz von Quotenbestimmungen (ausschlaggebend vielmehr ist die Festlegung der Höhe und der Verbindlichkeit).

11.3 Partizipation und Repräsentation

Das verspätete Eintreten von Frauen in bereits geformte und etablierte Einrichtungen prägt die Geschichte der politischen Repräsentation. Die Geschichte der Verspätung und des Dazu-kommens ist mit der Republiksgründung und der Verabschiedung des Frauenwahlrechts (1918) keineswegs zu Ende, sondern sie durchzieht wie ein roter Faden des 20. Jahrhundert. Zum ersten Mal in der österreichischen Geschichte wurde im Jahre 1966 eine Frau zur Bundesministerin (Grete Rehor, ÖVP, Sozialressort) ernannt; im Jahre 1994 zog ebenfalls als Premiere eine Frau in den Verfassungsgerichtshof ein; die erste Landeshauptfrau, die jedoch Wert darauf legt, Landeshauptmann genannt zu werden, ist seit 1996 im Amt. Wie aktuelle Besetzungen von Spitzenpositionen demonstrieren – z. B. Bundeskanzler, Bundespräsident – ist die Erzählung der Verspätungen noch nicht zu Ende.

Charakteristisch für das Verspätungs-Syndrom ist, daß sich Frauen den Gegebenheiten, die historisch aus männlichen Lebensentwürfen resultieren, anzupassen haben; daß nicht sie es sind, die die Formen und Rituale, die Termine und Moden des politischen Prozesses definieren. Politik als Männersache im Sinne des historischen Gewordenseins bleibt folglich selbst dann, wenn einzelne Frauen in diese Domäne vordringen, in der Grundstruktur an männlichen Erfahrungskontexten, an der männlichen Normalbiographie, die von bezahlter Arbeit und unbezahlter Zuarbeit profitiert, orientiert. Die vereinzelten Frauen in politischen Spitzenpositionen sind aufgrund ihres langjährigen Ausschlusses in diesem System selbst dann noch, wenn der Zugang rechtlich offen ist, Fremde, ja „Fremd-Körper" im politischen Raum.

Das gegenwärtige politische System, das sich mittlerweile auf eine 80jährige Geschichte formalrechtlicher Gleichheit der Geschlechter im öffentlichen Raum berufen kann – bezüglich der Privatheit gilt dies, wie oben erwähnt, bis zur Familienrechtsreform 1975 nicht –, ist in seiner Herkunft und in seinem Entwurf eindeutig männlich kodiert. Es basiert historisch auf der strukturellen Ausgrenzung der Frauen aus dem Politischen.

Nach der ersten bundesweiten Wahl, an der Frauen teilnahmen, im Jahre 1919, betrug der Frauenanteil in der Konstituierenden Nationalversammlung 5,7 Prozent. Es dauerte 56 Jahre, nämlich 1975, bis dieser Anteil überboten wurde. 1983 wurde die „magische" Grenze des 10-Prozent-Frauenanteils im Nationalrat überschritten. Heute, zum Ende des Jahrhunderts, ist im Parlament ein Viertel der Abgeordneten weiblich, von 100 Bürgermeistern ist eine weiblich. Der Frauenanteil im Nationalrat ist zwar heute der höchste seiner Geschichte (was für den Stand der weiblichen Regierungsmitglieder nicht gilt) und rangiert an sechster Stelle unter den 21 Europarats-Mitgliedern.

Vor diesen Hintergründen der ungleichen Repräsentation besitzen Forderungen nach stärkerer Teilnahme und Vertretung immer noch Relevanz auf der Tagesordnung von Frauenpolitikerinnen.

Johanna Dohnal, ehemalige Staatssekretärin für allgemeine Frauenfragen, machte 1985 für eine wirksamere Vertretung folgenden Vorschlag: „Parteien, welche die Forderung nach einem entsprechendem Frauenanteil bei den öffentlichen Mandaten nicht erfüllen, sollen bei der staatlichen Parteienfinanzierung weniger bzw. keine Mittel erhalten." (Presseinformation vom 4.11.1985). Dieser Vorschlag wurde Mitte der 90er Jahre von den Grünen wieder in die Diskussion eingebracht. Die Resonanz tendierte damals wie heute gegen Null.

Tab. 11.2: **Männer in politischen Vertretungseinrichtungen** (Stand 1999)

Vertretungseinrichtung	**in Prozent**
Bundesregierung	75
Nationalrat	73
Landtag Wien	65
Landtag Tirol	91
Landtag Vorarlberg	80
Landtag Oberösterreich	75
Bürgermeister (österreichweit)	99

Die aktuellen Repräsentationszahlen legen folgende Schlussfolgerungen nahe:

- Wo räumlich die Politik dem Leben am nächsten ist, nämlich in Gemeinden, sind Frauen am wenigsten vertreten. Dies führt u. a. dazu, daß Frauen wichtige Lernfelder zur Ausübung des Geschäftes „Politik" fehlen und daß daher das Argument, es gäbe nicht genug geeignete Frauen, insbesondere aber nicht genug Frauen, die bereit wären, einen politischen Spitzenjob zu übernehmen, oft sticht.
- Je höher angesiedelt und je zentralistischer die politische Arena ist, desto größer sind die Vertretungschancen von Frauen. Denn der Öffentlichkeit sind keine „reinen" Männermannschaften mehr zuzumuten, der Ästhetisierungs- und der Modernisierungsdruck der Politik bringt Frauen in die medial interessanten Positionen und Einrichtungen. Eine bestimmte Anzahl von Frauen in Spitzenpositionen scheint nicht nur systemkonform, sondern systemnotwendig zu sein.
- Bei der Präsenz von Frauen in Bundesregierungen ist kein vergleichbares Tempo wie bei Nationalratsmandaten zu beobachten. Die erste Ministerin, Grete Rehor, wurde 1966 bei der Bildung der ÖVP-Alleinregierung ins Amt berufen. Sie übernahm ein traditionelles SPÖ-Ressort, Soziales, mußte also nicht gegen angestammte Rechte ankämpfen.

  Betrug der Anteil der Frauen in der Bundesregierung (Mitglieder der Bundesregierung und StaatssekretärInnen) im legendären Jahr 1979 „schlagartig" 26,1 Prozent, so liegt er im Jahre 1999 unter diesem Wert, nämlich bei 25 Prozent. Allerdings ist anzumerken, daß die Bundesregierung sich 1979 von insgesamt 23 Mitglieder im Jahre 1999 auf insgesamt 16 Mitglieder reduzierte.

11.4 Gleichstellungspolitik

Die Institutionalisierung der Frauenpolitik kann in Österreich mit dem Jahre 1979 datiert werden. Die ersten administrativen Nischen für Gleichbehandlungspolitik waren ein Ergebnis verschiedener Faktoren – internationaler Entwicklungen und wirtschaftlicher Konjunktur sowie parteitaktischer Reaktionen auf die Neue Frauenbewegung. Im Jahre 1979 erweiterte Bundeskanzler Bruno Kreisky (SPÖ) seine Regierung um zwei Staatssekretariate für Frauenfragen (Staatssekretariat für allgemeine Frauenfragen im Bundeskanzleramt; Staatssekretariat für Angelegenheiten der berufstätigen Frauen im Sozialministerium).

Die Gleichstellung bekam einen Platz. Die Ernennung blieb ein Meilenstein in der Geschichte der politischen Präsenz von Frauen. Der „Paukenschlag" des Kanzlers ging zwar nicht ohne Widerstand der Parteigremien und nicht ohne scharfe Kritik der Opposition über die Bühne. Bundeskanzler Kreisky hatte sein gesamtes politisches Gewicht auf die Waagschale zu werfen, um die Erweiterung der Regierung mit insgesamt vier Frauen durchzusetzen. Dies obwohl die Strategie einfach war und nicht „weh" tat: Männer mußten weder zurücktreten noch teilen, denn die Regierung wurde zahlenmäßig vergrößert. Aber selbst dieser Schritt ging zu weit – die Partei zeigte sich erschüttert, die Opposition sprach von Verschwendung der Steuergelder und von einem schlechten Dienst an den Frauen.

Die teilweise Rücknahme von Regierungsfunktionen für Frauen und für Frauenangelegenheiten erfolgte allerdings recht rasch. Bereits im Jahre 1983 wurde im Zuge der Koalitionsverhandlungen zwischen SPÖ und FPÖ das Staatssekretariat für die Belange berufstätiger Frauen eingespart. Es zeigte sich, daß bei Regierungskoalitionen, bei der die Machtpositionen auf mindestens zwei Parteien aufzuteilen sind, Frauen die geringere Hausmacht besitzen und eher leer ausgehen als Männer.

Ebenfalls im Zuge von Koalitionsverhandlungen, allerdings im Jahre 1990 zwischen SPÖ und ÖVP, wurde das sog. Frauenstaatssekretariat in eine Bundesministerin für Frauenangelegenheiten im Bundeskanzleramt umgewandelt. Diese Umwandlung bedeutet eine leichte Aufwertung der Frauenpolitik (z. B. Veto-Möglichkeit bei Entscheidungen im Ministerrat). Gleichzeitig aber hat die Frauenministerin nicht die üblichen finanziellen und personellen Ressourcen eines „richtigen" Ministeriums.

Die Institutionalierung der Frauenpolitik war auf der Ebene der Bundesländer lange Zeit weniger akzentuiert als auf der Ebene des Bundes. Aber auch im Vergleich mit regionalen und kommunalen Gleichstellungsstellen in der Bundesrepublik Deutschland etwa, wo die Institutionalisierungsphase bereits Ende 70er/Anfang 80er Jahre begann, ist die Politik der meisten österreichischen Bundesländer eher bescheiden. Erst Ende der 80er Jahre wurden auf regionaler und kommunaler Ebene Einrichtungen zur Förderung von Frauen- bzw. Gleichstellungsanliegen verabschiedet. Ähnliche Zeitverzögerungen kennzeichnen den Umgang mit der

Gleichbehandlungsgesetzgebung. Existiert für den Bundesdienst bereits seit 1981 ein Frauenförderprogramm und seit 1993 auch ein Gleichbehandlungsgesetz, so wurden die Gleichbehandlungsgesetze meist erst später, u. a. im Zuge der Anpassung der Rechtslage an EU-Recht verabschiedet. Mit Inkrafttreten des EWR-Abkommens und dem EU-Beitritt bestand auch für die Länderverwaltungen die Notwendigkeit, eine Gleichbehandlungsgesetzgebung zu verabschieden. Föderative Strukturen und Interessenskonstellationen erweisen sich also nicht nur in der Schweiz, sondern auch in Österreich gleichstellungsreservierter als zentralistische. Unterstrichen wird diese Haltung durch die Beeinspruchungspraxis der Länderkammer bei frauenpolitischen Gesetzesmaterien. Im Jahre 1974 wurde z. B. gegen die Fristenregelung und im Jahre 1986 gegen die Einführung der Elternkarenzregelung vom Bundesrat ein Veto eingelegt.

Die Politikarena „EU" bringt ein neues Konzept in die Gleichstellungspolitik – „mainstreaming". Dem Thema der beruflichen Chancengleichheit kommt im europäischen Integrationsprozeß eine nicht unwesentliche Bedeutung zu. Das Aktionsprogramm für die Chancengleichheit von Frauen und Männern (1996–2000) sowie die rechtliche Grundlage der Gleichstellung zwischen Frauen und Männer im Amsterdamer Vertrag unterstreichen diesen Stellenwert.

Was bedeutet mainstreaming als Terminus (zukünftiger) europäischer Strukturpolitik und als gleichstellungspolitische Vorgabe für nationale und subnationale Politik? Mit dem Begriff mainstreaming wird kein gleichstellungspolitisches Ziel, sondern ein Weg für die Formulierung und Implementierung der Chancengleichheitspolitik bezeichnet. Mainstreaming ist eine Methode zur Durchsetzung des Ziels Chancengleichheit. Das Spezifische dieser Methode ist es, so EU-Stellungsnahmen, daß die Anliegen und die Dimension der Chancengleichheit in allen „wichtigen" Politikbereichen, politischen Konzepten und in sämtlichen Programmen einbezogen werden soll. Insbesondere wird mit Hilfe von mainstreaming die Aufnahme der Chancengleichheit in den Kern der Beschäftigungspolitik angestrebt. In der Strukturpolitik würde sich die Kommission mit dem mainstreaming-Ansatz verpflichten, die Vergabe der Fördermittel an das Ziel der beruflichen Chancengleichheit zu binden. Mainstreaming soll die Einführung einer geschlechtsspezifischen Perspektive in die Ausarbeitung von Gesetzen, Politiken und Programmen gewährleisten. Eine eingehende machtpolitische Beurteilung des Einflusses dieses Konzeptes steht allerdings noch aus.

11.5 Die Frauenbewegung als politische Akteurin

Die Frauenbewegung hat ihre Wurzeln in der zweiten Hälfte des 19. Jahrhunderts. Schon damals wurde die Ungleichheit der Geschlechter in aller analytischen Schärfe kritisiert. Neben Louise Otto Peters, die die Relevanz der Berufstätigkeit für die weibliche Emanzipation pointiert beschrieb, sei auf Hedwig Dohm verwiesen, die den Verteilungs- und Interessenskonflikt zwischen Frauen und Männern benannte: „Der maßgebende Gesichtspunkt bei der Frauenarbeitsfrage ist nicht das Recht der Frauen, sondern der Vorteil der Männer".

Im 20. Jahrhundert kämpften Frauen für politische Rechte und ökonomische Chancen, für das Wahlrecht und für den Zugang zu (allen) Berufen, für Selbstbestimmung und Unabhängigkeit sowie gegen die Kriminalisierung der Abtreibung und gegen Diskriminierungen in der Arbeitswelt. Die politischen Organisations- und Aktionsformen, die Anbindung, Nähe und Distanz zu politischen Parteien änderten sich im Laufe der Jahrzehnte. Das Verhältnis von Autonomie und Institution wurde reformuliert und redefiniert. Die „Verstaatlichung der Frauenfrage", d. h. die Etablierung von Gleichstellungseinrichtungen seit den 70er Jahren, die nicht zuletzt wegen und mit Hilfe der Frauenbewegung erfolgte, wird von der Frauenbewegung als Anpassungs- und Angleichungsgefahr kritisch beobachtet und gleichzeitig als Medium zur Emanzipation gewünscht. Ein allgemeineres Muster im Verhältnis von Frauenbewegung und Gleichstellungspolitik ist dahingehend festzustellen, daß Frauenforderungen stets dann eine Chance zur Debatte und Realisierung hatten, wenn a) eine Bewegung außerhalb der Parteien „laut" war und wenn b) sozialdemokratische Politik die Frauenforderungen als Anliegen aufgriff und zur „eigenen" Sache machte.

Zwischen der bürgerlichen und der proletarischen Frauenbewegung des 19. und beginnenden 20. Jahrhunderts bestanden wegen der unterschiedlichen Lebens- und Arbeitssituation grundsätzlich heterogene Positionen. Diese inhaltlichen Divergenzen demonstrieren, daß Frauen nicht alleine deshalb eine einheitliche Meinung besitzen müssen, weil sie eine biologische Gemeinsamkeit verbindet. Die Ausdifferenzierung der alten

Frauenbewegung demonstriert vielmehr die Verschiedenheit, nämlich daß berufstätige Frauen einerseits und nicht berufstätige andererseits abweichende Anliegen und Interessen haben, die auch unterschiedliche politische Organisationsformen bedingen.

Mit Austrofaschismus und Ständestaat der 30er Jahre geht ein vorläufiges Ende der Frauenbewegung einher. Eine eigenständige, sowohl außerhalb der politischen Parteien und für Gleichberechtigung und Gleichstellung kämpfende Organisation formiert sich erst wieder Anfang der 70er Jahre. Ein Kristallisationspunkt für die neue, autonome Frauenbewegung wurde in vielen westeuropäischen Staaten die Forderung nach dem Selbstbestimmungsrecht über den eigenen Körper, konkret der Protest gegen die Kriminalisierung der Abtreibung. Daß der Staat eine Abtreibung strafrechtlich verfolgen konnte, wurde von vielen Frauen außerhalb und innerhalb der politischen Parteien als Verletzung des Selbstbestimmungsrechtes bzw. als soziale Härte gegenüber jenen, die sich teure Abtreibungsambulatorien nicht leisten konnten, kritisiert. 1972 formierte sich die autonome Frauenbewegung mit Aktionen gegen den Strafrechtsparagraphen 144–148 und später, nach der parlamentarischen Verabschiedung der Fristenregelung (mit den Stimmen der SPÖ, gegen ÖVP und FPÖ) gegen die „Aktion Leben", die 1974 ein Anti-Fristenregelungs-Volksbegehren betrieb. Die vorwiegend männlichen Proponenten dieses Volksbegehrens, die Katholische Aktion, mobilisierten für die Beibehaltung der Kriminalisierung der Abtreibung anstelle der geplanten Indikationenlösung und sammelten 896.000 Unterschriften. Der zahlenmäßige Erfolg lohnte sich politisch (noch) nicht. Im November 1974 nämlich, nach Beeinspruchung durch den Bundesrat, faßte die SPÖ-Parlamentsmehrheit einen Beharrungsbeschluß zur Strafrechtsänderung, die unter bestimmten Bedingungen (Indikationen) eine Straffreiheit der Abtreibung in den ersten drei Monaten vorsieht. Diese Fristenregelung trat im Jahre 1975 in Kraft.

Das zweite zentrale Thema der autonomen Frauenbewegung betraf die gesellschaftliche Sichtweise des Privaten als politisch und somit als veränderbar („Das Private ist politisch"). Form und Legitimation der patriarchalen Machtbeziehungen, die Arbeitsteilung zwischen den Geschlechtern und die häusliche Gewalt von Männern an Frauen wurden mit diesem Slogan erfaßt, benannt, der Heimlichkeit entzogen und an die Öffentlichkeit gebracht. „Das Politische ist persönlich" kritisiert die Heterosexualität als gesellschaftliche Norm. Die patriarchale Kleinfamilie wurde als zentrale Institution der Frauenunterdrückung herausgestrichen und entweder deren Abschaffung verlangt oder zumindest Reformen in den Bereichen des Familienrechtes und der Arbeitsteilung der Geschlechter gefordert.

Als ein Ergebnis der neuen Frauenbewegung darf erstens die „Verstaatlichung der Frauenfrage“ gesehen werden. Die neue Frauenbewegung und internationale Entwicklungen, wie das Internationale Jahr der Frauen (1975) der UNO, machten Diskriminierung und Ungleichheit in Österreich zum Gegenstand innenpolitischer Entscheidungen und forcierten die Institutionalisierung der Gleichstellungspolitik – insbesondere die Einrichtung zweier Staatssekretariate für Frauenfragen zur Zeit der SPÖ-Alleinregierung (1979) ist im Kontext der Frauenbewegung zu sehen.

Die außerparteiliche Frauenbewegung der 90er Jahre schließlich ist u. a. im Zusammenhang mit dem Frauenvolksbegehren des Jahres 1997 zu verorten. Unmittelbare Auslöser für die Einleitung dieses Volksbegehrens waren, so die Initiatorinnen, die sozialstaatlichen Einschnitte. Die Durchführung eines verfassungsrechtlich geregelten Volksbegehrens, d. h. die Wahl einer Aktionsform, die eng an staatliche Einrichtungen und Spielregeln gebunden ist, wurde als adäquates, vor allem weil für die Frauenpolitik noch unverbrauchtes direkt-demokratisches Instrument erachtet. Nach einer medial aufbereiteten Diskussion zur sozialen und materiellen Situation von Frauen wurde im November 1996 vom neu gegründeten Verein UnabhängigesFrauenForum (UFF) der Einleitungsantrag beim Innenministerium eingebracht. Fast 650.000 Frauen und Männer, insgesamt elf Prozent der Wahlberechtigten, folgten der Initiative und solidarisierten sich mit den elf Forderungen.

Die autonome Frauenbewegung verhielt sich eher zurückhaltend gegenüber dem Engagement des UFF, organisierte Frauen und institutionelle Frauenpolitik unterstützten tendenziell die Anliegen. Die Forderungen des Frauen-Volksbegehrens blieben bis dato weitgehend unerfüllt, das Thema Frauenpolitik schaffte aber den Sprung auf die Tagesordnung – allerdings in umformulierter Weise. Nicht um Gleichstellung und Unabhängigkeit durch Berufsarbeit kreisen gegenwärtig die Debatten, sondern soziale Absicherung im Zusammenhang mit Familie und Kinder spielen derzeit die dominante Rolle. Familienförderung und Familienpolitik gewannen gegenüber der Frauen- und Gleichstellungspolitik massiv an Bedeutung.

Zusammenfassung

Die Gleichheit der politischen Rechte ist eine Errungenschaft der liberalen Demokratie. Auch wenn dieser Demokratietypus unter der Perspektive nicht thematisierter, aber strukturell eingeschriebener Geschlechterungleichheit zu kritisieren ist, so ist doch unmißverständlich zu konstatieren, daß erst die demokratischen Prinzipien eines politischen Systems (Wahlen) für Gleichheit und Gleichberechtigung der Geschlechter zugänglich sind. Erst unter demokratischen Rahmenbedingungen ließ sich eine Politisierung und folglich eine Demokratisierung der Geschlechterverhältnisse erreichen. Autoritäre und diktatorische Verhältnisse sind stets gegen Gleichberechtigung, gegen die Eigenständigkeit von Frauen und konkret gegen die Berufstätigkeit vorgegangen.

Für die Gleichheit der politischen Rechte und Chancen in allen Arbeits- und Lebensbereichen (Beruf, Privatheit, Politik) haben die Frauenbewegungen gekämpft. Auf der Ebene der politischen Parteien und Interessensorganisationen war diese Agenda oft eine Auseinandersetzung zwischen rechten und linken Parteien. Gleichbehandlung der Frauen bildete ein ideologisches Thema über das emotional gestritten wurde. Besonders deutlich wird dies bei Themen, die nicht in die Distribution eingriffen, die also von der Perspektive des Staates aus budgetneutral sind. Diese Themen gelten als die Marksteine einer patriarchalen Gesellschaft und wurden besonders lange verzögert, Kompromisse waren schwer zu erreichen bzw. sind nach wie vor keiner Lösung zugeführt.

Literatur

Kreisky, Eva / Birgit Sauer (Hg.): Geschlechterverhältnisse im Kontext politischer Transformation. PVS Sonderheft 27/1997.

Nicholson, Linda: Was heißt „gender„? In: Institut für Sozialforschung Frankfurt (Hg.): Geschlechterverhältnisse und Politik. Frankfurt am Main 1994, S. 188–220.

Haller, Birgit: Politische Partizipation von Frauen. In: ÖZP, Heft 1/1999, S. 49–62.

Hoecker, Beate: Zwischen Macht und Ohnmacht: Politische Repräsentation von Frauen in den Staaten der Europäischen Union. In: Aus Politik und Zeitgeschichte. Beilage zur Wochenzeitung Das Parlament. 19. Dezember 1997, S. 3–14.

Hoecker, Beate: Handbuch Politische Partizipation von Frauen in Europa. Opladen 1998.

12. Medien und Kirchen

Schlüsselbegriffe: *Medienkonzentration; Reichweiten; Printmedien; ORF; Kartellgesetz; Liberalisierung des ORF; Verbindung von Kirche und Staat; Konkordat; staatlich anerkannte Religionsgesellschaften; Katholische Verbände*

12.1 Medienlandschaft und Medienpolitik

Die Einfluß der Massenmedien auf politische Einstellungen, auf politische Präferenzen und auf das tagtägliche policy-making wird in der politik- und kommunikationswissenschaftlichen Literatur festgehalten. Gerade bei Wahlkämpfen und bei Wahlentscheidungen spielen die Massenmedien eine zentrale Rolle. Politik reagiert mit Personalisierung und Ästhetisierung, oft mit Technik anstelle mit Inhalt auf diese Entwicklungen. Die Diskussionen über spin-doctors ist u. a. Ausdruck der Mediatisierung der Politik.

Die österreichische Medienlandschaft ist im wesentlichen durch drei Charakteristika geprägt:

- durch eine im internationalen Vergleich äußerst fortgeschrittene Presse- und Medienkonzentration
- durch die massiven ausländischen Kapitalbeteiligungen am österreichischen Printmedienmarkt
- durch die dominante Rolle des Österreichischen Rundfunks (ORF) als öffentlich-rechtliche Anstalt, die lange Zeit mit einem Sendemonopol ausgestattet war.

Die Entwicklung der Printmedien ist eine Entwicklung der Konzentration – Konzentration sowohl hinsichtlich der Eigentümerstruktur als auch hinsichtlich der Reichweiten. Der Konzentrationsprozeß ging insbesondere zu Lasten der traditionellen Parteizeitungen.

Die Kronen-Zeitung ist mit beinahe drei Millionen LeserInnen absolute Spitzenreiterin. Die marktbeherrschende Stellung kommt in der Reichweite von über 40 Prozent zum Ausdruck. Die Kronen-Zeitung ist damit die größte Tageszeitung in den westlichen Demokratien.

Die Bundesländerzeitungen Tiroler Tageszeitung und Vorarlberger Nachrichten nehmen regional monopolähnliche Stellungen ein.

Der für westliche Demokratien vergleichsweise sehr hohe Grad der Pressekonzentration zeigt sich darin, daß sich seit den 50er Jahren die Zahl der täglich erscheinenden Zeitungen drastisch verringerte und daß es lediglich zu drei Neugründungen von Tageszeitungen kam (Der Standard 1988, Täglich Alles 1992, Wirtschaftsblatt 1996).

Die Verflechtung von Krone und Kurier kommt strukturell im gemeinsamen Tochterunternehmen der Mediaprint zum Ausdruck. Die Mediaprint ist eine zentrale Schaltstelle der beiden Medienunternehmen für die Anzeigenaquisition, Produktion und Vertrieb.

Parteizeitungen bzw. –organe spielen keine Rolle mehr, das Parteizeitungssterben ist fast abgeschlossen. Ausländische Kapitalbeteiligungen von Verlagen hingegen eine größere. Die Verlagsgruppe Westdeutsche Allgemeine Zeitung (WAZ) ist an Krone und Kurier mit 50 Prozent bzw. 49 Prozent beteiligt. Die Tiroler Tageszeitung ist mehrheitlich im Besitz der Springer-Gruppe, News und TV-Media der Gruppe Gruner+Jahr. Ende 1998 übernahm der Süddeutsche Verlag 49 % der Anteile von Der Standard.

Die Konzentration der österreichischen Medienlandschaft sowie der hohe Anteil der deutschen Eigentumsbeteiligungen wird u. a. auf die mangelnden kartellrechtlichen Bestimmungen in Österreich zurückgeführt (vgl. Grisold 1998). Das österreichische Kartellgesetz aus dem Jahre 1993 enthält als Ziel sowohl die Wahrung des wirtschaftlichen Wettbewerbs als auch die Sicherung der Medienvielfalt. Bestimmungen über Fusionsverbote sollen diese Medienvielfalt herstellen helfen. Allerdings enthält das Kartellgesetz keine Handhabung für wirksame rückwirkende Entflechtungen, sodaß die bereits bestehende Konzentration am Printmediensektor nicht aufgelöst werden kann.

Tab. 12.1: **Reichweiten der Tageszeitungen**
(Marktanteile in Prozent aller LeserInnen)

	1993	1994	1995	1996	1997	1998
Neue Kronenzeitung	39,0	40,7	40,9	42,2	42,3	43,1
Täglich Alles	16,9	14,6	12,7	12,2	12,3	11,1
Kurier	12,4	12,6	12,7	12,3	11,8	12,0
Kleine Zeitung	10,2	11,2	11,2	11,4	11,5	12,4
Kleine Steiermark	6,3	7,1	^7,1	7,2	7,4	8,0
Der Standard	4,5	4,9	5,0	5,4	5,5	5,0
OÖNachrichten	5,1	4,7	4,7	5,3	5,2	5,8
Die Presse	3,7	3,8	3,9	4,7	4,8	5,1
Tiroler Tageszeitung	4,3	4,1	4,4	4,8	4,7	4,8
Kleine Kärnten	3,9	4,1	4,1	4,2	4,1	4,4
Salzburger Nachrichten	3,9	3,8	4,0	4,3	4,0	4,1
Vorarlberger Nachrichten	3,1	3,1	3,1	3,1	3,3	3,3
Neue Zeit	1,3	1,7	1,5	1,3	1,4	1,4
Kärntner Tageszeitung	1,3	1,2	1,3	1,3	1,1	1,2
Wirtschaftsblatt	-	-	-	0,8	1,1	1,2
Neue Vorarlberger TZ	1,1	1,0	0,9	0,9	1,0	1,0
Neues Volksblatt	1,0	-	1,0	1,1	0,9	-
Wiener Zeitung	0,8	1,0	0,7	0,9	0,9	0,9
Salzburger Volkszeitung	0,5	-	-	-	-	-
Die Ganze Woche	28,0	26,1	24,7	24,5	23,7	22,9

Quelle: Media-Analyse 1998.

Der ORF ist ein öffentlich-rechtliches Rundfunkunternehmen mit einem Statut, das durch das Rundfunkgesetz im Verfassungsrang steht. Zu den öffentlichen Aufgaben des ORF gehört die objektive, ausgewogene Berichterstattung. Über den organisatorischen Aufbau des Kuratoriums und des Intendanten /der Intendantin besitzt die Politik Einwirkungsmöglichkeiten. Das Kuratorium wird politisch beschickt, in der personellen Zusammensetzung widerspiegeln sich die parteipolitischen Stärkeverhältnisse der Bundesebene.

Im Bereich der elektronischen Medien hatte der staatliche ORF bis April 1998 ein Sendemonopol. Nach etwa zehnjähriger Diskussion ist zu Beginn des Jahres 1997 das Regionalradiogesetz beschlossen worden, daß zehn regionale (bundesländerweite) und 45 lokale Privatradiostationen erlaubt. Damit ist das Radio-Monopol gefallen und der Hörfunkmarkt geöffnet. Im TV-Sektor gilt auf der Angebotsseite noch die Monopolstellung, obwohl das Fernsehmonopol durch Kabel und Satellit im Empfangsbereich faktisch durchbrochen ist.

Die allgemeine Konzentration im Medienbereich wird trotz Aufbrechens des Sendemonopols verschärft, da an den Regionalradio-Gesellschaften abermals Zeitungsverlage und –verleger beteiligt sind. Die „Liberalisierung" des Rundfunksektors mündet in einer privatwirtschaftlichen Machtkonzentration und in oligopolistischen Strukturen. Dies heißt beispielsweise in Tirol, daß an der Regionalradio Radio Tirol GesmbH der Verlag J. Moser (Miteigentümer der Tiroler Tageszeitung) einen Anteil von 26 Prozent hält. Auch ist eine Verquickung von Landespolitik, Printmedien und Regionalradios festzustellen. Diese Eigentümerstrukturen privater Betreibergesellschaften bedeuten zwar ein größeres Angebot an Sendungen, aber nicht notwendigerweise auch ein Mehr an Meinungspluralität (vgl. Götschl 1998, S. 124).

12.2 Kirchen und Religion

Religion als Institution

Habsburg-Österreich war eine Macht der katholischen Gegenreformation. Im 16., 17. und 18.Jahrhundert nahm der Staat offen Partei gegen alle Nicht-KatholikInnen. Das betraf vor allem ÖsterreicherInnen protestantischer und jüdischer Konfession. Sie wurden unter Druck gesetzt, katholisch zu werden; sie wurden oft – im Falle der Weigerung – vertrieben. In der Verfolgung der Juden schloß diese Politik unmittelbar an die ältere Tradition des christlichen Judenhasses an.

Als 1782 Josef II. das „Toleranzpatent" erließ, begann sich die Situation der Nicht-KatholikInnen zu verbessern, bis dann 1867 – mit dem Staatsgrundgesetz – die religiöse Freiheit offiziell verankert war. Aber an der Gleichsetzung von Staat und Katholischer Kirche änderte das nur wenig. Die Monarchie, aber auch der Politische Katholizismus der Christlichsozialen sorgten dafür, daß Österreich als „katholischer Staat" wahrgenommen wurde. 1918 wurde aus der „Ehe von Thron und Altar" die „Ehe von (Christlichsozialer) Partei und Altar."

Die enge Verbindung zwischen Staat und Kirche wurde in Österreich niemals vollständig gelöst. Der Säkularisierungprozeß – die Distanzierung von Religion und Politik, von Kirche und Staat – kam zu keinem formellen Abschluß.

Ausdruck der Verbindung von Kirche und Staat ist das Konkordat, der völkerrechtliche Vertrag zwischen dem „Heiligen Stuhl" (dem Papst) und Österreich. 1933 unterzeichneten der Vatikan und die Republik Österreich ein solches Abkommen. Da jedoch der Nationalrat von der Regierung Dollfuß bereits „ausgeschaltet" war, konnte dieses Konkordat nicht mehr – wie es dem Bundes-Verfassungsgesetz entsprochen hätte – ratifiziert werden. Die Regierung Dollfuß und der Vatikan gingen jedoch von der Gültigkeit dieses Konkordats aus. Es war zwischen 1934 und 1938 in Geltung. Wesentliche Bestimmungen dieses Konkordates wurden 1938 vom NS-Regime außer Kraft gesetzt.

Als 1945 das Bundes-Verfassungsgesetz wieder in Kraft gesetzt wurde, gingen der Vatikan und die österreichischen Bischöfe von der Gültigkeit des Konkordates aus. Ihr rechtliches Argument war die völkerrechtliche – also internationale – Verbindlichkeit des 1933 unterzeichneten Vertrages. Dabei wurden sie von der ÖVP unterstützt. Die SPÖ hingegen vertrat den Standpunkt, daß es dem Konkordat an der staatsrechtlichen – also innerösterreichischen – Verbindlichkeit mangelt, da ihm die verfassungsrechtlich vorgesehene Ratifizierung fehlte. Im Zusammenhang damit wurden auch unterschiedliche Theorien über die Rechtsnatur Österreichs zwischen 1938 und 1945 bemüht:

- Die „Okkupationstheorie": Österreich sei 1938 völkerrechtswidrig besetzt und dadurch handlungsunfähig gewesen. Da Österreich aber davon unabhängig als Völkerrechtssubjekt weiter bestanden hätte, wären alle internationalen Verträge – und damit auch das Konkordat – gültig geblieben. Diese Position wurde ursprünglich von der ÖVP vertreten.
- Die „Annexionstheorie": Österreich sei 1938 zwar rechtswidrig besetzt worden, durch die internationale Anerkennung des „Anschlusses" sei aber Österreich als Völkerrechtssubjekt untergegangen und 1945 neu errichtet worden. Die vor dem 11.März 1938 geschlossenen internationalen Verträge seien daher nicht mehr gültig. Diese Position wurde ursprünglich von der SPÖ vertreten.

Hinter diesem mit rechtlichen Argumenten ausgetragenen formalen Dissens standen aber unterschiedliche Interessen, die einen Kompromiß zunächst verhinderten. Dieser inhaltliche Dissens betraf vor allem die Ehe- und die Schulfrage:

Die Ehefrage: Das Konkordat hatte bestimmt, daß für alle KatholikInnen das katholische (und nicht das staatliche) Eherecht zu gelten habe. Das bedeutete, daß es für KatholikInnen keine (staatliche) Scheidung und damit auch keine Wiederverheiratung nach staatlichem Eherecht geben konnte. Diese Bestimmung wurde von der SPÖ prinzipiell abgelehnt – die SozialdemokratInnen wollten, daß das staatliche Eherecht für alle, das heißt auch für KatholikInnen gelten soll.

Die Schulfrage: Das Konkordat hatte die prinzipielle Gleichbehandlung von katholischen und staatlichen Schulen festgelegt. Damit war vor allem die volle staatliche Finanzierung der katholischen Privatschulen gemeint. Die SPÖ vertrat hingegen den Standpunkt, daß Privatschulen zwar – unter bestimmten Auflagen – Anspruch auf Öffentlichkeitsrecht, keinesfalls aber Anspruch auf öffentliche Finanzierung haben sollen.

Ein Kompromiß wurde gefunden, als ein Generationenwechsel auf beiden Seiten für mehr Flexibilität sorgte: Nach der Wahl Adolf Schärfs zum Bundespräsidenten, 1957, versuchte eine neue Generation an der Spitze der SPÖ (Bruno Pittermann, Bruno Kreisky, Franz Olah) eine Öffnung der Partei zur Katholischen Kirche. Die Wahl Johannes XXIII. zum Nachfolger Pius XII. – der als Kardinal-Staatssekretär das Konkordat 1933 selbst ausgehandelt und unterzeichnet hatte – führte 1958 zu einer analogen Öffnung im Bereich der Kirche.

Der Kompromiß wurde 1960 in die Form eines Zusatzkonkordats gegossen. Nach dessen Unterzeichnung wurde das so veränderte Konkordat vom Nationalrat ratifiziert. Der Kompromiß bedeutet:

In der Ehefrage gab die Katholische Kirche nach. Unabhängig vom kirchlichen Eherecht gilt in Österreich das staatliche Eherecht für alle, also auch für KatholikInnen.

In der Schulfrage gab vor allem die SPÖ nach. Den Privatschulen werden die Personalkosten (nicht die Sachkosten) aus öffentlichen Mitteln ersetzt.

Mit der Lösung der Konkordatsfrage ist die Beziehung zwischen Staat und Katholischer Kirche offenkundig stabilisiert – in Form einer Verflechtung, keinesfalls einer Trennung. Denn das Konkordat verpflichtet den Staat, der Kirche bestimmte Rechte einzuräumen. Dazu zählen insbesondere:

Religionsunterricht in öffentlichen Schulen. Dieser Unterricht wird öffentlich finanziert. Den Inhalt des Faches „Religion“ und die Personen, die diesen Unterricht erteilen, bestimmt aber die Kirche.

Militärseelsorge. Im Bundesheer kommt den Militärseelsorgern der Status von Offizieren zu, die öffentlich bezahlt werden. Inhalt und Personen bestimmt die Kirche.

Katholisch-Theologische Fakultäten: Die an vier Universitäten (Wien, Graz, Innsbruck, Salzburg) eingerichteten Fakultäten werden öffentlich finanziert. Die Kirche (der örtlich zuständige Bischof) kontrolliert aber die Lehre an diesen Fakultäten durch Erteilung oder Entziehung der Lehrbefugnis.

Im Sinne der im Staatsgrundgesetz garantierten Glaubens- und Gewissensfreiheit können diese Rechte aber nicht nur einer einzigen Konfession eingeräumt werden. In Weiterführung eines noch aus der Monarchie kommenden Modells gewährt Österreich allen „gesetzlich anerkannten Religionsgesellschaften“ grundsätzlich dieselben Rechte, die im Fall der Katholischen Kirche im Konkordat festgeschrieben sind – insbesondere den Religionsunterricht und die Militärseelsorge. Eine theologische Fakultät besitzt von den anderen anerkannten Religionsgesellschaften nur die Evangelische Kirche – an der Universität Wien.

Noch in der Monarchie wurden folgende Religionsgesellschaften anerkannt: Die Katholische Kirche, die Evangelische Kirche AB und HB, die Griechisch-Orthodoxe Kirche, die Altkatholische Kirche, die Israelitische Kultusgemeinde und der Islam. In der Zweiten Republik wurden die Methodisten, die Mormonen und die Buddhisten anerkannt. Die staatlich anerkannten Religionsgesellschaften sind in vielen Bereichen den Kammern gleichgestellt – z. B. im vorparlamentarischen Bereich der Gesetzgebung, im Begutachtungsverfahren

Die Kriterien für die Anerkennung, die mit erheblichen Rechten verbunden ist, sind freilich nicht eindeutig klar – sie lassen der Bundesregierung, bzw. dem (dem Unterrichtsressort unterstellten) „Kultusamt“ politischen Spielraum. 1998 wurde – um den nicht anerkannten Religionsgesellschaften einen (wenn auch signifikant weniger privilegierten) Status zu geben – für diese der Begriff „religiöse Bekenntnisgemeinschaften“ eingeführt.

Alle staatlich anerkannten Religionsgesellschaften sind berechtigt, von ihren Mitgliedern Beiträge einzuheben. Diese „Kirchenbeiträge“, die auf das 1938 vom NS-Regime eingeführte deutsche Muster zurückgehen, werden zwar – anders als in Deutschland – nicht von den staatlichen Finanzbehörden eingehoben. Ihre Exekution (über die Gerichte) erfolgt aber mit staatlicher Hilfe.

Zusätzlich zu dieser staatlich unterstützten Finanzierung durch die Mitglieder kommt einer weiteren Finanzierung politische Bedeutung zu: Das NS-Regime hatte den von Josef II. eingerichteten „Religionsfonds" aufgelöst und eingezogen. Dieser Fonds war als Entschädigung für die vom Kaiser beschlagnahmten Kirchengüter gedacht gewesen und wurde zur Finanzierung der Katholischen Kirche herangezogen. Das NS-Regime hatte im Gegenzug die Finanzierung durch den Kirchenbeitrag eingeführt. Die Regelung der Konkordatsfrage 1960 brachte es mit sich, daß der Katholischen Kirche zwar nicht der Religionsfonds rückerstattet wird. Die Katholische Kirche und die anderen, durch das NS-Regime ebenfalls geschädigten Religionsgemeinschaften (Evangelische Kirche, Israelitische Kultusgemeinde, Altkatholische Kirche) erhalten aber als Entschädigung regelmäßig staatliche Zuwendungen.

Religion als politischer Faktor

Der Politische Katholizismus, wie er in der Monarchie und in der Ersten Republik existiert hat, hat in der Zweiten Republik zu bestehen aufgehört. Das äußert sich vor allem in der politischen Distanz der „Kleruskirche" (Bischöfe, Priester):

- Priestern ist es kirchenintern offiziell verboten, politische Ämter zu übernehmen.
- Bischöfe vermeiden es, sich (z. B. vor Wahlen) für eine politische Partei auszusprechen.

Unabhängig von dieser Distanz ist aber die Katholische Kirche als „Milieu" politisch relevant. Unabhängig vom weitgehenden Absterbens des katholisch-konservativen Lagers als Subsystem und Subkultur weisen die in ihrer Kirche aktiven KatholikInnen bestimmte Merkmale auf, die sie – auch als Gruppe – sozial signifikant und daher politisch wirksam machen:

- „Aktive" KatholikInnen sind überdurchschnittlich im bürgerlichen und im bäuerlichen Sektor der Gesellschaft vertreten, unterdurchschnittlich im proletarischen. Die Bindung an das „Bürgertum" (höhere und mittlere Beamte und Angestellte, Selbständige) bedeutet, daß dieses katholische „Aktivsegment" (meßbar an der Häufigkeit des Kirchganges, bzw. an der Zugehörigkeit zu katholischen Verbänden) auch mit überdurchschnittlicher Wahrscheinlichkeit eine (formal) höhere Bildung aufweist.

- Die sozialen Merkmale dieses Aktivsegments bedeuten eine gesellschaftliche Nähe, bzw. teilweise Deckungsgleichheit mit der Sozialstruktur der ÖVP-WählerInnen. Daher ist davon auszugehen, daß unabhängig vom Ende der „Ehe zwischen Partei und Altar" und vom Absterben des katholisch-konservativen Lagers eine überdurchschnittliche Neigung aktiver KatholikInnen besteht, ÖVP zu wählen.

Dadurch kann erklärt werden, daß auch nach der wechselseitigen Distanzierung zwischen Kirche (als Kleruskirche) und Politik (als Parteipolitik) der Faktor „Kirchlichkeit" nicht aus der Politik verschwunden ist. Zwar sind die Fronten inhaltlich (etwa durch das Zusatzkonkordat, 1960) und sozial entschärft (vor allem durch den Rückgang der Lagermentalität). Aber der Faktor „Kirchlichkeit" ist nicht politisch neutral geworden.

Tab. 12.2 **Das sozio-religiöse Profil der WählerInnen**

1994	ÖVP	SPÖ	FPÖ	Grüne	LIF	andere
kirchlich	39	9	15	20	4	12
kulturkirchlich	14	4	3	2	4	29
religiös	14	11	10	3	4	24
kulturreligiös	22	45	48	55	58	12
nichtreligiös	12	31	23	21	30	24
	101	100	99	101	100	100

Zulehner, Paul: Die Kirchen und die Politik. In: Sieder, Reinhard u. a. (Hg.): Österreich 1945–1995. Gesellschaft, Politik, Kultur. Wien 1995. S. 533

Diese Untersuchung (Tab. 12.1) drückt das Verhältnis zwischen kirchlicher Bindung und parteipolitischer Sympathie aus. Die Intensität der kirchlichen Bindung ist bei der Gruppe „kirchlich" am größten und sinkt bis zur Gruppe „nichtreligiös" ab. Die positive Korrelation des Ausmaßes an kirchlicher Bindung mit den Sympathien für die ÖVP ist dabei ebenso eindeutig wie die negative Korrelation mit den Sympathien für SPÖ, FPÖ und LIF.

Die Untersuchung unterscheidet nicht zwischen KatholikInnen und allen anderen. Die nach wie vor bestehende quantitative Dominanz der Angehörigen der Katholischen Kirche erklärt diese Vereinfachung: 1999 bekannten sich ca. 75 Prozent der österreichischen Bevölkerung zur Katholischen Kirche und zur zweitgrößten, der Evangelischen Kirche, ca. 5 Prozent.

Das faktische Naheverhältnis zwischen Katholischer Kirche (als Milieu- und Laienkirche, nicht als Kleruskirche) und ÖVP äußert sich aber primär in der Rekrutierung der FunktionärInnen: Ein Großteil derer, die in der ÖVP aktiv sind und politische Karriere machen, werden durch und über katholische Verbände sozialisiert. Dabei ist zwischen zwei Gruppen von Verbänden zu unterscheiden:

- Katholische Verbände, die unmittelbar dem Klerus (den Bischöfen) unterstellt sind. Diese Verbände sind in der „Katholischen Aktion" (KA) zusammengefaßt. Viele PolitikerInnen der ÖVP kommen aus solchen Gruppierungen der KA – z. B. aus der Katholischen Hochschuljugend. Die Katholische Aktion und ihre Verbände, weil den Bischöfen unterstellt, wahren aber dennoch – als Organisationen – die Distanz zur Parteipolitik.
- Katholische Verbände, die nicht unmittelbar den Bischöfen unterstellt sind. Diese sind in der „Arbeitsgemeinschaft katholischer Verbände" zusammengeschlossen. Dazu zählen insbesondere die farbentragenden Studentenverbindungen (CV, MKV). Aus diesen kommen ebenfalls viele Politiker der ÖVP. Weil diese Verbände nicht an die Kleruskirche direkt gebunden sind, ist hier der Politische Katholizismus – im Sinne eines offenen, programmatischen Naheverhältnisses zur ÖVP – teilweise noch lebendig.

Von den Bundesparteiobmännern der ÖVP sind (fast) alle entweder aus dem CV (Figl, Raab, Gorbach, Klaus, Withalm, Taus, Mock) oder aus der Katholischen Hochschuljugend (Riegler, Busek, Schüssel) hervorgegangen.

Die langfristigen Entwicklungen, die sich im Gefüge Religion – Politik in Österreich beobachten lassen, werden von den beiden Tendenzen bestimmt:

Pluralisierung: Die quantitative Dominanz der Katholischen Kirche geht zurück. Innerhalb der Zweiten Republik hat der Anteil der KatholikInnen von ca. 90 auf ca.75 Prozent abgenommen. Die beiden am stärksten wachsenden konfessionellen Gruppen sind die Konfessionslosen (von 1945 bis 1999 von ca.4 auf ca.10 Prozent) und der Islam (von faktisch 0 auf ca. 2 Prozent). Innerhalb der KatholikInnen geht der Anteil der aktiven KirchgängerInnen ebenfalls ständig zurück, sodaß die größte konfessionelle Gruppe die KatholikInnen mit geringer kirchlicher Bindung ist („Taufschein-KatholikInnen").

Säkularisierung: Trotz der Verflechtung zwischen Kirche und Staat ist die politische Prägekraft des Faktors Religion rückläufig. War noch am Beginn der Zweiten Republik relativ klar, was „Kirchlichkeit" oder „Religiosität" politisch bedeutet, so ist diese Verbindung von Religion und Politik blaß geworden. Auch wenn Kirche und Staat in Österreich nicht getrennt sind – die politischen Konsequenzen ihrer Verbindung sind unscharf geworden.

Literatur

Abromeit, Heidrun/Wewer, Göttrik (Hg.): Die Kirchen und die Politik. Beiträge zu einem ungeklärten Verhältnis. Opladen 1989.

Kaltenbrunner, Andy: Keine Brüche im Umbruch: Die Kontinuitäten österreichischer Medienpolitik in einem bewegten Medienmarkt. In: ÖZP Heft 2/1998, S. 105–116.

Götschl, Herbert: Monopole fallen langsam: Vom Ende des ORF-Monopols und von der neuen Vielfalt am Hörfunksektor. In: ÖZP Heft 2/1998, S. 117–128.

Grisold, Andrea: Kopf oder Zahl? Konzentrationsprozesse und Regulierungsformen am Mediensektor. In: ÖZP Heft 2/1998, S. 129–142.

Zulehner, Paul M./Denz, Hermann: Wie Europa lebt und glaubt. Europäische Wertestudie. 2 Bände. Düsseldorf 1993.

13. Länder, Gemeinden, „Graswurzeln"

Schlüsselbegriffe: *Föderalismus; „Regierungsproporz„; Landeshauptleute; politische Bezirke; Statutarstädte; BürgermeisterInnen; Gemeinderäte; Neue soziale Bewegungen; Postmaterialismus; Kirchenvolks-Begehren.*

Der Föderalismus in Österreich ist, verfassungsrechtlich, nur gering entwickelt: Den Ländern kommen – gemessen an den Standards traditioneller Bundesstaaten wie der Schweiz oder den USA – nur relativ geringe Kompetenzen zu. So gibt es z. B. keine Länderkompetenz in der Justiz – alle Gerichte sind Gerichte des Bundes. Und obwohl das Bundes-Verfassungsgesetz 1920 eine „Generalklausel" zugunsten der Länder enthält – alle nicht ausdrücklich dem Bund zugeschriebenen Kompetenzen sind in der Zuständigkeit der Länder – werden dem Bund soviele Kompetenzen zugerechnet, daß trotz der Generalklausel den Ländern nur wenig Zuständigkeiten bleiben.

In der Realität des politischen Systems haben die österreichischen Länder jedoch einen Stellenwert, der mit ihren verfassungsrechtlichen Kompetenzen nicht erklärt werden kann. Das hängt auch mit der Kontinuität der Länder zusammen. Mit Ausnahme des Burgenlandes, das 1921 – aus mehreren Bezirken Westungarns gebildet – zu Österreich kam, geht die Identität der Länder weit in das Mittelalter zurück.

Dieses Spannungsverhältnis zwischen Verfassung und politischer Wirklichkeit bestimmt die „vertikale Gewaltenteilung" des österreichischen politischen Systems:

- Die Länder sind ein – rechtlich gesehen – eher unterentwickeltes, aber politisch doch relevantes Gegengewicht zum Bund.
- Die politischen Bezirke sind, paradoxerweise, ein politisch unentwickeltes Gegengewicht zu den Ländern.
- Die Gemeinden sind eine, über den formalisierten „autonomen Wirkungsbereich" hinaus, wichtige Politikebene, insbesondere dann, wenn sie – als „Statutarstädte" – die Verwaltungskompetenzen der Bezirke mitbesitzen.

Diese unterschiedlich entwickelten Politikebenen waren mit dem politischen System des Bundes aber vertikal durch die politischen Subkulturen der „Lager" verbunden: Das „rote" Wien wurde weniger als autonomes

Land und mehr als sozialdemokratisches Experiment wahrgenommen. Die Länder Tirol und Vorarlberg waren auch und vor allem von der Dominanz des katholisch-konservativen Lagers (in Gestalt der Christlichsozialen Partei, bzw. der ÖVP) bestimmt. Gemeinden waren oft traditionell „rot" (wie z. B. Hallein) oder „schwarz" (wie z. B. Eisenstadt).

Diese vertikale Integration aller Politikebenen in die dominierende Landschaft der politischen Subkulturen war lange Zeit dafür verantwortlich, daß die potentielle Eigenständigkeit der Politikebenen unterschätzt werden konnte. Das Aufbrechen der Subkulturen begann sich aber gerade in einer vertikalen Mobilität des politischen Verhaltens zu äußern: Schon relativ früh, in den 70er Jahren, zeigte das Wahlverhalten eine wachsende Bereitschaft von ÖsterreicherInnen, bei Gemeinderatswahlen anders als bei Landtagswahlen und bei diesen wieder anders als bei Nationalratswahlen zu stimmen. Insbesondere in kleineren Großstädten wie Graz oder Innsbruck war (und ist) diese Beweglichkeit zu beobachten.

Damit wurde aber die Vielfalt der Politikebenen zum Indikator für die Veränderungen der politischen Kultur und des politischen Systems. Diese sind nicht mehr ein Modellfall für relativ monolithische Strukturen, die im wesentlichen vom Neben-, Gegen- und Miteinander der drei politisch-weltanschaulichen Lager erklärt werden können. Die Beweglichkeit des politischen Verhaltens hat den Politikebenen unterhalb des Bundes einen verstärkten Stellenwert gegeben.

Durch das Absterben der Subkulturen erhält auch die von der Formalstruktur des politischen Systems überhaupt nicht bzw. kaum erfaßbare Ebene der informellen und nicht territorial definierten Einheiten eine bis dahin nicht bekannte Bedeutung: Die „Graswurzeln" des politischen Systems entziehen sich der Kontrolle und der Mobilisierung der Subkulturen.

13.1 Die Länder

Das politische System der österreichischen Länder folgt grundsätzlich dem Modell parlamentarischer Systeme: Die WählerInnen wählen ein Parlament, den Landtag. Die Landesregierung – an deren Spitze ein Landeshauptmann (eine Landeshauptfrau) steht – legitimiert sich aus dem Parlament.

In fünf der neun Länder gibt es jedoch eine besondere Form der Bestellung der Regierung: Die Landesregierung wird wie ein Landtagsausschuß gebildet. Alle im Landtag vertretenen Parteien sind, ihrer Stärke entsprechend, auch in der Landesregierung vertreten. Das bedeutet, daß – je nach der Zahl der Regierungsmitglieder und der Mandatsstärke der Parteien – oft alle Landtagsparteien auch Regierungsparteien sind.

Dieser „Regierungsproporz“ (Niederösterreich, Oberösterreich, Steiermark, Kärnten, Burgenland) hat einige für ein parlamentarisches System ungewöhnliche Konsequenzen, die das politische System dieser Länder auch wesentlich von denen des Bundes unterscheiden:

- Der Begriff der Opposition wird diffus, wenn alle Landtagsparteien auch Regierungsparteien sind. Ist eine (oder auch zwei) der Landtagsparteien nicht in der Regierung vertreten, dann handelt es sich um besonders kleine Parteien, deren Gegengewicht zur dominanten Konzentrationsregierung von vornherein beschränkt ist.
- In den Ländern mit „Regierungsproporz“ entscheidet die Landesregierung nicht – wie in der Bundesregierung – einstimmig, sondern mit Mehrheit. Es kommt daher häufig vor, daß die stärkste der Regierungsparteien auf Regierungsebene ihre Koalitionspartner überstimmen kann.
- Der „Regierungsproporz“ geht mit einem Fehlen des Ressortprinzips Hand in Hand. Die Personalhoheit liegt nicht bei den einzelnen Regierungsmitgliedern (LandesrätInnen), sondern bei einem einzigen Regierungsmitglied – häufig bei dem Landeshauptmann (der Landeshauptfrau), der (die) für die Personalentscheidungen der gesamten Landesregierung zuständig ist.
- Diese Folgen bedeuten, daß in Ländern mit „Regierungsproporz“ der Landeshauptmann (die Landeshauptfrau) sehr gestärkt wird: Trotz Koalition kann er (sie), falls seine Partei über die Mehrheit in der Landesregierung verfügt, seinen (ihren)Willen in der Regierung durchsetzen – eine Möglichkeit, die dem Bundeskanzler gegenüber seinem Koalitionspartner fehlt.

Diese Besonderheiten des „Regierungsproporzes“ gehen nicht auf die Anfänge der Zweiten Republik zurück, sie sind also nicht Teil der politischen Kultur der Konkordanzdemokratie. Das Modell des „Regierungsproporzes“ geht auf die Anfänge der Ersten Republik zurück und entspricht dem

Grundkonzept der Konventsverfassung: Das Parlament regiert selbst, und zwar in Form eines Ausschusses.

Der „Regierungsproporz" galt bis 1998 in sieben der neun Länder: In Vorarlberg galt (und gilt) das Mehrheitsprinzip (Majorzprinzip) bei der Regierungsbildung – die Mehrheit des Landtages wählt die Landesregierung. In Wien gab (und gibt) es eine besondere Mischform aus Proporz- und Majorzprinzip: Bei der Bestellung der Landesregierung (in Wien: Stadtsenat) gilt das Proporzprinzip, das aber dadurch faktisch aufgehoben wird, da die Mehrheit den einzelnen Mitgliedern der Landesregierung (in Wien: StadträtInnen) Kompetenzen zuordnet. Dabei werden regelmäßig VertreterInnen bestimmter Parteien (seit 1996: SPÖ und ÖVP) als „amtsführende StadträtInnen" Geschäftsbereiche zugewiesen, VertreterInnen anderer Parteien (seit 1996: FPÖ und Grüne) bleiben jedoch als „kontrollierende StadträtInnen" ohne Regierungsfunktion.

1998 änderten Salzburg und Tirol ihre Landesverfassungen: An die Stelle des Proporzprinzips trat das Majorzprinzip. Die Ursache dafür war, daß das Fehlen einer klaren Trennung zwischen Regierungs- und Oppositionsfunktion zunehmend als Schwäche des „Regierungsproporzes" empfunden wurde. Dadurch glichen sich diese beiden Länder nicht nur dem in Vorarlberg herrschenden Verfassungsmuster an, sondern auch dem des Bundes: Die politischen Systeme dieser Länder haben nunmehr eine größere Ähnlichkeit mit dem politischen System des Bundes. Einer durch parlamentarische Mehrheitsentscheidung gebildeten Regierung steht eine klar definierte Opposition gegenüber.

Die politischen Systeme der Länder unterscheiden sich von dem des Bundes in einem Merkmal signifikant: Die Parteiensysteme auf Länderebene sind durch einen insgesamt weniger intensiven Wettbewerb bestimmt als das Parteiensystem des Bundes. Auf Länderebene ist das Phänomen permanenter Hegemonie zu beobachten. In fünf von neun Ländern war – bei Landtagswahlen – immer dieselbe Partei seit 1945 die stimmenstärkste. In sieben von neun Ländern stellte in der Zweiten Republik immer eine Partei den Landeshauptmann (die Landeshauptfrau).

Das deutet auf eine relativ geringe Beweglichkeit der regionalen Parteiensysteme und auf einen relativ schwach entwickelten regionalen Parteienwettbewerb hin. Dies stärkt wiederum die Basis der Landeshauptleute, die mit relativ hoher Sicherheit mit einer Bestätigung ihrer Partei als stimmen- und mandatsstärkste Partei und damit auch mit einer Bestätigung ihrer Position als Regierungschef rechnen können.

Tab. 13.1: **Wechsel der Mehrheitsverhältnisse (Stimmenanteile) in den Bundesländern und im Bund; stimmenstärkste Partei bei Nationalrats- und Landtagswahlen seit 1945**

Burgenland:	Wechsel 1964 (ÖVP zu SPÖ)
Kärnten:	Wechsel 1999 (SPÖ zu FPÖ)*
Niederösterreich:	kein Wechsel (immer ÖVP)
Oberösterreich:	Wechsel 1967 (ÖVP zu SPÖ) und 1973 (SPÖ zu ÖVP)**
Salzburg:	kein Wechsel (immer ÖVP)
Steiermark:	Wechsel 1953 (ÖVP zu SPÖ) und 1956 (SPÖ zu ÖVP)**
Tirol:	kein Wechsel (immer ÖVP)
Vorarlberg:	kein Wechsel (immer ÖVP)
Wien:	kein Wechsel (immer SPÖ)
Bund:	Wechsel 1953 (ÖVP zu SPÖ), 1956 (SPÖ zu ÖVP), 1959 (ÖVP zu SPÖ), 1962 (SPÖ zu ÖVP), 1970 (ÖVP zu SPÖ)***

* In Kärnten „verlor" die SPÖ die Position des Landeshauptmannes schon 1989, weil – unabhängig vom Regierungsproporz – zunächst eine Mehrheit von FPÖ und ÖVP einen FPÖ-Kandidaten und dann, von 1991 bis 1999, eine Mehrheit von SPÖ und ÖVP einen ÖVP-Kandidaten zum Landeshauptmann wählte.

** In Oberösterreich verlor 1967, in der Steiermark 1953 die ÖVP die relative Stimmenmehrheit an die SPÖ. Die FPÖ wählte 1967 in Oberösterreich, unabhängig vom Regierungsproporz, gemeinsam mit der ÖVP (die ebensoviele Mandate wie die stimmenstärkere SPÖ hatte) den ÖVP-Kandidaten zum Landeshauptmann. In der Steiermark hatte die ÖVP zwar weniger Stimmen, aber ein Mandat mehr als die SPÖ und sicherte sich deshalb die Position des Landeshauptmannes.

*** 1953 und 1959 erzielte die SPÖ eine relative Mehrheit der Stimmen, die ÖVP behielt aber – als Resultat einer bestimmten Abweichung vom Grundsatz der Verhältniswahl – die relative Mehrheit der Mandate.

Diese auffallende Stabilität der Mehrheitsverhältnisse unterstreicht die Kontinuität der regionalen Parteiensysteme. Dies zeigt sich auch im Vergleich mit dem Bund. Auf Bundesebene gab es viel mehr Beweglichkeit im Parteiensystem, ausgedrückt im Wechsel der – gemessen an Stimmenanteilen – führenden Position. Allerdings hat die Beweglichkeit im Bund seit 1970 abgenommen: Die SPÖ ist seither unverändert die stimmen- und mandatsstärkste Partei.

Der Unterschied zwischen den Parteiensystemen des Bundes und der Länder kommt auch in einer vertikalen Beweglichkeit des Wahlverhaltens zum Ausdruck: Viele WählerInnen wählen bei Landtagswahlen anders als bei Nationalratswahlen. Dabei fällt auf, daß diese Mobilität tendenziell eher zur Stärkung der gegebenen Mehrheitsverhältnisse beiträgt. Am Beispiel des Bundeslandes Salzburg kann dies gezeigt werden:

- Bei den Nationalratswahlen 1971, 1975 und 1979 erhielt die SPÖ in Salzburg immer eine – relative – Mehrheit der Stimmen. Dies kam der auf Bundesebene (allein) regierenden Partei zugute.
- Bei den Salzburger Landtagswahlen 1974 und 1979 erhielt die ÖVP (wie bei allen anderen Landtagswahlen seit 1945 auch) die meisten Stimmen. Dies nützte der Partei des Landeshauptmannes.

Die relativ geringen Kompetenzen, die das Bundes-Verfassungsgesetz den Ländern gibt, kommt auch in dem Begriff der „mittelbaren Bundesverwaltung“ zum Ausdruck. Damit wird der Bereich der Tätigkeit der Landesregierung bezeichnet, die im Vollzug von Bundesgesetzen besteht – und nicht von Landesgesetzen. In diesem Bereich sind die Landeshauptleute nicht frei, sondern an die Weisungen der Bundesregierung (bzw. der zuständigen Bundesministerin) gebunden. Doch dieses Weisungsrecht ist politisch nur eingeschränkt umsetzbar: 1984 erteilte der damalige Handelsminister, Steger, dem damaligen Salzburger Landeshauptmann, Haslauer, eine Weisung betreffend der Öffnungszeiten im Handel. Der Landeshauptmann ignorierte die Weisung. Der Minister bekam zwar vom Verfassungsgerichtshof recht – der Landeshauptmann konnte aber eindeutig Sympathie und Zustimmung im eigenen Land gewinnen.

Das politische Gewicht der Länder kommt auch im Konzept des „Kooperativen Föderalismus“ zum Ausdruck. Die Länder sind um eine gemeinsame Vertretung ihrer Interessen gegenüber dem Bund bemüht. Dafür nützen sie aber nicht oder kaum den Bundesrat. Das wichtigste Instrument der allen gemeinsamen Länderinteressen ist die „Landeshauptleutekonferenz“. Diese ist kein Verfassungsorgan, sondern das informelle, regelmäßige Zusammentreffen der neun Landeshauptleute zur Absprache eines gemeinsamen Vorgehens gegenüber dem Bund. Der Landeshauptleutekonferenz kommt vor allem bei der seit langem diskutierten „Reform des Bundesstaates“ und bei den regelmäßigen Verhandlungen um den Finanzausgleich (zwischen Bund, Ländern und Gemeinden) besondere Bedeutung zu.

13.2 Die Gemeinden

Die Politikebene unterhalb der Länder ist die der Gemeinden. Der ursprünglichen Intention des Bundes-Verfassungsgesetzes zufolge hätte sich zwischen die Länder- und die Gemeindeebene aber noch die der politischen Bezirke schieben müssen. Die Bezirksebene ist jedoch – mangels Konsens, bzw. mangels eines ausreichend starken Interesses – nicht zu einer eigenständigen Politikebene ausgebaut: Die politischen Bezirke, organisiert als Bezirkshauptmannschaften, sind Landesbehörden unter Leitung eines von der Landesregierung ernannten Bezirkshauptmannes/einer Bezirkshauptfrau.

Die politischen Bezirke sind – paradoxerweise – unpolitisch. Der Begriff „politisch“ soll sie vor allem von den Gerichtsbezirken unterscheiden, die den Zuständigkeitsbereich eines Bezirksgerichtes abgrenzen. Den politischen Bezirken fehlt ein demokratisch bestelltes Organ. Die Bezirkshauptleute, die an der Spitze der Bezirkshauptmannschaften stehen, sind LandesbeamtInnen. Sie sind der verlängerte Arm des Landes, bzw. der Landesregierung in der Region.

Grundsätzlich sind jeweils mehrere Gemeinden zu Bezirken zusammengeschlossen. Es gibt jedoch zwei wichtige Ausnahmen:

- Das Land (die Stadt) Wien besitzt einen Sonderstatus als Land und als Gemeinde. Wien ist folgerichtig nicht in politische Bezirke eingeteilt. Die Bezirke Wiens sind von einer anderen Qualität als die politischen Bezirke der anderen Länder: Die 23 Bezirke Wiens sind Stadtteile, die anders als die politischen Bezirke eine direkt demokratisch bestellte Bezirksvertretung (als Stadtteilsparlament) und eine indirekt demokratisch bestellte Bezirksvorstehung (als Stadtteilsregierung) haben – mit einem (einer) BezirksvorsteherIn an der Spitze. Die Kompetenzen der Bezirke Wiens sind allerdings gering.
- Gemeinden können, durch ein Landesgesetz, zu Statutarstädten (Gemeinden mit eigenem Statut) umgewandelt werden. Solche Gemeinden sind insoferne „landesunmittelbar“, als zwischen ihnen und dem Land keine Bezirksverwaltung zwischengeschaltet ist. Die Kompetenzen, die im Regelfall die Bezirksverwaltung wahrnimmt, gehen bei Statutarstädten an die Gemeinde. An Stelle des der Landesregierung unterstellten Bezirkshauptmannes fungiert die der BürgermeisterIn, bzw. dem Stadtsenat unterstellte MagistratsdirektorIn.

Gemeinden mit eigenem Status haben gegenüber den anderen Gemeinden einen Autonomievorsprung: Das Land übergibt den Statutarstädten ein Mehr an Kompetenzen. Die Statutarstädte sind somit Trägerinnen des „Binnenföderalismus" – der Verlagerung von Kompetenz (also von Macht) von den Ländern an die Gemeinden.

Statutarstädte sind einerseits die größeren Städte, andererseits aber auch (einige wenige) kleinere Städte mit einer entsprechenden Tradition (z. B. Rust, Eisenstadt, Waidhofen a.d. Ybbs). Das einzige Land, das – neben dem Sonderfall Wien – keiner Gemeinde ein eigenes Status verliehen hat, ist Vorarlberg.

Die unterste – formale – Politikebene sind die Gemeinden. Diese genießen Autonomie. Sie verfügen über einen „autonomen Wirkungsbereich", in dem sie – im Rahmen der Bundes- und der Landesgesetze – eigenständig entscheiden können. Darüber hinaus verwalten die Gemeinden auch den „übertragenen Wirkungsbereich", in dem sie als verlängerter Arm des jeweiligen Landes agieren.

Das politische System der Gemeinden folgt grundsätzlich dem Muster parlamentarischer Systeme:

- Die GemeindebürgerInnen wählen ein Gemeindeparlament, den Gemeinderat.
- Der/die BürgermeisterIn und der Gemeindevorstand (Stadtrat, Stadtsenat) sind dem Gemeinderat politisch verantwortlich.

Dieses Modell hat in den 90er Jahren eine nicht unwesentliche Veränderung erfahren: In einigen Ländern wurde die Landesverfassung geändert, um die Direktwahl der BürgermeisterInnen herbeizuführen. Dadurch wird der „Regierungschef" der Gemeinderegierung nicht mehr – wie bis dahin dem Idealtypus parlamentarischer Systeme entsprechend – vom „Gemeindeparlament" (dem Gemeinderat) bestellt, sondern unabhängig von der Wahl des Gemeinderates durch direkte Wahl.

Auch wenn die Erfahrungen mit dieser bipolaren demokratischen Legitimation – Wahl des Gemeinderates und Wahl des (der) BürgermeisterIn – noch zu kurz sind, um ein Urteil über die Konsequenzen dieser Neuerung für die politischen Systeme der Gemeinden abgeben zu können, so ist doch ein Effekt unvermeidbar: Die Mehrheit des Gemeinderates und der (die) BürgermeisterIn müssen politisch nicht mehr synchronisiert sein. Im Gemeinderat kann die Partei X über eine absolute Mehrheit verfügen, der (die) BürgermeisterIn hingegen kommt von der Partei Y.

Diese Trennung der Bestellungsvorgänge bedeutet aber nicht, daß der/die BürgermeisterIn der politischen Verantwortung gegenüber dem Gemeinderat enthoben wäre. Dieser kann – mit einfacher Mehrheit – dem/der BürgermeisterIn das Mißtrauen aussprechen und ihn/sie so „stürzen". Diese Konsequenz bedeutet eine potentielle Lähmung des lokalen politischen Systems.

Die Direktwahl der BürgermeisterInnen ist eine Reformmaßnahme, die auf halbem Wege stehenbleibt – sie hat das politische System der Gemeinden doch wesentlich vom Modell des parlamentarischen Systems entfernt, ohne aber den konsequent nächsten Schritt zu setzen: die wirkliche Trennung von Exekutive und Legislative; die Beendigung der politischen Verantwortlichkeit des (der) BürgermeisterIn gegenüber dem Gemeinderat.

In den Gemeinden herrscht das System des „Regierungsproporzes": Die im Gemeinderat vertretenen Parteien sind, ihrer relativen Stärke entsprechend, auch in der Gemeinderegierung – dem Gemeindevorstand (in Städten: Stadtrat; in Statutarstädten: Stadtsenat) – vertreten.

Das politische System der Gemeinden weist zwei Besonderheiten auf, die es von dem der Länder und dem des Bundes unterscheiden:

- BürgerInnen der 14 (anderen) EU-Staaten besitzen das (aktive und passive) kommunale Wahlrecht. Sie können, anders als bei Landes- oder Bundeswahlen, bei der Bestellung des Gemeinderates und des (der) BürgermeisterIn mitwirken. Dadurch ist eine Entkoppelung von Staatsbürgerschaft und Wahlrecht erfolgt, die sonst nur noch bei der Wahl in berufliche Interessenvertretungen (Betriebsrat, Personalvertretung, Kammern, Österreichische Hochschülerschaft) gilt – in diesen Fällen nur in Form des aktiven Wahlrechtes, jedoch nicht auf EU-BürgerInnen beschränkt.
- Das lokale Parteiensystem ladet zu Innovationen ein, die in dieser Form auf regionaler oder Bundesebene mit größeren Schwierigkeiten verbunden wären. So hat in der Stadt Salzburg die „Bürgerliste" als kommunale Partei schon in den 70er Jahren eine Rolle gespielt, bevor aus dieser Bürgerliste in den 80er Jahren wichtige Impulse für die Weiterentwicklung der grünen Bewegungen zu den Grünen als Partei hervorgingen. Und so spielte in der Stadt Innsbruck der „Tiroler Arbeitsbund" (TAB) als kommunale Partei in den 60er, 70er und 80er Jahren eine wichtige Rolle (phasenweise als drittstärkste Partei im Gemeinde-

rat), ohne je den Schritt auf die regionale oder Bundesebene zu machen.

Diese Besonderheiten erlauben eine spezifische Beweglichkeit kommunaler Politik. Auf der lokalen Politikebene wurden schon in den 60er und 70er Jahren Koalitionen erreicht, die zu diesem Zeitpunkt zumindest auf der Bundesebene (noch) nicht möglich waren: So die Bürgermeisterkoalitionen zwischen SPÖ und FPÖ in Bregenz bzw. zwischen ÖVP und FPÖ in Graz und in Klagenfurt.

Kommunalpolitik und lokale Politikebene fungieren somit oft als Labor politischer Entwicklungen, die – je nach den Erfahrungen im kommunalen Bereich – unter Umständen auf die höheren Politikebenen durchsickern:

- Das Entstehen von Parteien jenseits der drei traditionellen Lager und eine allgemeine Dekonzetration des Parteiensystems.
- Die Bereitschaft zu neuen Formen der Koalitionsbildung.
- Die Berücksichtigung des Wunsches nach – mehr – Direktwahlen.

13.3 Die „Graswurzeln“

Gemeinden bilden die kleinste, territorial definierte Einheit des österreichischen politischen Systems. Unabhängig von der territorialen Gliederung aber ist ein politisches System auch nach anderen, nicht territorial definierten Einheiten strukturiert. Ein Beispiel dafür sind die Wirtschaftsverbände. Deren bestimmendes Merkmal ist nicht ein Gebiet, sondern eine berufliche Tätigkeit. Die Betroffenheit von Politik, aus der sich politische Partizipation ergibt, ist eben nicht an einen (Wohn-) Ort gebunden.

Territorial oder nicht-territorial definierte Betroffenheit macht sich zunächst in der kleinen Einheit bemerkbar: z. B. Frauen, die in einem bestimmten Stadtteil sich durch die Öffnungszeiten von Kindergärten beeinträchtigt fühlen; Bauern und TouristInnen, die um die ökologische Qualität einer bestimmten Landschaft fürchten; AktivistInnen von Menschenrechtsorganisationen, die Grundrechte von Flüchtlingen verletzt sehen. Sie alle müssen, wenn sie bestimmte Verhältnisse verändern oder erhalten wollen, Politik machen.

Dieses Bedürfnis nach Politik, das aus den (Gras-) Wurzeln der Gesellschaft kommt, wurde in Österreich viele Jahrzehnte hindurch im Rahmen der Subkulturen der politisch-weltanschaulichen Lager zentral verwaltet und befriedigt. Katholische PfadfinderInnen, sozialistische NaturfreundInnen, deutschnationale TurnerInnen, christliche RadfahrerInnen, sozialistische LehrerInnen usw. sorgten dafür, daß Politikbedürfnisse an den Rändern des politischen Systems befriedigt wurden – eingebunden in ein Lager, domestiziert von der Strategie dieses Lagers und seiner Partei.

Untersuchungen zeigen, daß die Bereitschaft zur politischen Partizipation in Österreich im Bereich der formellen und organisierten Beteiligungsformen (Wahlen, Mitgliedschaften, etc.) relativ hoch, im Bereich der informellen, nicht organisierten Beteiligungsformen (Leserbriefe, spontane Proteste, etc.) relativ gering war und ist. Allerdings zeigen die Daten der formellen Beteiligung einen klaren Trend nach unten: Der Anteil der ÖsterreicherInnen, die sich in diesem organisierten Sinn politisch beteiligen wollen, geht laufend zurück.

Dahinter steht die abnehmende Fähigkeit der traditionellen Lager, das Bedürfnis nach Graswurzel-Politik zu befriedigen. Dieses Bedürfnis verlangt daher nach anderen Artikulationsformen, jenseits des Parteien- und des Verbändestaates. Diese neuen Formen der Artikulation und Manifestation politischer Interessen außerhalb der traditionellen Organisationen folgen aber nicht oder nur mehr eingeschränkt den Konfliktlinien, die im späten 19.Jahrhundert die Verfestigung der politisch-weltanschaulichen Lager bestimmten. An die Stelle von Religion, Klasse und Ethnizität treten andere „cleavages“:

- Bildung: Je „höher“ (im formalen Sinn) der Bildungsabschluß einer Person, desto wahrscheinlicher sind ihr Interesse und ihre Bereitschaft, sich in nicht-traditioneller, informeller Weise politisch zu engagieren.
- Alter: Ältere Personen sind deutlich weniger zu einem politischen Engagement außerhalb des Parteien- und Verbändestaates bereit als Jüngere – im Rahmen dieser traditionellen Organisationsformen (z. B. Wahlbeteiligung) sind Ältere hingegen überproportional aktiv.
- Geschlecht: Während die formellen, traditionellen Formen politischer Beteiligung überproportional von Männern genützt wurden (und werden), kann das für die neueren Formen politischer Beteiligung so nicht mehr gesagt werden: Frauen beteiligen sich an diesen mit annähernd gleicher Wahrscheinlichkeit.

Diese Merkmale waren schon deutlich, als in den 70er und 80er Jahren die „Neuen Sozialen Bewegungen“ auch das politische System Österreichs zu erfassen begannen. Das wichtigste Merkmal dieser – damals – neuen

Variante politischen Engagements war die Ablösung „materialistischer" durch „postmaterialistische" Motive und Inhalte. Die beiden auffallendsten und auch bewegendsten Themenbereiche dieser Bewegungen waren und sind:

- „Gender": Die sozio-ökonomische Ungleichheit der Verteilung und der Teilhabe zwischen Frauen und Männern, gerade auch im politischen System selbst, war ein bewegendes Thema.
- „Environment": Der Gegensatz zwischen einer auf Wachstum fixierten ökonomischen und einer die Umwelt betonenden ökologischen Sichtweise war das zweite mobilisierende Thema.

Im politischen System Österreichs versuchten die Lager mittels der lange Zeit so wirksamen Techniken der Integration die „Neuen Sozialen Bewegungen" zu integrieren – etwa durch verstärkte Aktivitäten der Frauenorganisationen der Parteien; etwa durch die Übernahme zentraler Forderungen der Bewegungen wie durch das Atomsperrgesetz. Doch die Integration glückte nicht mehr zur Gänze – in den 80er Jahren setzte eine Dekonzentration des Parteiensystems ein.

Die mittelbare Konsequenz ist das Entstehen politischer Allianzen, die nicht mehr aus den Strukturen des traditionellen Parteien- oder Verbändestaates erklärt werden können. Diese Allianzen, die sich in nicht-traditionellen Formen politischer Aktivität finden, können am besten durch die Konfliktlinie „Modernisierung" erklärt werden, in der sich vor allem die „cleavages" Alter und Bildung treffen:

- Die ModernisierungsgewinnerInnen, deren wichtigstes Merkmal ein (formal) hoher Bildungsgrad ist, engagieren sich in einer relativ hohen, auch grenzüberschreitenden Solidaritätsbereitschaft, oft unter Vernachlässigung eigener materieller Perspektiven. Sie sind, weil materiell relativ privilegiert und deshalb relativ zukunftsoptimistisch, für eine postmaterialistische Perspektive offen.
- Die ModernisierungsverliererInnen – in Konsequenz ihrer materiell relativ ungünstigen Situation – sind zu postmaterialistischem Engagement und vor allem auch zu einer grenzüberschreitenden Solidarität kaum bereit. Ihre politische Perspektive ist vor allem durch Zukunftsunsicherheit und daher defensive, abwehrende, angstvolle Grundeinstellungen geprägt.

Diese Allianzen sprengen die Annahmen eines Links-Rechts-Kontinuums politischer Aktivität. Sie haben nichts oder nur eingeschränkt mit traditionellen Zuordnungsmustern (z. B. „links“ ist proletarisch ist international ist solidarisch; oder „rechts“ heißt bürgerlich heißt strukturkonservativ) zu tun. Aber eben weil diese an den „Graswurzeln“ der Gesellschaft entstehenden Allianzen nicht mehr traditionell integrierbar und kanalisierbar sind, entwickeln sie neue Muster politischer Artikulation.

Ein Beispiel dafür war das 1995 durchgeführte Kirchenvolks-Begehren. An diesem war neu:

- Ein nicht-traditioneller Politikbereich – die Struktur der Katholischen Kirche – war der Gegenstand politischer Mobilisierung.
- Ein an sich formales Instrument – das Volksbegehren – wurde neu interpretiert und sinngemäß informell umgesetzt.
- Eine breite Allianz, die quer zu den von den Lagern tradierten Merkmalen liegt, sorgte für den relativen Erfolg (etwa 500.000 Unterschriften) dieser Aktion.

Das Kirchenvolks-Begehren war aus dem Anlaßfall erklärbar – ein breites, auch medial vermitteltes Unbehagen mit „Skandalen“, die als Folgen kirchlicher Strukturen verstanden wurden. Das Kirchenvolks-Begehren war aber über den Anlaßfall hinaus von Bedeutung, weil es zeigt, daß und wie gesellschaftliche Betroffenheit unterschiedlich streut und unterschiedlich politisiert.

Tab 13.2: **Unterstützungsbereitschaft für das Kirchenvolks-Begehrens 1995. Bereitschaft zur Unterzeichnung österreichweit: 13 %**

überdurchschnittliche / unterdurchschnittliche
Bereitschaft bei folgenden Gruppen

überdurchschnittliche		unterdurchschnittliche	
Mittelschule	21 %	Männer	11 %
Grüne	21 %	Hauptschule	11 %
Hochschule	20 %	Volksschule	10 %
40–49jährige	17 %	SPÖ	10 %
Sonntagskirchgänger	17 %	FPÖ	10 %
Frauen	15 %	Kirchgang (fast) nie	8 %
ÖVP	15 %	Protestanten	6 %
Kirchgang an Festen	15 %	ohne relig.Bekenntnis	6 %
LIF	14 %	15–19jährige	5 %
Katholiken	14 %		

Die Angaben zu Schultypen beziehen sich auf deren AbsolventInnen, die zu Parteien auf deren SympathisantInnen.

Fessel & GfK. n=1000. Paul Zulehner (Hg.): Kirchenvolks-Begehren. Kirche auf Reformkurs. Düsseldorf und Innsbruck 1995, S. 53 f.

Daß die Bereitschaft von SymapthisantInnen der Grünen, der ÖVP und des LIF, das Kirchenvolks-Begehren zu unterstützen, signifikant höher war als die Bereitschaft der SymapthisantInnen der SPÖ und der FPÖ, ist natürlich auch und vor allem das Ergebnis intervenierender Variablen – insbesondere des Faktors Bildung (und damit des Faktors Modernisierung). Daß sich aber bei dieser nicht-traditionellen Form politischer Aktivität die alten Lagergrenzen überhaupt nicht mehr ausmachen lassen, zeigt die auch politisch relevante Emanzipation der Gesellschaft vom Parteien- und Verbändestaat.

Literatur

Dachs, Herbert/Franz Fallend/Elisabeth Wolfgruber: Länderpolitik. Politische Strukturen und Entscheidungsprozesse in den österreichischen Bundesländern. Wien 1997.

Dachs, Herbert: Zwischen Proporz und Konkurrenz. Zur Demokratiequalität in den österreichischen Bundesländern. In: Campbell, David F.J. u. a. (Hg.): Die Qualität der österreichischen Demokratie. Versuch einer Annäherung. Wien 1996, S. 119–130.

Plasser, Fritz/Ulram, Peter A. (Hg.): Staatsbürger oder Untertanen? Politische Kultur Deutschlands, Österreichs und der Schweiz im Vergleich. Frankfurt am Main 1993.

Zulehner, Paul M. (Hg.): Kirchenvolks-Begehren. Kirche auf Reformkurs. Düsseldorf und Innsbruck 1995.

14. Außen- und Sicherheitspolitik

Schlüsselbegriffe: *Westintegration; Marshall-Plan; EFTA; EU-Beitritt; Moskauer Memorandum; Neutralitätsgesetz, bewaffnete Neutralität; Umfassende Landesverteidigung, WEU und NATO-„Partnerschaft für den Frieden".*

Österreich ist – wie jedes andere politische System auch – in seiner Außen- und (äußeren) Sicherheitspolitik von Faktoren beeinflußt, die außerhalb der österreichischen Gesellschaft und auch außerhalb der österreichischen politischen Gestaltungsmöglichkeit liegen. Österreich ist dabei insbesondere von folgenden Gegebenheiten abhängig:

Geopolitik: Bis 1991 war Österreich vor allem durch seine Lage zwischen West und Ost bestimmt – es grenzte an Staaten der NATO (Deutschland, Italien) und des Warschauer Paktes (CSSR, Ungarn). Seit 1995 ist Österreichs Außenpolitik vor allem durch seine Mitgliedschaft in der EU (einschließlich des Schengen-Abkommens) definiert: Österreich liegt an der Ostgrenze der Union, die ihren politischen und wirtschaftlichen Schwerpunkt in Westeuropa hat.

Kleinstaatencharakter: Österreich zählt zu den kleineren Staaten Europas. Dadurch ist grundsätzlich, für die Außen- und Sicherheitspolitik, der Faktor „Inneres" (die Summe der aus Österreich selbst kommenden Einflußfaktoren) gegenüber dem Faktor „Äußeres" relativ schwach. Die österreichische Außen- und Sicherheitspolitik kann – in Vergleich mit einer größeren „Macht" – nur in geringem Umfang aus Österreich selbst erklärt werden.

Ökonomische Interessen: Wirtschaftssystem und Wohlstandsniveau, auch in Verbindung mit den spezifischen Außenhandelsinteressen, legen eine besondere Verflechtung mit Westeuropa nahe. Da Deutschland der wichtigste und Italien der zweitwichtigste Handelspartner Österreichs ist, ist diese Verflechtung auch ein Einflußfaktor für die österreichische Außenpolitik. Ebenso ist das Wirtschafts- und Wohlstandsgefälle gegenüber den benachbarten „Reformstaaten" ein Faktor.

Die Schlußfolgerungen, die Österreich aus diesen (und anderen Faktoren) zur Gestaltung seiner Außen- und Sicherheitspolitik gezogen hat, können auf die beiden nicht vollständig harmonisierbaren Orientierungspunkte gebracht werden: Integration und Neutralität. Als Ergebnis der

Veränderungen in Europa (Ende des Warschauer Paktes, der Sowjetunion und des Kalten Krieges) hat sich die Gewichtung dieser Orientierungspunkte allerdings verschoben – Integration ist als Bestimmungsfaktor österreichischer Außen- und Sicherheitspolitik wichtiger, Neutralität ist weniger wichtig geworden.

14.1 Integration

Die Besetzung und Befreiung von der nationalsozialistischen Herrschaft) durch die Alliierten hat Österreich in besonderer Form im Ost-West-Konflikt plaziert. Die vor allem auch militärisch definierte Linie, die Ost und West trennte, ging mitten durch Österreich. Anders als in Deutschland hatte Österreich allerdings seit 1945 eine das ganze Land repräsentierende und international von Ost und West anerkannte Regierung, ein einheitliches politisches System.

Dieses politische System war nach dem Muster liberaler Demokratie gestaltet. Daher mußten Parlamentsmehrheit und Regierung auch die wichtigsten Tendenzen der „öffentlichen Meinung" zum Ausdruck bringen. Und diese waren von einer deutlichen Parteinahme gegen die Sowjetunion bestimmt. Der Antikommunismus, der sich auch in den Wahlergebnissen seit 1945 ausdrückte, legte eine Beteiligung Österreichs an den – von den USA wesentlich bestimmten – Bemühungen um eine Integration Westeuropas nahe.

Dieser aus der Mehrheitsstimmung der österreichischen Gesellschaft kommenden Orientierung war aber eine geopolitische, militärisch konkretisierte Grenze gesetzt: Die Sowjetunion konnte rechtlich (durch das Besatzungsstatut) und real – durch ihre militärische Präsenz – eine vollständige Westintegration Österreichs blockieren.

Das war der Hintergrund, von dem aus sich die österreichische Integrationspolitik entwickelte: Integration, aber begrenzt; Beteiligung an der Vereinigung Westeuropas zu einer Staatengemeinschaft, aber nicht voll. Die Grenzen der Westintegration wurden bis 1955 direkt durch das Kräfteverhältnis zwischen der Sowjetunion und den Westmächten definiert, ab 1955 durch das Konzept der „immerwährenden Neutralität".

Der erste Schritt einer limitierten Beteiligung Österreichs an der Westintegration erfolgte 1947 – die Beteiligung am Marshall-Plan. Die UdSSR verhinderte überall dort, wo ihr dies möglich war (z. B. in der damals noch nicht kommunistischen CSR) – eine solche Beteiligung. Daß das im Falle Österreich nicht erfolgte, zeigte auch, daß der sowjetische Einfluß in Österreich relativiert war: Solange die UdSSR an einer Teilung Österreichs – nach deutschem Muster – nicht interessiert war, konnte sie eine beschränkte Westintegration nicht verhindern.

Daß sich Österreich an der 1951 gegründeten EGKS (Europäische Gemeinschaft für Kohle und Stahl) nicht beteiligte, zeigte wiederum die Grenzen der österreichischen Integrationsmöglichkeiten. Österreich brauchte, um das Besatzungsstatut durch einen Staatsvertrag zu beenden, die Kooperationsbereitschaft der UdSSR. Doch als dieser Staatsvertrag erreicht und die Besatzungstruppen abgezogen waren, setzte die 1955 erklärte immerwährende Neutralität der österreichischen Integrationspolitik Grenzen: Aus neutralitätspolitischen Gründen beschloß Österreich, sich nicht an den Römischen Verträgen und damit an der Gründung der EWG und der EURATOM zu beteiligen. Österreich sah zwei Gründe für diese Zurückhaltung:

Die Europäischen Gemeinschaften waren mit supranationalen Merkmalen ausgestattet, die es ermöglicht hätten, eine Entscheidung Österreich auch gegen seinen Willen aufzuzwingen.

Die Europäischen Gemeinschaften wurden ausschließlich von Mitgliedern der NATO gebildet, ihre wirtschaftliche Integration konnte daher nicht losgelöst von der militärischen gesehen werden.

Österreich war schon 1956 dem Europarat beigetreten, für den diese beiden Merkmale nicht galten. Damit signalisierte Österreich, daß es trotz Neutralität eine Westorientierung – im Sinne liberaler Demokratie – fortsetzen wollte. Und Österreich war 1960 Gründungsmitglied der EFTA (European Free Trade Association), die von neutralen und von NATO-Staaten als weniger verbindliche, weil nicht supranationale Staatengemeinschaft gegründet wurde.

Ein breiter innenpolitischer Konsens stützte diese Außenpolitik, die eine Beteiligung an der Integration Westeuropas innerhalb bestimmter Grenzen betrieb. Eine „Vollmitgliedschaft“ in der EG galt – jedenfalls für ÖVP und SPÖ – jenseits dieser Grenzen. Doch Österreich wollte einer Mitgliedschaft möglichst nahe kommen. Dafür boten sich zwei Modelle an:

- Assoziierung mit der EG: Dieses Modell stand vor allem in den 60er Jahren im Vordergrund und wurde – in erster Linie von der ÖVP –

propagiert, um österreichischen Interessen ohne parallele Versuche anderer Neutraler zum Durchbruch zu verhelfen. Das Motiv war, Österreich durch ein Abkommen einen möglichst vollständigen Zugang zum Gemeinsamen Markt der EG zu verschaffen, ohne deren Mitglied zu werden. Diese Politik scheiterte 1967 durch ein (informelles) Veto Italiens.

- Freihandelsabkommen mit der EG: Dieses Modell folgte grundsätzlich denselben Intentionen – freier Zugang des österreichischen Exportes auf den Gemeinsamen Markt der EG. Es ging aber nicht von einem österreichischen Alleingang und einem speziellen Abkommen der EG mit Österreich aus. Österreich agierte in Übereinstimmung mit den anderen EFTA-Staaten, die sich nicht – wie Großbritannien, Dänemark und Irland – um eine EG-Mitgliedschaft bemühten. 1972 schloß die EG mit den Staaten der „Rest-EFTA" (darunter auch mit Österreich) ein entsprechendes Abkommen ab.

Das Freihandelsabkommen, das grundsätzlich den freien Zugang österreichischer Exporte auf den EG-Markt und den von EG-Exporten auch den österreichischen Markt bedeutete (wichtigste Ausnahme: Agrarprodukte), vollendete die Formel einer „Westintegration ohne Beitritt". Längere Zeit hindurch galt dies auch als die bestmögliche Formel, Integration und Neutralität miteinander zu verbinden. Das änderte sich in den 80er Jahren. Mitte der 80er Jahre wurde allmählich begonnen, ein neutralitätspolitisch motiviertes Beitrittstabu in Frage zu stellen. Dafür waren mehrere Ursachen maßgebend:

- Die EG legte sich auf eine qualitative Vertiefung des Gemeinsamen Marktes in Form des Binnenmarktes fest. Die österreichische Exportwirtschaft fürchtete, daß das Freihandelsabkommen nicht mehr ausreichen würde, Wettbewerbsnachteile zu verhindern.
- Die ÖVP hatte sich, aus der Opposition heraus, zunehmend als „Europapartei" profiliert. Die Bildung einer SPÖ-ÖVP-Koalition im Jänner 1997 führte zu einer allgemeinen Enttabuisierung der EG-Mitgliedschaft.
- Ab 1985 wurde der Kalte Krieg abgebaut. Die weitreichende Entspannungspolitik der Ära Gorbatschow reduzierte das geopolitische Argument, daß ein Beitritt Österreichs zur EG das europäische Gleichgewicht beeinflussen würde.

1989 beschloß die Bundesregierung, einen Beitrittsantrag zu stellen, der im Juli übergeben wurde – parallel mit der Transformation in Polen und Ungarn. Dennoch kam es erst zu konkreten Verhandlungen zwischen der EG und Österreich, nachdem auch Schweden und Finnland (ursprünglich auch die Schweiz) einen Beitrittsantrag gestellt hatten: Die EG wollte offenkundig keinen österreichischen Sonderfall.

Der Beitrittsvertrag der durch den Vertrag von Maastricht zur Europäischen Union mutierten EG wurde 1994 unterzeichnet und im Juni dieses Jahres durch eine Volksabstimmung mit 66 Prozent Zustimmung bestätigt.

Der breite Konsens, der Österreichs Beitritt zur EU ermöglichte, wurde von denselben Kräften getragen, die – bis in die 80er Jahre – die Formel der Integration ohne Beitritt geprägt hatten: SPÖ, ÖVP, Sozialpartner. Es war die Konkordanz der traditionellen Eliten, die eine von ihnen selbst formuliere, alte Formel durch eine neue ersetzt hatten und für eine breite Zustimmung in der Gesellschaft sorgten.

Tab. 14.1 **Entwicklung der (West-)Integration**

1947	Beteiligung am Marshall-Plan (ERP), Mitgliedschaft in der OEEC (Organization of European Economic Cooperation), später OECD (Organization of Economic Cooperation and Development)
1956	Mitgiedschaft im Europarat
1960	Gründungsmitgliedschaft in der EFTA (European Free Trade Association)
1972	Freihandelsabkommen mit der EG
1989	Ansuchen um Beitritt zur EG
1994	Unterzeichnung des Beitrittsvertrages mit der EG (EU), Zustimmung zum Beitritt durch Volksabstimmung
1995	Mitgliedschaft in der EU, Beobachterstatus in der WEU
1995	Mitgliedschaft in der „Partnerschaft für den Frieden" der NATO

Österreich trat der EU als neutraler Staat bei. Dennoch übernahm Österreich die Verpflichtung zur im Vertrag von Maastricht formulierten „Gemeinsamen Außen- und Sicherheitspolitik". Die EU wird von Österreich nicht nur als Wirtschafts-, sondern auch als Sicherheitsgemeinschaft akzeptiert.

Als Ergebnis des Sicherheitsaspekts der europäischen Integration wurde Österreich, parallel mit dem Beitritt zur EU, auch Beobachter der mit der EU verbundenen Westeuropäischen Union (WEU), des potentiellen militärischen Arms der EU. Den Status eines Beobachters teilt Österreich mit den drei anderen EU-Neutralen (Irland, Schweden, Finnland) und mit Dänemark.

Nicht im Zusammenhang mit der EU-Mitgliedschaft, aber mit der Integrationspolitik steht Österreichs Beitritt zur „Partnerschaft für den Frieden" der NATO. Damit signalisiert Österreich (wie die anderen Neutralen auch), daß die europäische Integration auch eine sicherheitspolitische Dimension hat.

14.2 Neutralität und Außenpolitik

Das Konzept der „immerwährenden Neutralität" wurde 1955 als Formel entwickelt, die den gemeinsamen Nenner folgender Interessen bildete:

- Das österreichische Interesse war vor allem darauf gerichtet, durch einen Staatsvertrag den Abzug der Besatzungstruppen zu erreichen.
- Die USA (und die übrigen Westmächte) wollten primär verhindern, daß ein von westlichen Truppen geräumtes Österreich in Abhängigkeit von der Sowjetunion kommt.
- Die UdSSR wollte nicht zulassen, daß – nach Abzug sowjetischer Truppen – eine vom antikommunistischen Grundkonsens bestimmte Regierung Österreich in die NATO führt.

Die Neutralität war die Formel, mit der die „österreichische Frage" gelöst werden konnte. Die im Zuge des Kalten Krieges blockierte Lösung dieser Frage – der Abzug der ursprünglich nur für eine Übergangsphase gedachten Besatzungstruppen – wurde in folgenden Schritten erreicht:

1953 begann, nach dem Tod Stalins, eine von der Sowjetunion vorangetriebene Periode der Entspannungspolitik. Das Gesprächsklima zwischen Ost und West verbesserte sich.

1954 wurde, im Zuge der Berliner Außenministerkonferenz, erstmals offiziell von einer österreichischen Neutralität gesprochen. Eine Einigung scheiterte zunächst noch daran, daß die Sowjetunion den Abzug der Besatzungstruppen aus Österreich an die Lösung der „deutschen Frage" geknüpft hatte.

1955, am 15.April, unterzeichneten die Vertreter der UdSSR und Österreichs das „Moskauer Memorandum". Darin wurde die Absicht Österreichs festgehalten, nach Abschluß des Staatsvertrages und dem Abzug der Besatzungstruppen eine „Neutralität nach dem Vorbild der Schweiz" zu erklären.

1955, am 15.Mai, wurde in Wien der Staatsvertrag unterzeichnet, in dem die Neutralität nicht erwähnt ist. Nach der Ratifizierung des Vertrages durch die Parlamente der fünf Unterzeichnerstaaten (Österreich, USA, UdSSR, Großbritannien, Frankreich) zogen die fremden Truppen aus Österreich ab.

1955, am 26.Oktober – dem Tag, der nach den im Staatsvertrag festgelegten Fristen der erste ohne fremde Truppen sein sollte – beschloß der österreichische Nationalrat (mit den Stimmen von ÖVP, SPÖ und KPÖ – gegen die des VDU) das „Bundesverfassungsgesetz über die Neutralität Österreichs".

Daß das Moskauer Memorandum die Schweiz zum Muster der österreichischen Neutralität erklärt hatte, diente vor allem der Beruhigung der USA. Diese waren zunächst skeptisch gegenüber der Neutralität. Der Hinweis auf die Schweiz half, diese Skepsis zu überwinden. Denn das Schweizer Muster bedeutete:

- Eine Neutralität, die eine Orientierung der Innen- und Gesellschaftspolitik nach den Vorstellungen westlicher (liberaler) Demokratie nicht behinderte.
- Eine Neutralität, die ein Bekenntnis zum umfassenden Landesverteidigung und somit auch die Aufstellung eigener Streitkräfte miteinschloß, ja geradezu voraussetzte („bewaffnete Neutralität").

Daß der Staatsvertrag die Neutralität nicht erwähnt, entsprach dem Interesse Österreichs: Wäre die Neutralität in einem internationalen Vertragswerk verankert, dann könnten alle Signatarmächte dieses Vertrages mitbestimmen, was konkret unter Neutralität zu verstehen sei. Da die Neutralität von Österreich einseitig erklärt wurde – in Form eines Verfassungsgesetzes, liegt es ausschließlich in der Kompetenz Österreichs, seine Neutralität zu definieren.

Das Vorbild der Schweiz wurde freilich von Anfang an nicht wörtlich verstanden. Österreich trat 1955 den Vereinten Nationen und 1956 dem Europarat bei – obwohl die Schweiz diesen beiden internationalen Organisationen nicht oder erst später beitrat. Auch die Verpflichtung zur Bewaffnung setzte Österreich anders, nämlich in signifikant geringerem Umfang als die Schweiz um. Und Österreich stellte, Jahrzehnte später, vor der

Schweiz einen Antrag auf Beitritt zur EG – und trat der EU bei, obwohl die Schweiz ihren Antrag zurückgezogen hatte.

Die österreichische Neutralität entwickelte sich aus dem Ost-West-Konflikt. Im Rahmen dieses Konfliktes kam auch Österreich immer wieder eine Vermittlungsfunktion zu – etwa als Standort für Gipfeltreffen (1961: Kennedy – Chrustschow; 1979: Carter – Breschnew) oder im Rahmen der Gruppe der „N + N" („Neutrals and Nonaligned") der KSZE.

Die österreichische Neutralität war auch der Hintergrund der aktiven Rolle, die Österreich – beginnend 1960 mit der „Kongo-Krise" – im Rahmen der „peace keeping"-Missionen der Vereinten Nationen spielte. Mit dem Ende des Ost-West-Konfliktes hat diese Rolle Österreichs aber an Bedeutung verloren: Die entsprechenden Einsätze Österreichs ab 1991 (nach dem zweiten Golf-Krieg), ab 1995 in Bosnien und ab 1999 im Kosovo werden von der viel stärkeren Präsenz von NATO-Staaten überdeckt.

Die österreichische Neutralität steht in keinem erkennbaren Zusammenhang mit dem Nord-Süd-Konflikt. Das Verhalten Österreichs gegenüber den Staaten der „Dritten Welt" war und ist vom Interessenstandpunkt eines westlichen Industriestaates geprägt. Nach allen Indikatoren liegt Österreichs Engagement für die „Dritte Welt" (z. B. gemessen an den Aufwendungen für „Entwicklungshilfe") deutlich unter dem Durchschnitt der westeuropäischen Staaten – der Neutralen wie der NATO-Staaten.

Die Neutralität beeinflußte Österreichs Außenpolitik jenseits des Ost-West-Konfliktes in keiner merkbaren Form. Österreich agierte gegenüber den Problemfeldern, die nicht vom Ost-West-Konflikt bestimmt waren, aus seinen (z. B. wirtschaftliche) Interessen heraus. Die Phase aktiver Außenpolitik, die in der „Ära Kreisky" betrieben wurde (z. B. Einbeziehung der Palästinenser in den Nahost-Dialog), war unabhängig vom Neutralitätsstatus; und erfolgte insbesondere nicht unter der Prämisse einer Neutralität gegenüber dem Konflikt zwischen Israel und der PLO. Daß eine Vermittlungspolitik jenseits des Ost-West-Konfliktes nichts mit Neutralität zu tun hat, hat der NATO-Staat Norwegen bewiesen, der 1993 bei den Bemühungen um einen Vertrag zwischen Israel und der PLO wesentliche Hilfestellung geleistet hat.

Das Ende des Kalten Krieges mußte Österreichs Neutralität massiv beeinflussen. Dieser ist seither das entscheidende Bezugsfeld abhanden gekommen. Das wirkt sich vor allem in einer Reduktion der Neutralität auf ihren „harten Kern“ aus.

Tab. 14.2 **Neutralitätsrecht und Neutralitätspolitik um 2000**

innerster Kern:

- Neutralitätsrecht im Krieg („gewöhnliche Neutralität“): Keine Beteiligung am Krieg, keine fremden Truppen auf eigenem Territorium

- Neutralitätsrecht im Frieden („immerwährende Neutralität“): Keine Beteiligung an Militärbündnissen, keine fremden Truppen auf eigenem Territorium

davon abgeleitet:

- Neutralitätspolitik zur Sicherung der Glaubwürdigkeit der Neutralität (z. B.: bis 1989 kein EG-Beitritt)

davon unabhängig:

- sonstige Außen- und Sicherheitspolitik

Der Bedeutungsverlust der Neutralität als Bestimmungsfaktor österreichischer Außen- und Sicherheitspolitik kommt in einer Reduktion der Neutralitätspolitik zum Ausdruck: Das politische Verhalten Österreichs in der internationalen Staatengemeinschaft wird kaum noch vom Neutralitätsstatus und viel stärker von Österreichs EU-Mitgliedschaft bestimmt.

In allen Fragen multilateraler und bilateraler Außenpolitik versucht sich Österreich mit den anderen 14 EU-Staaten abzustimmen, um so dem Postulat einer „Gemeinsamen Außen- und Sicherheitspolitik“ zu entsprechen.

In der Generalversammlung der Vereinten Nationen läßt das österreichische Abstimmungsverhalten keine Rückschlüsse auf eine besondere Position Österreichs zu. Österreich verhält grundsätzlich sich nicht anders als andere, der NATO angehörende EU-Staaten.

Österreichs Verhalten in den postjugoslawischen Kriegen, ab 1991, kann von verschiedenen Gesichtspunkten aus interpretiert, gerechtfertigt, kritisiert werden. Aber in irgendeiner politisch erkennbaren Form „neutral“ (über das Kriegsrecht hinaus) war Österreich in diesen kriegerischen Ereignissen in seiner unmittelbaren Nachbarschaft nicht.

Österreichs Beteiligung an den von den UN legitimierten Truppen in Bosnien (IFOR, SFOR) und im Kossovo (KFOR) unter NATO-Kommando läßt ebenfalls keine auf die Neutralität rückführbare Besonderheit österreichischer Politik erkennen.

Die Neutralität ist, nach fünf Jahren EU-Mitgliedschaft, auf das Neutralitätsrecht reduziert. Und auch in der Interpretation des Friedens-Neutralitätsrechtes lassen sich Reduktionen erkennen: Schon im (zweiten) Golf-Krieg, 1991, gestattete die Bundesregierung der US-geführten Allianz die Nutzung des österreichischen Territoriums. Die Begründung war, daß der Sicherheitsrat der UN die militärische Operation dieser Allianz legitimiert hätte.

Als letztes, eindeutig noch festzustellendes Merkmal der Neutralität bleibt, daß Österreich den beiden Militärbündnissen NATO und WEU nicht beitritt. Dieses Kriterium ist aber das absolute Minimum eines Neutralitätsstatus. Alles, was darüber hinausgeht und was bis 1989 auch von Österreich im Zusammenhang mit der Neutralität gesehen wurde, hat sich aufgelöst.

Dennoch ist der Begriff „Neutralität" von einer relativ breiten Zustimmung in der Gesellschaft getragen. Das hat vor allem zwei Dimensionen:

- Nach 1955 wurde die Neutralität Teil einer Identitätsstiftung. Neutralität drückte aus, daß die Zweite Republik für die meisten die bestmögliche Form des politischen Zusammenlebens war. Der Nationalfeiertag, der ab 1967 bewußt auf den Tag der Neutralitätserklärung gelegt wurde, unterstreicht dies.
- Neutralität wird auch als Anti-Militarismus interpretiert. Die Konzeption der Neutralität wird als politische Möglichkeit gesehen, den militärischen Aspekt der Außen- und Sicherheitspolitik so gering wie möglich zu halten.

Diese nicht unmittelbar aus der Internationalen Politik erklärbaren Einstellungen legitimieren die Rest- oder Kernneutralität. Sie bestimmen aber nicht das außenpolitische Verhalten über diesen harten Kern hinaus. Die EU-Mitgliedschaft hat die Neutralität als entscheidenden Bestimmungsfaktor österreichischer Außenpolitik abgelöst.

14.3 Äußere Sicherheit

Die österreichische Sicherheitspolitik war lange Zeit hindurch von einem einzigen, alles überschatteten Bedrohungsbild geprägt: von der Vorstellung, daß im Zuge eines europäischen Krieges – der wiederum nur als Krieg zwischen Ost und West und damit als Weltkrieg vorstellbar war – Österreich und damit seine Neutralität militärisch bedroht würden.

Dieses Bedrohungsbild hat keine Wirklichkeit mehr. Europäische Kriege haben stattgefunden – ab 1989 im Kaukasus, ab 1991 im früheren Jugoslawien. Daraus ist weder eine unmittelbare Bedrohung Österreichs, noch ein Weltkrieg geworden. Mit dem Ende des Kalten Krieges muß sich Österreich mit anderen Bedrohungsszenarien beschäftigen. Diese Szenarien müssen von bestimmten Gegebenheiten ausgehen:

- Mit an Sicherheit grenzender Wahrscheinlichkeit ist auszuschließen, daß Österreich selbst zum Objekt einer militärischen Aggression eines seiner Nachbarstaaten wird. Österreich ist, auf absehbare Zeit, im traditionellen Sinn militärisch nicht bedroht. Eine militärische Bedrohung der Grenzen und damit der territorialen Integrität Österreichs ist ein überholtes Bild.
- Die Bedrohungen, die Österreich treffen, sind indirekter Art. Sie sind vor allem als Folgen einer durch Kriege ausgelösten ökonomischen und sozialen Destabilisierung von Regionen in relativer Nähe zu Österreich vorstellbar: Fluchtbewegungen könnten das soziale Gefüge und die wirtschaftlichen Interessen auch Österreichs bedrohen.

Für dieses Bedrohungsbild bieten sich zwei sicherheitspolitische Perspektiven an:

Krisenprävention: Österreich versucht, eine latent vorhandene Krisensituation aufzulösen, bevor diese zu kriegerischer Gewalt und damit zu einer weitgreifenden Destabilisierung führt. Für eine solche Politik der Prävention ist weniger Sicherheitspolitik im engeren Sinn – also Militärpolitik – gefordert, sondern mehr Wirtschaft-, Sozial- und Außenkulturpolitik sowie allgemeine Außenpolitik.

Kriseneindämmung: Österreich ist bemüht, bereits in das Stadium der kriegerischen Gewaltanwendung getretene Krisen zunächst in ein nichtkriegerisches Stadium („negativer Friede") überzuführen und danach auch Maßnahmen zu unterstützen, die eine Wiederholung einer Gewalteskalation verhindern. Dabei ist auch und wesentlich eine Politik gefordert, die – in Form von „peace making" und „peace keeping" – militärische Instrumente miteinschließt.

Beide Perspektiven bedeuten, daß Österreich nur im Verbund mit anderen Akteuren sinnvoll handeln kann. Ein österreichischer „Alleingang" wird in keiner der vorstellbaren, bzw. schon erlebten Krisen erfolgversprechend sein.

Für das aktuelle Bedrohungsbild sind bestimmte, ab 1955 entwickelten Instrumente nicht mehr funktional – so die Einteilung der vorstellbaren Szenarien in einen Krisen-, einen Neutralitäts- und einen Verteidigungsfall. Andere Instrumente hingegen sind sehr wohl funktional – insbesondere die Konzeption einer „Umfassenden Landesverteidigung" (ULV).

Dieses in der Schweiz entwickelte und von Österreich übernommene Konzept baut auf der Annahme, daß eine Landesverteidigung – also eine umfassende äußere Sicherheitspolitik – in einer Demokratie nicht ausschließlich Sache der Militärs sein kann. Deshalb liegt auch die Koordinierungsfunktion für die ULV beim Bundeskanzleramt. Die ULV wird in insgesamt vier Bereichen konkretisiert:

- Zivile Landesverteidigung (ZLV): Sie dient dem Objektschutz und schließt auch ein (Früh-)Warnsystem mit ein. Die ZLV ressortiert beim Bundesministerium für Inneres.
- Wirtschaftliche Landesverteidigung (WLV): Ihre Aufgabe ist, Vorräte für längere Krisenperioden (Lebensmittel, Treibstoff, etc.) anzulegen. Zuständig für die WLV ist das Bundesministerium für wirtschaftliche Angelegenheiten.
- Geistige Landesverteidigung (GLV): Sie soll für eine grundsätzliche Verteidigungsbereitschaft in der gesamten Gesellschaft sorgen. Zuständig ist das Bundesministerium für Unterricht und kulturelle Angelegenheiten.
- Militärische Landesverteidigung (MLV): Sie ist mit dem Bundesheer gleichzusetzen und untersteht dem Bundesministerium für Landesverteidigung.

Von diesen vier Bereichen hat die ZLV durch den Wandel des Bedrohungsbildes sicherlich an Bedeutung verloren – die ZLV ist vor allem für den Fall eines Angriffes auf Österreich vorgesehen und deshalb kaum noch von unmittelbarer Bedeutung. Die WLV und die MLV haben jedoch auch und gerade durch das neue Bedrohungsbild an Bedeutung eher gewonnen.

Der politisch mit Abstand wichtigste und gesellschaftlich auch am stärksten wahrgenommene Bereich der ULV ist die Militärische Landesverteidigung – das Bundesheer. Das Bundesheer wurde 1955 im Zusammenhang mit der Neutralitätserklärung ins Leben gerufen. Dabei waren alle Beteiligten davon ausgegangen, daß das österreichische Heer auf dem Grundgedanken einer allgemeinen Wehrpflicht für Männer aufbauen soll. Unterschiedliche Auffassungen gab es nur über die Länge der Wehrpflicht: die ÖVP wollte 12 Monate, die SPÖ 6 Monate. Der Kompromiß innerhalb der Koalitionsregierung ergab 9 Monate.

Das Bundesheer als Instrument der Militärischen Landesverteidigung wurde von Anfang an von zwei Problemen konfrontiert:

- Gebrochene Tradition: Im Bundesheer dominierten nach 1955 Offiziere, die ursprünglich den Eid auf den Kaiser geleistet hatten; Offiziere, die auf die (Erste) Republik vereidigt worden waren; Offiziere, die dem autoritären Ständestaat gedient hatten; Offiziere, die für Sieg des „Großdeutschen Reiches" gekämpft hatten; und Offiziere, die sich der „B-Gendarmerie" zur Verfügung gestellt hatten – der antisowjetisch orientierten, mit Unterstützung der Westmächte in den westlichen Besatzungszonen Anfang der 50er Jahre aufgestellten Einheit. Im Bundesheer wirkten Personen, die für die Kriegsziele des Kaisers und Hitlers gekämpft hatten; die für die Erste Republik ebenso eingetreten waren wie für deren Überwinder, Engelbert Dollfuß; die im Europa des Kalten Krieges auch bewußt Partei für die Seite des Westens genommen hatten: Sie alle sollten nun glaubhaft und effizient die demokratische Republik und ihre Neutralität verteidigen.
- Professionelle Widersprüchlichkeit: Das Bundesheer wurde zunächst nach Vorstellungen strukturiert, die sich aus den Erfahrungen des Zweiten Weltkrieges herleiteten. Das bedeutete, daß dem Heer eine möglichst große Zahl von Soldaten zugedacht waren. Wegen der geringen innenpolitischen Legitimation des Bundesheeres blieb aber der Budgetanteil, über den das Landesverteidigungsministerium verfügen könnte, relativ klein. Dadurch konnte ein – quantitativ – relativ großes Heer nicht wirklich gut ausgestattet werden. Die professionelle Glaubwürdigkeit des Bundesheeres hatte zu leiden, was wiederum die innenpolitische Legitimation beeinträchtigte.

In der „Ära Kreisky" wurde versucht, durch eine Reform dem Problem der professionellen Widersprüchlichkeit gerecht zu werden. Die Wehrpflicht wurde geringfügig herabgesetzt, und ein Zivildienst eröffnet seither allen Wehrpflichtigen, die den Militärdienst aus grundsätzliche Erwägungen ablehnen, eine Alternative. Die bis dahin herrschende Doktrin der Grenzverteidigung wurde durch die Doktrin der Raumverteidigung ersetzt („Spannocchi-Doktrin"). Dadurch wurde der Abstand zwischen Anspruch und Wirklichkeit verringert.

Mit dem Ende des Kalten Krieges ist jede traditionelle Vorstellung von territorialer Verteidigung – seien es die Grenzen, sei es der Raum – obsolet geworden. Für das nun aktuelle Bedrohungsbild und für die Krisenprävention, bzw. Kriseneindämmung ist ein militärisches Instrument wie das Bundesheer nur beschränkt geeignet. Durch die relativ schlechte finanzielle Ausstattung fehlt es auch an entsprechenden Voraussetzungen – z. B. im Bereich der Transporttechnik. Das Bundesheer ist für diese Aufgabenstellung einerseits zu groß – andererseits zu schlecht ausgestattet.

Die Beteiligung Österreichs – in direktem und indirektem Zusammenhang mit der Mitgliedschaft Österreichs in der NATO-PfP (Partnership for Peace) – weist in die Richtung einer stärkeren internationalen Vernetzung des Heeres. Im Rahmen internationaler Programme ist aber nicht eine große Zahl von relativ schlecht ausgerüsteter Soldaten gefragt, sondern eine kleine Zahl gut ausgebildeter und gut ausgestatteter Spezialisten.

Diese Entwicklung weist darauf hin, daß mit hoher Wahrscheinlichkeit auch Österreich von einer Tendenz erfaßt werden wird, die andere europäische Staaten (Frankreich, Belgien, Niederlande) schon erfaßt hat – und in Staaten wie Großbritannien und den USA schon seit langem Wirklichkeit ist: die Abschaffung der allgemeinen Wehrpflicht zugunsten der Einführung eines Berufsheeres, in dem signifikant weniger, dafür aber besser ausgebildete und ausgerüstete Soldaten für Krisenprävention und vor allem Kriseneindämmung zur Verfügung stehen.

Dies setzt aber eine europäische Übereinstimmung über die Rolle Österreichs in einer gesamteuropäischen Sicherheitskonzeption voraus. Dadurch wird der Bestimmungsfaktor Neutralität abermals reduziert – zugunsten einer (innerhalb und außerhalb der EU abgestimmten) gesamteuropäischen Orientierung.

Der Neutralität ist – etwa in der Präambel des Neutralitätsgesetzes – die Aufgabe zugewiesen, die Österreichische Unabhängigkeit zu schützen.

In den Jahrzehnten, in denen die Neutralität eine klare Funktion zu erfüllen hatte, war die österreichische Sicherheit weniger von den Anstrengungen abhängig, die das neutrale Österreich selbst unternahm; und mehr vom Vorhandensein eines umfassenden, vor allem auch militärischen Gleichgewichtes zwischen NATO und Warschauer Pakt.

Mit dem Ende dieser Rahmenbedingung hat die Neutralität ihre Prägekraft weitgehend eingebüßt. Die österreichische Sicherheitspolitik ist nun viel mehr von österreichischen Anstrengungen abhängig. Österreichs Sicherheit ist nicht mehr eine Sekundärfolge des Kräfteparallelogramms zwischen den beiden Blöcken. Österreichs Sicherheitspolitik ist heute stärker herausgefordert als vor 1991 – weil die sicherheitspolitischen Spielregeln in Europa nicht mehr festgeschrieben sind, sondern immer wieder neu definiert werden müssen.

Literatur

Gärtner, Heinz: Modelle europäischer Sicherheit. Wie entscheidet Europa? Wien 1997.

Luif, Paul: On the Road to Brussels. The Political Dimension of Austria's, Finland's and Sweden's Accession to the European Union. Wien 1995.

Neuhold, Hanspeter: The European Neutrals in the 1990s. New Challenges and Opportunities. Boulder 1992.

Stourzh, Gerald: Um Einheit und Freiheit. Staatsvertrag, Neutralität und das Ende der Ost-West-Besetzung Österreichs 1945–1955. Wien 1998.

15. Resümee

15.1 Politikverluste, Politikverlagerungen und Politikerweiterungen

Politik als Steuerung und Kontrolle gesellschaftlicher und wirtschaftlicher Prozesse und als Domäne der Problemlösung verliere, so eine in den Sozialwissenschaften verbreitete Meinung, an Einfluß. Politik/Staat/Regieren seien im Rückzug, Souveränitätsrechte würden abgegeben, nationale politische Steuerung und Kompetenzen an internationale und transnationale Ebenen ausgelagert. Durch den Verlust der kongruenten Grenzen zwischen Kapital und Politik dominiere die Ökonomie die Politik (vgl. Meyer 1994; Beck 1997, Habermas 1998).

Trotz der Relevanz dieser Befunde, sind es aber gegenläufige Entwicklungen, die ein differenziertes Bild der Rolle der Politik entwerfen. Bei bestimmten Bereichen ist ein Weniger und bei anderen ein Mehr an Politik festzustellen. Der Verdrängung durch globale Marktlogiken stehen Verlagerungen des Politischen in transnationale Räume gegenüber; dem angekündigten Rückzug des Staates stehen thematische Ausweitungen gegenüber. Eine antietatistische Grundstimmung setzt sich bei bei gleichzeitiger Stärkung des Staates in law-and-order-Agenden durch.

Die Einschätzung des Politischen ist aber auch eine Frage der Transparenz von Problemlösung und Problemlösungskompetenz. Denn charakteristisch für die moderne bzw. postmoderne Politik sind die Komplexität der Netzwerke, die Differenzierung der AkteurInnen und Räume, die segmentierten Strukturen von Entscheidungsprozessen. Fragen wie: Was ist Politik? Wo findet Politik statt? Welche Themen sind politisch? Wer – öffentlicher oder privater Akteur – ist für politische Entscheidungen verantwortlich zu machen? sind im Zuge dieser Entwicklungen oft nicht mehr nachzuvollziehen bzw. zu beantworten.

Antietatistische Grundstimmung: Privatisierung, Deregulierung, Sozialstaatsumbau

Im neoliberalen Trend verspricht ein schlanker Staat/schlanke Administration Probleme zu lösen. In diesem Trend nimmt sich die in Marktabläufe regulierend eingreifende Politik zurück. Entstaatlichung ist auf mehreren Ebenen festzustellen:

1) Deregulierung und Liberalisierung kennzeichnen die Wirtschaftspolitik bzw. den Diskurs über das Verhältnis von Politik und Wirtschaft. Politik ist gerade dabei, ihren eigenen Rückzug aus der Gestaltung von Spielregeln für das Wirtschaften und Arbeiten zu verabschieden und sich an die Imperative der sog. Standortsicherung anzupassen. EU-Binnenmarktrichtlinien verlangen die Liberalisierung der Märkte (z. B. Öffnung des Elektrizitätsmarktes), sie verlangen aber auch die Deregulierung von Arbeitsbestimmungen (z. B. Aufhebung des Frauen-Nachtarbeitsverbotes).
   Gegen Deregulierung von Arbeitsbestimmungen und Liberalisierung der Märkte formen sich neue punktuelle Koalitionen: Teile der Katholischen Kirche und die Gewerkschaften engagieren sich gemeinsam für die prinzipielle Beibehaltung des freien Sonntags.
2) Der interventionistische Sozialstaat steht mit dem Argument der Finanzierungsschwierigkeiten zur Diskussion. Budgetdefizite sollen abgebaut werden, Steuern nicht erhöht. Dies verlangt nach einer Politik der Einsparungen auf der Ausgabenseite des Staates. Durch die restriktivere Budgetpolitik verringern sich aktuelle Handlungsspielräume über die Steuerung öffentlicher Ausgaben. Die Politik der Budgetdefizite jedoch verringert ihrerseits die Handlungsspielräume späterer Regierungen. Sie erweist sich als eine Politik auf Kosten späterer Generationen.
   Noch ist weder bei der Staatsquote noch bei der Sozialquote ein politisch-staatlicher Rückzug statistisch festzustellen (siehe Kapitel 4).
3) Durch Privatisierungen der ehemals Verstaatlichten Industrie verliert die Republik die ehemalige Unternehmerrolle und somit auch Steuerungskapazität gegenüber der wirtschaftlichen Entwicklung. Durch Ausgliederungen von bisher öffentlich erbrachten Leistungen an private Anbieter und Trägerorganisationen reduziert sich die Staatstätigkeit (z. B. Ausgliederung der Post und Telekom, Ausgliederung des AMS aus dem Sozialministerium).

Es stellt sich nun die Frage, inwiefern die Politik den Anbietern ehemals staatlich erbrachter Leistungen rechtliche Rahmenbedingungen und Auflagen zur Leistungserbringung formuliert. Denn alleine die Tatsache, daß der Staat seine Aktivität als Unternehmer zurücknimmt, bedeutet per se nicht Politikverlust. Ausschlaggebend ist vielmehr, ob Maßnahmen zur Herstellung von Zugangs- und Verteilungsgerechtigkeit wahrgenommen werden.

Law-and-Order-Politik

Der anti-etatistischen, neoliberalen Grundstimmung, der Lockerung der Wettbewerbsbedingungen, der Rücknahme staatlicher Intervention und des Wohlfahrtsstaates, steht die Forderung nach einem starken „Sicherheitsstaat" in sog. moralischen Politikfeldern gegenüber. Ordnungsbestrebungen hinsichtlich Sicherheit und Recht (Drogenkonsum und Drogendealer, Kindesmißbrauch, Kriminalität, AsylantInnen) verschieben die Grenzen des staatlichen Eingriffs in die Privatsphäre und in BürgerInnenrechte. Polizei bzw. Gendarmerie sind von den Forderungen nach Verschlankung des Staates nicht nur ausgenommen, sondern deren verstärkte Präsenz wird „sicherheitspolitisch" gefordert.

Die anti-etatistische Haltung wird insbesondere bei Themen der rechtspopulistischen Parteien durchbrochen.. Ein starker Staat schließlich wird zur Realisierung von „family values" verlangt – der Zurückdrängung der Sozialpolitik folgt die Erweiterung der Familienpolitik.

Risiken und Krisen

Weiters ist bei Risiken und Krisen, sei es bei „Naturkatastrophen" oder bei Wirtschaftskrisen, die Politik angerufen, Verantwortung zu übernehmen, d. h. Kosten abzudecken. Lassing, Galtür und Schwaz sind drei Namen der letzten Jahre, die den öffentlichen Charakter der Politik und vice versa den privaten der Wirtschaft illustrieren. Bei Risiken und Krisen erfolgt eine Sozialisierung der von wirtschaftlichen Unternehmen verursachten Schäden und Kosten.

Eine unmittelbare Herausforderung der Politik liegt nun darin, wie zukünftig mit Risiken und Krisen, die die Allgemeinheit betreffen, deren Verursacher jedoch jenseits des unmittelbaren politischen Einflußbereiches liegen, umgegangen wird; wie Risiken als gemeinschaftliche Aufgabe bewältigt und wie sie in die Kurzfristigkeit wahlabhängiger Planungszyklen einbezogen werden.

Post-nationale Konstellation

Der politische Raum schließlich wird zunehmend post-national, wenn auch nicht anti-national.

Die nationale Politik verliert Kompetenz u. a. deshalb, weil Probleme weniger denn je „national“ verfaßt sind – Fragen und Probleme im Kontext von Wirtschaft, Ökologie, Migration, Menschenrechte etc. halten sich nicht an nationalstaatliche Räume. Politische Betroffenheit ist nicht mehr ein- und abgrenzbar, territoriale politische Einheiten verlieren für die Ausübung politischer Partizipation und Kontrolle an Bedeutung. Der Ort der Entstehung politischer Themen ist oft nicht mehr identisch mit dem Ort der Betroffenheit, die globalen Trends heben traditionelle Kategorien und Grenzen staatszentrierter Politik auf. Insbesondere der ökonomische Raum und die nationalstaatliche politische Regulierung entwickeln sich auseinander, das Kapital entzieht sich nationalstaatlicher Regulierung.

Die Globalisierung begleiten Entwicklungen der Entstaatlichung und Internationalisierung politischer Regime.

Ob mit Globalisierung alleine ein Verlust des Politischen an die Ökonomie oder auch die Verlagerung des Politischen von der nationalen auf eine supranationale Ebene einhergeht, davon hängt es ab, ob Themen und Anliegen nach wie vor politisch verortet sind. Die Einrichtungen der Europäischen Union werden vor dem Hintergrund zunehmender Ohnmächtigkeit nationalstaatlicher Politik gegenüber Problemen und Ansprüchen als potentielle politische Orte, an denen politische Themen verhandelt werden (könnten), betrachtet. Unter diesem Blickwinkel würde Globalisierung zu einer funktionalen wie institutionellen Politik-Verlagerung, aber nicht notwendigerweise zu einem Politik-Verlust bzw. Orts-Verlust der Politik führen. Die EU wäre in gewisser Weise ein transterritorialer Ort, an dem politisch gehandelt wird und Steuerungsmechanismen verankert sind. Mit dem Ausbau der EU entstehe die Möglichkeit, den ökonomischen Raum der politischen Territorialität zumindest anzunähern (vgl. Habermas 1999).

Mehrebenen-Politik durch die EU

Schätzungen zufolge finden zwei Drittel der wirtschaftspolitischen Gesetze auf der Unionsebene statt. Dies heißt, daß in wirtschaftspolitischen Angelegenheiten der Nationalstaat seine Kompetenz zum politischen Handeln verlagert hat, daß er Souveränität abgegeben hat. Gleichzeitig partizipieren die österreichischen politischen AkteurInnen, insbesondere die Regierungsmitglieder in den Räten, an der Willensbildung und an der Entscheidungsfindung in den Institutionen und Gremien der EU. Im Bereich der ersten Säule agiert die EU jedoch gleich einem Bundesstaat, d. h. mit Mehrheit können Entscheidungen auch gegen den Willen einzelner Mitgliedsländer, somit auch gegen österreichische Interessen, gefällt werden. Die Mitentscheidung ist gemäß den Spielregeln der Mehrheitsdemokratie also zu relativieren.

Zu Politikverlusten kommt es jedoch überall dort, wo nationalstaatliche Agenden, die bis zur Währungsunion nach „politischen" Überlegungen und Interessen behandelt wurden, nun transnational in sog. unpolitischen Entscheidungslogiken aufgehoben sind. Prominentes Beispiel dafür ist die Geldpolitik der Europäischen Zentralbank, die nach „unabhängigen" (d. h. wirtschaftlichen) Überlegungen und nicht nach „politischen" Erwägungen zu erfolgen hat.

Gegen den Parteienstaat

Ein Kritikstrang gegenüber der Politik zu Beginn des 21. Jahrhunderts richtet sich gegen den Einfluß politischer Parteien in Wirtschaft und Gesellschaft. Mit der Zurücknahme der gate-keeper-Funktion der politischen Parteien geht ein gewünschtes Weniger an parteipolitischem und folglich auch staatlichem Einfluß einher.

Die Zivilgesellschaft wird gegen die ausufernde Rolle und Stärke von Politik und Staat ins Treffen geführt. An die Stelle staatlicher Herrschaft und Kontrolle trete die Sphäre des Politischen als Zivilgesellschaft mit dem Prinzip der individuellen Autonomie. Zivilgesellschaft schließlich sei ein Projekt zur Schaffung von „communities", in denen sich Menschen solidarisieren und Individuen gestärkt werden.

Diese Anrufungen der Zivilgesellschaft können sowohl für eine substantielle Reform des Politischen, als auch als eine Strategie der Reduzierung von Politik und Staat insbesondere im sozialpolitischen Bereich gedeutet werden. Außer Zweifel steht jedoch daß das Gelingen zivilgesellschaftlicher Prozesse und Einrichtungen nach organisatorischen Rahmenbedingungen (gesetzliche Regelungen) und ökonomisch-finanziellen Unterstützungen der öffentlichen Hand (z. B. im Betreuungsbereich) verlangen. Für das Funktionieren zivilgesellschaftlicher Räume ist politische

Steuerung erforderlich. Das Projekt der Zivilgesellschaft könnte somit einen Wandel des Politischen initiieren, ohne Verlust des Politischen zu bedeuten.

Tradition versus Aushandeln

Neben Politikverlagerungen und Politikverlusten sind auch Versuche zu beobachten, politisches Steuerungspotential dadurch zu gewinnen, indem bisherige Verteilungsmodi wie die Naturalisierung von Interessen – z. B. im Bereich der Frauen- und Gleichstellungspolitik – oder die Langfristigkeit von Personalentscheidungen – z. B. durch Pragmatisierung – aufgebrochen und situativ politisch werden. Die Aufhebung der Pragmatisierung in der Verwaltung ist eine Rückgewinnung politischer Handlungsspielräume.

Gleichstellungs- und emanzipatorische Frauenpolitik schließlich löst Tradition und Gewohnheit als legitimatorische Instanzen des Status quo ab. Nicht Entpolitisierung, sondern Politisierung von Lebensbereichen und Hierarchien, ein Mehr an Entscheidungs- und Handlungsmöglichkeiten für Frauen und Männer, aber auch für die politische Sphäre ist mit Gender verbunden. Arbeits- und Lebensformen werden gestaltet, Diskriminierung verboten und positive Maßnahmen (Frauenförderung) zur Realisierung von Gleichbehandlung staatlicherseits gesetzt.

15.2 Entaustrifizierungen?

Im Vergleich mit anderen politischen Systemen untermauern politikwissenschaftliche Indikatoren eine Entaustrifizierung politischer Prozesse. Diese Entwicklung ist u. a. bzw. vor allem durch den EU-Beitritt Österreichs bedingt, der nicht nur als Veränderungsprogramm der politisch verhandelten Inhalte zu identifizieren ist, sondern auch als Motor für Veränderungen der politischen Willensbildungs- und Entscheidungsmuster zu sehen ist. Mit dem EU-Beitritt veränderte sich die Bedeutung der politischen Einrichtungen innerhalb Österreichs für die Politikgestaltung (z. B. Rolle der Sozialpartnerschaft für die Wirtschafts- und Währungspolitik). Der Beitritt dürfte, obwohl wirtschaftlich motiviert und argumentiert, die „Normalisierung" im Sinne der Annäherung und Angleichung österreichischer Verfahrensweisen an westeuropäische Verhältnisse beschleunigt haben.

Für Wandel und Erosion sowie von Normalisierung. Wandel und Erosion im historischen Vergleich, für Normalisierung und Verwestlichung der Einrichtungen und Prozesse des politischen Systems im Vergleich mit europäischen Ländern sprechen folgende Phänomene:

Die ehemaligen Großparteien und mit ihnen die Lagerbindungen erodieren, die Organisationsgrade der politischen Parteien nähern sich europäischen Vergleichswerten, es kommt zur Dekonzentration des Parteiensystems. Formen des Proporzes (wie Regierungsproporz in einigen Bundesländern) sind aufgehoben, die parteienstaatliche Patronage stehen unter Legitimationsdruck. Der Bundespräsident ist durch die Ankündigung der Aufkündigung des Rollenverzichts ebenso wie durch die Drei-Parteien-Konstellation nach der Nationalratswahl 1999 strategisch augewertet. Das Parlament gewinnt gegenüber der Regierung an Bedeutung, die Sozialpartnerschaft hingegen verliert an Problemlösungskompetenz, Neue Soziale Bewegungen (Frauenbewegung) und BürgerInnenbewegungen thematisieren Folgen der Modernisierung (Zwentendorf, Hainburg), direktdemokratische Beteiligungsformen ergänzen und provozieren die Dominanz der repräsentativen Politikmuster der Nachkriegsjahrzehnte.

Erodiert ist auch jener Double-talk der Nachkriegszeit, als die politischen Eliten nach Innen einen anderen Diskurs als nach Außen pflegten. Heute ist eine Synchronisierung zu beobachten. Die nationalsozialistische Vergangenheit bleibt seit Mitte der 70er Jahre, seit der Kreisky-Wiesenthal-Auseinandersetzung, und dann seit Kurt Waldheims Kandidatur für die Bundespräsidentschaft (1986) ein Thema, das die Innenpolitik wie die außenpolitische Performanz bewegt (zuletzt Restitution geraubter Kunst, Entschädigungszahlungen für Zwangsarbeit).

Von einer Erosion der Legitimation und Akzeptanz des politischen Systems kann aber, trotz Einbrüche seiner historisch verfestigten Strukturen und langjährigen Kontinuitäten, trtoz des Verlusts der Milieus als politische Sozialisationsagenturen, der Stimmenverluste der Traditionsparteien und des wachsenden Proteststimmenpotentials nicht gesprochen werden. Wohl aber findet derzeit ein politischer Wandel, der nicht bloß das institutionelle Arrangement erfaßt, sondern eine inhaltlich-substantielle Ausrichtung des Staates/der Politik einleitet und eine tiefgreifende Umstrukturierung der politik- und mehrheitsstiftenden Konfliktlinien andeutet. Mit Fragen der Inklusion und Exklusion, des „Wir" und die „Anderen", der sozialstaatlichen und der moralischen Issues wird der Wandel forciert.

Vor dem Hintergrund dieser Entwicklungen – einerseits der institutionell-organisatorischen Erosionen und andererseits der Inklusions/Exklusions-Konfliktlinie – ist weniger die Frage von Interesse, was politikwissenschaftlich gesehen von den Besonderheiten österreichischer Politik noch bleibt, sondern es drängt sich aktuell die Frage auf, was im Zuge der Normalisierungstendenzen, d. h. konkret in der Perspektive der Ablösung der Großen Koalition als dominierende Regierungsform der Zweiten Republik, sich als neue österreichische Besonderheit entwickelt. Denn die These der Normalisierung mag zwar prozedurale Entwicklungslinien beschreiben, sie sagt aber wenig über die inhaltlichen Veränderungen aus. Was bedeutet Normalisierung substantiell/inhaltlich? Zwei Felder sollen dies abschließend illustrieren:

Im Kontext von Politik und Ökonomie ist ein Rückzug der Politik aus der Steuerung der Wirtschaft zu Gunsten von Deregulierung und Flexibilisierung festzustellen. Durch ökonomische Entwicklungen, die sich nicht auf die österreichischen Grenzen begrenzen lassen, verliert die Politik an Gestaltungs- und Steuerungsmöglichkeiten. Dies ist keine österreichische Besonderheit, sondern ein europäisches Phänomen; die österreichische Besonderheit der Regulierung der Wirtschaft und der antizyklischen wirtschaftspolitischen Instrumente ging verloren.

Im Kontext der parlamentarischen Verschiebungen und der Neustrukturierung des Parteiensystems ist die Stärke einer rechtspopulistischen Partei bereits schon wieder nicht mehr „normal". Ihr Stimmenanteil bei nationalen und regionalen Wahlen ist der höchste in westeuropäischen Ländern. Eine „neue" Besonderheit? Möglicherweise ist die Stärke der FPÖ mit einigen der (ehemaligen) österreichischen Spezifika erklärbar. Gleichzeitig ist, nicht zuletzt in anbetracht des historischen Rahmens, in dem diese Wahlergebnisse interpretiert werden, diese Entwicklung selbst ein Spezifikum österreichischer Politik im europäischen Vergleich.

Literatur

Beck, Ulrich: Was ist Globalisierung? Irrtümer des Globalismus – Antworten auf Globalisierung. Frankfurt am Main 1997.

Habermas, Jürgen: Die postnationale Konstellation. Politische Essays. Frankfurt am Main 1998.

Pelinka, Anton: Die Entaustrifizierung Österreichs. Zum Wandel des politischen Systems 1945–1995. In: ÖZP Heft 1/1995, S. 5–16.

Meyer, Thomas: Die Transformation des Politischen. Frankfurt am Main 1994.

Literaturverzeichnis

Abromeit, Heidrun/Wewer, Göttrik (Hg.): Die Kirchen und die Politik. Beiträge zu einem ungeklärten Verhältnis. Opladen 1989.

Aiginger, Karl: Einleitung. In: Karl Aiginger (Hg.): Wieviel Staat, wieviel Privat? Die zukünftige Rolle des Staates in Österreichs Wirtschaft. Wien 1998.

Beck, Ulrich: Was ist Globalisierung? Irrtümer des Globalismus – Antworten auf Globalisierung. Frankfurt am Main 1997.

Beetham, David: The Democratic Audit: Grundprinzipien und Schlüsselindikatoren politischer Demokratie. In: Campell, David F.J./Karin Liebhart/Renate Martinsen/Christian Schaller/Andreas Schedler (Hrsg.): Die Qualität der österreichischen Demokratie. Versuche einer Annäherung. Wien 1996, S. 19–44.

Bericht über die soziale Lage 1996. Hrsg. vom Bundesministerium für Arbeit, Gesundheit und Soziales. Wien 1997.

Beyme, Klaus von: Parteien in den westlichen Demokratien. München 1984.

Bischof, Günter/Pelinka, Anton (Hg.): Austro-Corporatism. Past, Present, Future. Contemporary Austrian Studies, Bd. 4. New Brunswick 1996.

Breuss, Susanne u. a.: Inszenierungen. Stichwörter zu Österreich. Wien 1995.

Brix, Emil, Zivilgesellschaft als Begriff und theoretisches Konzept. In: SWS-Rundschau, Heft 2/1999, 120–128.

Bürklin, Wilhelm/Markus Klein: Wahlen und Wäherlverhalten. Eine Einführung. Opladen 1998.

Czerny, Wilhelm F.: Parlament und Parteien. Wien 1994.

Dachs, Herbert u. a. (Hg.): Handbuch des politischen Systems Österreichs. Die Zweite Republik. Wien 1997.

Dachs, Herbert: Zwischen Proporz und Konkurrenz. Zur Demokratiequalität in den österreichischen Bundesländern. In: Campbell, David F.J. u. a. (Hg.): Die Qualität der österreichischen Demokratie. Versuch einer Annäherung. Wien 1996, S. 119–130.

Dachs, Herbert/Franz Fallend/Elisabeth Wolfgruber: Länderpolitik. Politische Strukturen und Entscheidungsprozesse in den österreichischen Bundesländern. Wien 1997.

Esterbauer, Fried: Das politische System Österreichs. Eine Einführung in die Rechtsgrundlagen und die politische Wirklichkeit. Graz 1995.

Etzioni, Amitai: Die Verantwortungsgesellschaft. Frankfurt/New York 1997.

Falkner, Gerda/Wolfgang C. Müller (Hg.): Österreich im europäischen Mehrebenensystem. Konsequenzen der EU-Mitgliedschaft für Politiknetzwerke und Entscheidungsprozesse. Wien 1998.

Faßmann, Heinz, Der Wandel der Bevölkerungsstruktur in der Zweiten Republik. In: Sieder, Reinhard/Heinz Steinert/Emmerich Tálos (Hrsg.), Österreich 1945–1995. Gesellschaft Politik Kultur. Wien 1995, S. 395–408.

Fischer, Heinz (Hg.): Das politische System Österreichs. Wien 19974.

Gärtner, Heinz: Modelle europäischer Sicherheit. Wie entscheidet Europa? Wien 1997.

Gärtner, Reinhold (Hg.): Blitzlichter. Österreich am Ende des Jahrhunderts. Innsbruck 1999.

Gerlich, Peter: Öffentlichkeit, Zugänglichkeit, Kontrolle. Zur demokratischen Qualität staatlicher Institutionen. In: Campbell, David F. J. u. a. (Hg.): Die Qualität der österreichischen Demokratie. Versuch einer Annäherung. Wien 1996, S. 45–58.

Giddens, Anthony: Der dritte Weg. Die Erneuerung der sozialen Demokratie. Frankfurt am Main 1999.

Götschl, Herbert: Monopole fallen langsam: Vom Ende des ORF-Monopols und von der neuen Vielfalt am Hörfunksektor. In: ÖZP Heft 2/1998, S. 117–128.

Grisold, Andrea: Kopf oder Zahl? Konzentrationsprozesse und Regulierungsformen am Mediensektor. In: ÖZP Heft 2/1998, s. 129–142.

Gulick, Charles A.: Austria from Habsburg to Hitler. 2 Bände. Berkeley 1948 (reprint 1980).

Habermas, Jürgen, Die postnationale Konstellation. Frankfurt am Main 1998.

Haller, Max: Identität und Nationalstolz der Österreicher. Gesellschaftliche Ursachen und Funktionen. Herausbildungen und Transformation seit 1945. Internationaler Vergleich. Wien 1996.

Haller, Birgit: Politische Partizipation von Frauen. In: ÖZP, Heft 1/1999, S. 49–62.

Hanisch, Ernst: Der lange Schatten des Staates. Österreichische Gesellschaftsgeschichte im 20. Jahrhundert. Wien 1994.

Hoecker, Beate: Zwischen Macht und Ohnmacht: Politische Repräsentation von Frauen in den Staaten der Europäischen Union. In: Aus Politik und Zeitgeschichte. Beilage zur Wochenzeitung Das Parlament. 19. Dezember 1997, S. 3–14.

Hoecker, Beate: Handbuch Politische Partizipation von Frauen in Europa. Opladen 1998.

Hofinger, Christoph/Günther Ogris: Achtung, gender gap! Geschlecht und Wahlverhalten 1979–19985. In: Fritz Plasser/Peter A. Ulram/Günther Ogris (Hg.): Wahlkampf und Wählerentscheidung. Analysen zur Nationalratswahl 1995. Wien 1996, S. 211–232.

Ismayr, Wolfgang (Hg.): Die politischen Systeme Westeuropas. Opladen 1997.

Jachtenfuchs, Markus/Beate Kohler-Koch (Hg.): Europäische Integration. Opladen 1996.

Kaltenbrunner, Andy: Keine Brüche im Umbruch: Die Kontinuitäten österreichischer Medienpolitik in einem bewegten Medienmarkt. In: ÖZP Heft 2/1998, S. 105–116.

Karlhofer, Ferdinand/Tálos, Emmerich (Hg.): Zukunft der Sozialpartnerschaft. Veränderungsdynamik und Reformbedarf. Wien 1999.

Khol, Andreas: Durchbruch zur Bürgergesellschaft. Ein Manifest. Wien 1999.

Kreisky, Eva/Birgit Sauer (Hg.): Geschlechterverhältnisse im Kontext politischer Transformation. PVS Sonderheft 27/1997.

Lehmbruch, Gerhard: Proporzdemokratie. Politisches System und politische Kultur in der Schweiz und in Österreich. Tübingen.

Luif, Paul: On the Road to Brussels. The Political Dimension of Austria's, Finland's and Sweden's Accession to the European Union. Wien 1995.

Luther, Kurt Richard/Müller, Wolfgang C. (Hg.): Politics in Austria. Still a Case of Consociationalism?. London 1992.

Luther, Kurt Richard./Pulzer, P. (Hg.): Austria 1945–1995. Fifty Years of the Second Republic. 1998.

Mantl, Wolfgang: Politik in Österreich. Wien 1992.

Mantl, Wolfgang (Hg.): Effizienz der Gesetzesproduktion. Abbau der Regelungsdichte im internationalen Vergleich. Wien 1995.

Meyer, Thomas: Die Transformation des Politischen. Frankfurt am Main 1994.

Möckli, Silvano: Direkte Demokratie. Ein internationaler Vergleich. Bern/Stuttgart/Wien 1994.

Morass, Michael: Österreich im Entscheidungsprozeß der EU. In: Emmerich Tálos/Gerda Falkner (Hg.): EU-Mitglied Österreich. Gegenwart und Perspektiven: Eine Zwischenbilanz. Wien 1996, S. 32–49.

Müller, Wolfgang C.: Das Regierungssystem. In: Herbert Dachs u. a. (Hg): Handbuch des politischen Systems Österreichs. Zweite Republik. Wien 1997, S. 71–83.

Müller, Wolfgang C.: Das Parteiensystem. In: Herbert Dachs u. a. (Hg.): Handbuch des politischen Systems Österreichs. Die Zweite Republik. Wien 1997, S. 215–234.

Müller, Wolfgang C.: Österreich: Festgefügte Koalitionen und stabile Regierungen. In: Wolfgang C. Müller, Kaare Strom (Hg.): Koalitionsregierungen in Westeuropa. Bildung, Arbeitsweise und Beendigung. Wien 1997, S. 109–160.

Naßmacher, Karl-Heinz.: Das österreichische Regierungssystem. Große Koalition oder alternierende Regierung. Opladen 1968.

Neuhold, Hanspeter: The European Neutrals in the 1990s. New Challenges and Opportunities. Boulder 1992.

Nick, Rainer/Anton Pelinka: Parlamentarismus in Österreich. Wien 1984.

Nick, Rainer/Anton Pelinka: Österreichs politische Landschaft. Innsbruck 1996.

Nicholson, Linda: Was heißt „gender„? In: Institut für Sozialforschung Frankfurt (Hg.): Geschlechterverhältnisse und Politik. Frankfurt am Main 1994, S. 188–220.

Neyer, Gerda: Frauen im österreichischen politischen System. In: Dachs, Herbert u. a. (Hg.): Handbuch des politischen Systems Österreichs. Wien 1997, S. 203–214.

Noll, Alfred J.: Verfassungsgebung und Verfassungsgericht. Wien 1994.

Norton, Philip: Legislatures. Oxford 1990.

Pelinka, Anton/Welan, Manfried: Demokratie und Verfassung in Österreich. Wien 1971.

Pelinka, Anton: Die Entaustrifizierung Österreichs. Zum Wandel des politischen Systems 1945–1995. In: ÖZP Heft 1/1995, S. 5–16.

Pelinka, Anton: Austria. Out of the Shadow of the Past. Westview Press 1998.

Pelinka, Anton: Direkte Demokratie – mehr als nur Illusion, aber kein Rezept. In: SWS-Rundschau, Heft 2/1999, S. 109–119.

Plasser, Fritz: Parteien unter Streß. Wien 1987.

Plasser, Fritz/Ulram, Peter A. (Hg.): Staatsbürger oder Untertanen? Politische Kultur Deutschlands, Österreichs und der Schweiz im Vergleich. Frankfurt am Main 1993.

Plasser, Fritz/Ulram, Peter, A.: Institutionenvertrauen in Österreich: Vertrauenslücke oder Vertrauenskluft? In: Informationen zur politischen Bildung Nr. 13/1997, S. 21–27.

Plasser, Fritz/Peter A. Ulram: Institutionenvertrauen in Österreich: Vertrauenslücke oder Vertrauenskluft? In: Informationen zur Politischen Bildung Nr. 13. 21–27.

Plasser, Fritz/Peter A. Ulram: Konstanz und Wandel im österreichischen Wählerverhalten. In: Wolfgang C. Müller/Fritz Plasser/Peter A. Ulram (Hg): Wählverhalten und Parteienwettbewerb. Analysen zur Nationalratswahl 1994. Wien 1995, S. 341–434.

Plasser, Fritz/Peter A. Ulram/Gilg Seeber: (Dis-)Kontinuitäten und neue Spannungslinien im Wählerverhalten: Trendanalysen 1986–1995. In: Fritz Plasser/Peter A. Ulram/Günther Ogris (Hg.): Wahlkampf und Wählerentscheidung. Analysen zur Nationalratswahl 1995. Wien 1996, S. 155–209.

Preglau, Max/Richter, Rudolf (Hrsg.), Postmodernes Österreich?. Wien 1998.

Prisching, Manfred: Die Illusion der Politik. Politiksoziologische Aspekte einer postmodernen Gesellschaft. In: Preglau, Max/Richter, Rudolf (Hg.): Postmodernes Österreich? Konturen des Wandels in Wirtschaft, Gesellschaft, Politik und Kultur. Wien 1998.

Puntscher Riekmann, Sonja: Die kommissarische Neuordnung Europas. Wien New York 1999.

Rosenberger, Sieglinde: Frauen begehren auf. Das österreichische Frauenvolksbegehren. In: Zeitschrift für Frauenforschung. Heft 3/1998, S. 43–58.

Schedler, Andreas: Zur (nichtlinearen) Entwicklung des Parteienwettbewerbs (1945 bis 1994).In: ÖZP, Heft1/1995, S.17–34.

Sickinger, Hubert: Politik-Finanzierung in Österreich. Ein Handbuch. Thaur 1997.

Sieder, Reinhard/Heinz Steinert/Emmerich Tálos (Hg.): Österreich 1945–1995. Gesellschaft, Politik, Kultur. Wien 1995.

Scharpf, Fritz, W.: Regieren in Europa. Effektiv und demokratisch?. Frankfurt/New York 1999.

Schmidt, Manfred: Demokratietheorien. Opladen 1995.

Steiner, Kurt: Politics in Austria. Boston 1972.

Stourzh, Gerald: Um Einheit und Freiheit. Staatsvertrag, Neutralität und das Ende der Ost-West-Besetzung Österreichs 1945–1955. Wien 1998.

Sweeny, J./Weidenholzer, J. (Hg.): Austria. A Study in Modern Achievement. 1988.

Tálos, Emmerich u. a. (Hg.): NS-Herrschaft in Österreich 1938–1945. Wien 1988.

Tálos, Emmerich/Herbert Dachs/Ernst Hanisch/Anton Staudinger (Hg.): Handbuch des politischen Systems Österreich. Erste Republik 1918– 1933. Wien 1995.

Tálos, Emmerich: Akzeptanzkrise und Akklamation. Zur demokratischen Qualität von Kammersystem und Sozialpartnerschaft. In: Campbell, David F. J. u. a. (Hg.): Die Qualität der österreichischen Demokratie. Versuch einer Annäherung. Wien 1996, S. 103–118.

Tálos, Emmerich/Gerda Falkner (Hg.): EU-Mitglied Österreich. Gegenwart und Perspektiven – eine Zwischenbilanz. Wien 1996.

Teufelsbacher, Werner: Wieviel Staat – welcher Staat? Wieviel Privat – wie privat? In: K. Aiginger u. a. (Hg.): Wieviel Staat, wieviel Privat? Die zukünftige Rolle des Staates in Österreichs Wirtschaft. Wien 1998, 39–64.

Welan, Manfried: Präsidialismus oder Parlamentarismus? Demokratiepolitische Perspektiven. In: Campbell, David F.J. u. a. (Hg.): Die Qualität der österreichischen Demokratie. Versuch einer Annäherung. Wien 1996, S. 59–84.

Welan, Manfried: Das österreichische Staatsoberhaupt. Aufwertung oder Abwertung?. Wien 1997.

Welan, Manfried: Demokratie auf österreichisch oder Die erstarrte Republik. Wien 1999.

Widder, Helmut: Komplexer Parlamentarismus. Die Geschäftsordnungsreform des Nationalrates 1996. In: Andreas Khol u. a. (Hg.): Österreichisches Jahrbuch für Politik 1996. Wien und München 1997, S.433–454.

Wirtschafts- und sozialstatistisches Taschenbuch 1998, hrsg. Bundes-Arbeiterkammer Wien 1999.

Wodak, Ruth u. a.: Zur diskursiven Konstruktion nationaler Identität. Frankfurt am Main 1998.

Zaar, Brigitta: Frauen und Politik in Österreich. In: Wendepunkte und Kontinuitäten. Zäsuren der demokratischen Entwicklung in der österreichischen Geschichte. Sonderband der Informationen zur Politischen Bildung. Wien 1998, S. 66–81.

Zulehner, Paul M./Denz, Hermann: Wie Europa lebt und glaubt. Europäische Wertestudie. 2 Bände. Düsseldorf 1993.

Zulehner, Paul M.(Hg.): Kirchenvolks-Begehren. Kirche auf Reformkurs. Düsseldorf, Innsbruck 1995.

Sach- und Personenregister

F

L

M

N

O

Hannes Wimmer

Evolution der Politik

Von der Stammesgesellschaft zur modernen Demokratie

Mit einem Vorwort von Anatol Rapoport

Warum entstand der moderne Staat zunächst nur in Europa? Wie hängt dieser Sachverhalt mit den politischen Strukturen des Mittelalters zusammen? Warum die Dynamik in Richtung Demokratie, zuerst in der athenischen Polis, dann im 19. Jahrhundert in Amerika und Europa? – Die Evolutionstheorie ist nur *ein* Paradigma in den Sozialwissenschaften neben anderen. Auf bestimmten Gebieten gibt es jedoch zu ihr keine vernünftige Alternative. Ihre Herkunft aus der Biologie wird in einem eigenen Kapitel diskutiert, ebenso der problematische Anspruch von Soziobiologie und vergleichender Verhaltensforschung, das evolutionäre Erbe des Homo sapiens sowie dessen gesellschaftstheoretische Relevanz identifizieren zu können.

Hannes Wimmer, Studium der Politikwissenschaft, Wirtschafts- und Sozialgeschichte und der Philosophie; zuerst Scholar, dann Assistent am Institut für Höhere Studien in Wien mit Forschungsschwerpunkten in Bereichen der Policy-Forschung und der politischen Theorie; Dozent für Politikwissenschaft an der Universität Wien.

1996. 552 Seiten, gebunden,
öS 298,– / DM 41,– / sFr 38,–
ISBN 3-85114-227-6

WUV

Manfried Welan

Recht in Österreich

Ein Überblick.

Das Buch gibt einen Überblick über die geltende österreichische Rechtslage, indem es deren Grundzüge in einer auch für Nichtjuristen verständlichen Form aufzeigt und einfach erklärt. Es ist eine Art Reiseführer durch das Recht Österreichs für alle, die dieses Land besser kennenlernen wollen. Darüber hinaus vermittelt es Einblicke in allgemeine Probleme des Rechts.
Das Buch ist für Studierende, Rechtspraktiker und Laien gleichermaßen lesbar und wertvoll.

1999. 163 Seiten, broschiert,
öS 198,– / DM 28,–- / sFr 25,–
ISBN 3-85114-377-9

WUV

Konrad Paul Liessmann
Vorlesungen zur Einführung in die Philosophie

Vom Nutzen und Nachteil des Denkens für das Leben
Vorlesungen zur Einführung in die Philosophie 1

Diese unorthodoxe Einführung in die Philosophie zeigt, was philosophisches Denken, was „Theorie“ bedeutet, was „Staunen“ und „Zweifeln“ eigentlich meinen, wie es um die Grundlegung der „Freiheit“ und die Möglichkeit der „Tugend“ bestellt ist und welche Konsequenzen daraus für ein Leben zu ziehen wären, das den Anspruch auf Humanität aufrechterhalten will.

WUV 2. Auflage 1998. 200 Seiten, broschiert,
öS 298,– / DM 41,– / sFr 38,–
ISBN 3-85114-406-6

Die großen Philosophen und ihre Probleme
Vorlesungen zur Einführung in die Philosophie 2

Philosophie ist vom Leben und der Zeit der Philosophierenden nicht zu trennen. Was in den Lehrbüchern als *philosophisches Problem* auftaucht, war in der Tat nur allzu oft das *Problem eines Philosophen.* Ziel dieser Vorlesungen ist es, mit einem biographischen, mitunter auch anekdotischen Ansatz den Zugang zu den zentralen Konzepten und Fragestellungen der Philosophie zu eröffnen.

2. Aufl. 1999. 199 Seiten, broschiert,
öS 298,– / DM 41,– / sFr 38,–
ISBN 3-85114-463-5

Beide Bände sind zum Preis von öS 580,– / DM 80,– / sFr 74,– im Schuber lieferbar.

WUV